中国国际进口博览会海关法律制度研究

朱秋沅　王　珉　祝少春　著

法律出版社
LAW PRESS · CHINA

作者简介

朱秋沅

朱秋沅,法学博士,复旦大学法学博士后,上海海关学院海关法律系教授,上海海关学院法学专业带头人,硕士生导师,德国明斯特大学访问学者及其海关与国际贸易法硕士项目的"中国海关法律制度"课程的授课专家,德国哈尔茨大学公共管理专业常规课程"国际治理与区域化"的授课专家,兼职律师。同时,为上海市法学会海关法研究会秘书长,中国欧洲学会欧洲法律研究会理事,上海市 WTO 法研究会理事,上海市法学会国际法研究会理事以及上海市法学会欧盟法研究会理事。

主要教学、科研领域为国际经济法、国际海关法、原产地规则、知识产权海关保护等,主持"知识产权海关保护"署级精品课程(省部级)与市级重点课程建设,主持"国际经济法"市级全英示范课程的建设工作。所负责的法学专业教学体系改革获 2017 年上海市高等教育教学成果二等奖。主持或深度参与了多项国家级或省部级项目,也深度参与了多项海关总署各部门与国家口岸管理办公室等的横向实务课题,并获得高度评价。著有《国际海关法》《欧盟关税法及其壁垒性研究》《知识产权边境保护原理与实案》等专著5部、合著1部,编写海关与国际贸易法领域的教材8部。发表论文50余篇,译作2篇,多篇发表于CSSCI系列期刊与北大版核心期刊,其中数篇被中国人民大学《复印报刊资料》全文转载。

曾荣获"2017年度宝钢优秀教师奖""2012年度上海市育才奖""2018年度上海市教育系统三八红旗手"称号、校级"优秀教师",第七届全国法律英语大赛"优秀指导教师奖"等,所指导的学生实践项目曾获第二届"知行杯"特等奖。

王 珉

王珉,上海海关学院海关法律系讲师,硕士生导师,复旦大学法学院法学博士,主要研究方向为国际经济法、海关法。主持中国法学会、上海市"晨光计划"项目,参与海关总署国际司《欧盟海关制度比较研究》等多项课题研究,参编教材《跨境电子商务法的理论与实践》。出版专著1部、合著2部,在*World Customs Journal*(世界海关组织(WCO)官方期刊《世界海关学刊》)、《东北亚论坛》、《太平洋学报》等核心刊物发表《丝绸之路经济带海关国际合作法律机制的构建》《国际海关便利通关制度最佳实践经验、发展趋势与中国因应之策》等学术论文多篇。2015年受邀参与世界海关组织(WCO)第十次海关学术研究与发展伙伴关系会议(PICARD)并作主题演讲。

祝少春

祝少春，上海海关学院海关法律系副教授，海关缉私教研室主任，全国反走私综合治理调查研究中心（NARC）特聘研究员，华东政法学院法学硕士，兼职律师。2001年2月至8月，在上海海关缉私局见习；2015年2月至8月，在南京海关隶属苏州海关挂职，任监管通关处副处长；2016年9月26日至30日，赴香港海关训练学校跟班作业。主要从事海关缉私、海关监管领域的教学、科研及干部培训。在《法学》《行政与法》等刊物发表论文数十篇。参与《海关监管概论》《海关缉私总论》《海关行政法》《报关员资格全国统一考试教材》等10余部教材或著作编写。主持或参与《海关走私犯罪案件和行政处罚案件中涉案财物与违法所得认定与处理相关问题研究》《俄白哈关税同盟对我国海关国际合作的影响及对策》等多项国家社科、海关总署或海关总署缉私局课题的研究。多次参与海关总署教育培训中心组织的海关岗位培训教材审稿工作。

目　录

Contents

第一章　绪论 …… 001

一、本书所涉海关法律制度领域与相关定义 …… 003

（一）复合型国际化会展及其所涉海关制度领域 …… 003

（二）我国暂准进境制度下展品、展览品与展览用品的概念 …… 004

（三）对“暂准进境”含义的理解 …… 005

（四）对“暂准进境制度”和“ATA 单证册制度”两者关系的理解 …… 006

二、研究综述 …… 007

（一）研究发展概况 …… 007

1. 会展研究的起点与发展 …… 008

2. 会展法律制度研究的起点与发展 …… 009

3. 会展相关海关措施与法律制度研究概况 …… 010

（二）会展相关海关法律制度研究的现有观点 …… 013

1. 国际会展海关监管措施的研究文献 …… 013

2. 国际会展海关监管有关的法律政策文本 …… 014

（三）研究现状评述 …… 016

1. 会展法类文献中缺失对会展相关海关法律制度的研究 …… 016

2. 海关法类文献中对会展相关海关法律制度的研究极不充分 …… 017

3. 对暂准进境制度和 ATA 制度的关系方面存在概念性误解 …… 017

4. 对会展相关外国海关法律制度文献的翻译不完整、不深入 …… 018

5. 缺乏对暂准进境制度理论性阐述与分析 …… 018

(四)本书的原创性和创新性 …… 018
1. 运用会展学理论全面分析进博会的“不一般”之处,论证了改革势在必行 …… 019
2. 以海关法学原理深入分析进博会对海关法律制度提出的“不一般”的挑战,辨明了改革的方向 …… 019
3. 全面阐明并比较了相关国际法,扭正对有关概念的长期误解 …… 019
4. 填补了对欧美会展相关海关法律制度研究的空白 …… 020
5. 在比较与实证调研基础上,创新性提出了相关海关法律制度完善的建议 …… 021
三、研究意义、思路与方法 …… 021
(一)研究意义 …… 021
1. 现代化的暂准进境制度是进博会人员物资参展的必要保障 …… 023
2. 安全便利灵活的通关与后续处理流程是进博会可持续发展的有力支撑 …… 023
3. 法治化的海关制度对优化会展业发展的营商环境具有关键影响 …… 024
(二)研究方法 …… 025
1. 文献研究 …… 025
2. 调研实证 …… 025
3. 比较研究 …… 026
(三)研究思路与总体框架 …… 027
1. 研究思路 …… 027
2. 总体框架 …… 028

第二章 海关法视阈中进博会的不一般之处 …… 030
一、对会展的通常理解与分类 …… 030
(一)会展的通常理解与构成 …… 030
(二)会议与展览(会)的分类 …… 031

二、进博会的“不一般” …………………………………………………… 033
(一)进博会的定位 …………………………………………………… 033
(二)进博会与通常意义上的会展的不同之处 …………………………… 035
1. 进博会组成与架构的不一般 ………………………………………… 035
2. 进博会的主题与内容不一般 ………………………………………… 035
3. 进博会的功能与作用不一般 ………………………………………… 035
4. 进博会的性质与水准不一般 ………………………………………… 036
5. 进博会的办展方式与展期不一般 …………………………………… 037
三、海关法视阈中上海世博会与进博会的不同之处 ……………………… 037
(一)会展及其展品进出境的法律依据不同 …………………………… 037
1. 上海世博会——国际法与国内法并用………………………………… 037
2. 进博会——重于国内立法创新与政策支持…………………………… 041
(二)会展的性质与筹办过程不同……………………………………… 044
1. 上海世博会——筹备时间较长的注册类世界博览会………………… 044
2. 进博会——筹备时间较短的首届国家级大型复合型国际会展 ……… 045
(三)会展、参展者与展品物资的构成与性质不同……………………… 046
1. 上海世博会——构成与参展目的较为单一 ………………………… 046
2. 进博会——复合构成,流向多元……………………………………… 047
四、不一般的进博会对海关提出的要求 ………………………………… 048
(一)不一般的组成与架构对海关提出的要求 ………………………… 048
1. 海关所面临的形势 ………………………………………………… 048
2. 所产生的要求与挑战 ……………………………………………… 050
(二)不一般的主题与内容对海关提出的要求 ………………………… 051
1. 海关所面临的形势 ………………………………………………… 051
2. 所产生的要求与挑战 ……………………………………………… 052
(三)不一般的规模水准对海关提出的要求 …………………………… 056
1. 一流的会展需要一流的贸易安全作为基础 ………………………… 056
2. 一流的国际化需要一流的跨境贸易营商环境予以保障 …………… 056
3. 一流的成效需要一流的海关执法能力与服务予以体现 …………… 057

(四)无先例可循的会展需要海关的一流制度创新能力 …………… 058
1.国内制度的针对性不足 …………… 058
2.国际制度的可比性不高 …………… 059
3.上海世博会的先例与经验不能完全适用于进博会 …………… 059

第三章 不一般的进博会与现行相关海关法律制度之间的关系 ……… 060
一、通用型的暂准进境法律制度 …………… 065
(一)立法沿革 …………… 065
(二)我国有关展品暂准进境的一般规则 …………… 066
1.暂时进境展品的通关待遇 …………… 066
2.暂时进境展品便利措施的条件与限制 …………… 067
3.暂时进境展品的通关与监管 …………… 068
二、我国的保税展示及相关保税法律制度 …………… 071
(一)保税展示交易制度 …………… 071
1.从"保税展示"到"保税展示交易" …………… 071
2.进博会保税展示交易的依据 …………… 072
(二)保税展示交易实务的开展 …………… 073
(三)保税展示交易的实务操作 …………… 074
1.开展(区外)保税展示交易的条件与手续 …………… 074
2.出区展示货物管理 …………… 075
三、我国跨境电商零售进口商品的海关监管与进口税法律制度 ………… 076
(一)跨境电商零售进口商品海关监管制度 …………… 076
1.跨境电商的进口通关模式 …………… 077
2.适用范围 …………… 078
3.海关监管 …………… 080
(二)跨境电商的进口税制度 …………… 085
1.网购保税零售进口商品的综合税 …………… 085
2."直购进口"的进口税制度 …………… 087

四、我国的旅客行李物品监管与行邮税法律制度 …………………… 087
(一)中国海关法视角下的“货物”和“物品” …………………… 087
1. 概念区分 …………………… 087
2. 区分概念的目的 …………………… 089
(二)中国海关法视角下的“旅客” …………………… 089
1. 区分不同种类“旅客”的目的 …………………… 089
2. 旅客的具体类别 …………………… 089
3. 不同种类旅客的不同物品的不同通关依据 …………………… 091
(三)通关管理与申报要求 …………………… 092
1. 海关申报与红绿通道 …………………… 092
2. 验放标准 …………………… 093
3. 暂时免税进出境的旅行自用物品 …………………… 095
(四)行邮税 …………………… 095
1. 征税依据 …………………… 096
2. 与 2016 年跨境电商“四八新政”同时发布的行邮税率调整 …………………… 097
3. 当前经贸形势下行邮税率的两次下调 …………………… 098
五、进博会海关措施与现有基础法律制度的对比分析 …………………… 099
(一)进博会通关规则与便利措施的具体内容 …………………… 099
1. 保障公共健康与安全基础上提供最大可能的便利 …………………… 099
2. 提高暂时进出境制度的便利化与灵活性 …………………… 100
3. 类似于跨境电商零售进口的进博会展品进口税收政策 …………………… 103
(二)进博会海关措施与相应现有基础法律制度的来源与内容对比 …………………… 105
1. 两者的来源与内容对比 …………………… 105
2. 进博会海关措施与相应现有基础法律制度对比后的分析 …………………… 119
六、进博会海关法律制度仍需进一步回应的诉求与问题 …………………… 122
(一)实现暂准进境制度与其他海关法律制度之间的双向灵活衔接转换 …………………… 122
1. 制度与程序之间的衔接转换 …………………… 122

2. 电子化应用程序和单一窗口具有不同海关程序间衔接转化的功能 …… 122
(二)现有保税展示交易制度仍存在的“瓶颈” …… 122
1.《海关暂时进出境货物管理办法》限制进境展品在展后开展保税展示交易 …… 123
2. 现有保税展示交易海关监管制度无法适应进博会办展目标 …… 124
(三)上海海关对展览业的监管模式及存在问题 …… 124
(四)当前关税政策面临的问题 …… 126
1. 展品的入境渠道和流向不定造成了关税政策难定 …… 126
2. 对首届进博会展适用类似于跨境电商零售商品税政策的不可持久性 …… 126

第四章 国际暂准进境制度比较 …… 128
一、美国对展览品和展览用品的专门性海关立法 …… 128
(一)分立式立法模式 …… 129
1. 美国专门针对会展的海关法律制度体系 …… 129
2. 美国的一般暂准进境制度 …… 129
(二)展品和其他暂准进境货物分属《美国协调税则》第 98 章中的不同分章 …… 130
1.《美国协调税则》第 98 章第 12 分章专门适用于展品 …… 130
2.《美国协调税则》第 98 章第 13 分章适用于其他暂准进境货物 …… 130
(三)美国会展专门性海关立法的具体内容 …… 130
1. 适用展品海关制度的条件 …… 130
2. 展品的通关与监管 …… 131
3. 展中、展后的展品处理 …… 132
(四)中美展品暂准进境法律制度的比较 …… 133
1. 相同之处 …… 133
2. 不同之处 …… 134
二、欧盟对展览品和展览用品的海关立法 …… 137

（一）展品暂准进境制度的立法体例 …………………………… 137
（二）欧盟暂准进境海关立法的具体内容 ………………………… 138
1. 暂准进境制度所使用的货物范围 …………………………… 138
2. 暂准进境的（事前）授权 ………………………………… 139
3. 暂准进境货物的通关与监管 ……………………………… 140
4. 暂准进境货物的后续处理 ………………………………… 142
5. 展览品的原产地规则 …………………………………… 144
（三）中欧展品暂准进境制度比较 ……………………………… 144
1. 欧盟展品暂准进境制度的意义与价值 ……………………… 144
2. 类似之处 ……………………………………………… 145
3. 不同之处 ……………………………………………… 146
三、有关展品暂准进境的国际法 …………………………………… 147
（一）WCO 框架下有关暂准进境的国际公约 ………………………… 147
1. ATA 单证册公约体系 …………………………………… 147
2.《京都公约》（修正）专项附约 G“暂准进境” …………………… 150
（二）《国际展览会公约》的《海关规章》体系 ………………………… 155
1.《国际展览会公约》附件《海关规章》 ………………………… 155
2.《上海世博会特殊规章第 7 号：有关货物的通关、运输和处理》 …… 155
（三）展品暂准进境的国际法与我国相关制度的比较 …………………… 156
1. 类似之处 ……………………………………………… 156
2. 不同之处 ……………………………………………… 156
3. 评价 ………………………………………………… 156
四、对进博会展品暂准进境制度的启示 ……………………………… 157
（一）复合型国际会展的发展新趋势需要与其匹配的新型展品暂准进境制度 ……………………………………………… 157
1. 进博会是复合型国际会展新趋势的典型代表 ………………… 157
2. 会展的国际化呼吁展品暂准进境制度的便利化 ………………… 159
3. 会展构成的复合型呼吁展品暂准进境制度的灵活性 ……………… 159
（二）当代产业需求与我国传统暂准进境制度之间的矛盾 ……………… 160

1. 传统展品暂准进境制度的理论基础 …… 160
2. 当代会展产业需要灵活的暂准进境制度 …… 160
3. 传统的展品暂准进境制度不能适应会展业新趋势之处 …… 160
4. 建立在商品单次展示的简单逻辑之上的传统暂准进境制度及其后果 …… 161
(三)我国的暂准进出境制度亟待改革与创新 …… 162
1. 我国的暂准进出境制度亟待改革与创新 …… 162
2. 相关海关法律制度改革应重视的问题 …… 162

第五章 进博会相关海关法律制度完善的建议 …… 164
一、为促进国际会展业发展的海关法律制度改革的宏观考量 …… 164
(一)促进国际会展业发展的海关法律制度改革的价值判断与理念 …… 164
1. 经济与市场需要决定立法 …… 164
2. 制度改革的思路起点 …… 165
3. 找准促进国际会展业发展的海关制度改革关键点 …… 166
(二)我国的暂准进出境制度改革与创新的原则 …… 169
1. 基本原则——便利、灵活、适合、明确、配套 …… 169
2. 便利、灵活原则的具体体现——能进能出、能动能转、能售能销 …… 170
(三)暂准进出境制度改革的立法模式选择 …… 170
1. 针对进博会相关物资的综合性专门性立法 …… 170
2. 颁布一次性适用的政策规定来解决各年进博会的物资进口问题 …… 171
3. 现行通用型暂准进出境制度的现代化 …… 171
(四)更新国际承诺与实现条约精神 …… 173
1. 对于ATA公约体系——更新我国的国际承诺 …… 173
2. 对于《京都公约》(修正)专项附约G——从形似走向神似 …… 176
二、扩大与修改暂准进境制度适用的“会展/活动”构成范围 …… 178
(一)现代会展构成日益复杂 …… 178
(二)暂准进境适用范围与“会展”构成范围的现行法律规定 …… 179

1. 列举式立法 …… 179
2. 概括式立法 …… 179
(三) 制度修改建议——完善我国“会展”构成范围的规定 …… 180
1. “会展”难以涵盖进博会举行的全部相关活动 …… 180
2. 修改我国对“会展”构成的立法表述 …… 181
三、扩大并明确暂准进境制度所适用的货物范围 …… 181
(一) 进博会相关物资的多样化 …… 181
(二) 展品暂准进境制度适用客体范围比较 …… 182
1. 我国现行规定 …… 182
2.《伊斯坦布尔公约》体系 …… 183
3.《京都公约》(修正) 专项附约 G …… 185
4.《欧盟海关法典授权条例》…… 191
(三) 制度修改建议——扩大并明确暂准进境制度所适用的货物范围 …… 192
1. 扩大所适用的货物范围 …… 192
2. 与我国扩大 ATA 单证册所适用货物范围同步调整国内制度 …… 192
3. 明确界定各类暂准进境货物的概念与范围 …… 193
四、暂准进境货物通关流程的现代化——简化、便利、灵活 …… 194
(一) 完善展前管理机制 …… 194
1. 建立重要会展通知制度 …… 194
2. 按照国际通行规则,恢复展品海关备案环节 …… 195
3. 展品或物资申报的简化 …… 196
(二) 展中监管与服务的优化 …… 197
1. 优化暂准进境货物的担保方式 …… 197
2. 其他便利化措施 …… 198
(三) 展后处置方式的多元化与灵活性 …… 200
1. 暂准进境制度与多种海关制度的衔接 …… 200
2. 建立暂准进境项下权利义务转让制度 …… 205
3. 提升单一窗口中暂准进境程序与其他海关程序的互操作性 …… 208

五、贸易安全与便利平衡视角下的保税展示交易制度创新 …………… 208
(一)修改立法允许展品在展会结束后进行保税展示和交易 ………… 209
(二)创新展品开展保税展示和交易的海关措施 ………………… 210
1.展品入区 ……………………………………………………… 210
2.展品保税展示 ………………………………………………… 211
3.展品保税交易 ………………………………………………… 212
六、明确展品与相关物资的关税政策 ………………………………… 214
(一)"货物""物品""商品""展品"等概念的实现困局 ………… 214
1."展品"可能表现为"货物"、"物品"或"商品" ………………… 214
2.将中国逻辑硬套在外国立法与专业术语上,加剧了概念的混乱 …… 215
(二)明确并统一实施关税政策 ………………………………… 216
1.改革关税征收标准,并用"商业性"和"货值"两项新标准 ……… 216
2.区分国家展和企业商业展的展品物资的关税政策 …………… 218
(三)建立专门的展品原产地规则 ……………………………… 219
1.建立专门的展品原产地程序性规则的必要性 ………………… 219
2.设定专门的展品原产地规则的建议 …………………………… 220
(四)利用好《美国协调税则》第98章,设定展品的专门税目 ………… 221
七、推进上海反走私综合治理的地方性立法 ………………………… 222
(一)国内其他地方反走私综合治理地方性立法的现状及借鉴 ……… 223
1.广东省反走私综合治理立法现状的考察 ……………………… 223
2.其他省市区反走私综合治理立法现状的考察 ………………… 223
(二)国内其他地方反走私综合治理地方性立法存在的问题 ……… 223
1.关于无主私货的认定与处理存在的法律风险 ………………… 223
2.经营无合法来源的进口货物、物品认定存在的法律风险 ……… 225
(三)根据上海现状和特点,推进上海反走私综合治理的地方性立法
………………………………………………………………… 225

参考文献 ……………………………………………………………… 227
一、书籍 ……………………………………………………………… 227

二、论文 …………………………………………………………… 230
三、法律文本 ………………………………………………………… 233

后 记 ………………………………………………………………… 235

表格目录

表 1 《2019 年营商环境报告》的中国排名 …… 024
表 2 展览会的分类 …… 031
表 3 中国国际进口博览会定位的关键词 …… 034
表 4 专门适用于世博会海关事务的国际法 …… 038
表 5 中国国际进口博览会的专门性相关政策与规范 …… 041
表 6 现行有效的通用型相关政策与规范 …… 060
表 7 各类旅客行李物品监管依据 …… 092
表 8 中国籍旅客带进物品限量 …… 094
表 9 行邮税的海关征税依据 …… 096
表 10 2016 年颁布的进境物品进口税率 …… 097
表 11 2018 年颁布的进境物品进口税率 …… 098
表 12 2019 年颁布的进境物品进口税率 …… 099
表 13 进博会通关规则和便利措施与其现有海关制度依据与来源的对比 …… 108
表 14 《美国协调税则》中专门适用于展品的第 98 章第 12 分章 …… 135
表 15 我国《海关进出口税则》第 98 章 …… 136
表 16 《ATA 公约》与《伊斯坦布尔公约》的对应关系 …… 148
表 17 2017 年 ATA 单证册业务数据统计 …… 175
表 18 暂准进境制度适用货物范围对比 …… 186

表格目录

图例目录

图 1　海关法框架下的“物品”分类 ………………………………………… 088

图 2　进出境旅客分类及其说明………………………………………………… 090

图 3　不同种类旅客的不同物品………………………………………………… 091

图 4　进博会通关规则与便利措施构成……………………………………… 103

图 5　2017 年主要场馆市场占有率 ………………………………………… 125

图 6　ATA 单证册制度基本运转流程 ……………………………………… 150

图 7　《京都公约》(修正)条约群结构 ……………………………………… 152

图 8　货物在其他海关程序与暂准进出程序间流转图示…………………… 199

图 9　美国展品通关程序可与其他海关制度衔接转换的种类……………… 203

图 10　我国暂准进境程序可与其他海关制度衔接转换的种类 …………… 204

Chapter 1
第一章 绪论

2018 年 11 月 5 ~ 10 日，首届中国国际进口博览会（以下简称进博会）在国家会展中心（上海）举办。共 82 个国家和 3 个国际组织参加国家贸易投资综合展，[①]130 多个国家和地区的 3,600 多家企业参加企业商业展，[②]超过 5,000 件展品在中国市场首秀。首届进口博览会参展企业全部来自中国境外，[③]超过 40 万名境内外采购商前来"买买买"。[④] "虹桥国际贸易论坛"仅主宾国就达 10 余个。[⑤] 有来自全球 130 多个国家和地区的 2,000 多名政府官员、国际组织负责人、知名企业家及专家学者与会。同时，作为首届进博会的重要组成部分，包括了各类行业论坛、峰会在内的配套

---

① 《商务部就习近平主席出席首届中国国际进口博览会开幕式举行中外媒体吹风会》，载进博会网：https://www.ciie.org/zbh/wyxw/20181029/7547.html，最后访问日期：2019 年 8 月 1 日。

② 《习近平和彭丽媛欢迎出席首届中国国际进口博览会的各国贵宾》，载中国政府网：http://www.gov.cn/xinwen/2018-11/04/content_5337480.htm，最后访问日期：2019 年 8 月 1 日。

③ 商务部、上海市人民政府：《首届中国国际进口博览会"倒计时 100 天"新闻发布会》，载商务部网：http://www.mofcom.gov.cn/xwfbh/20180727.shtml，最后访问日期：2019 年 8 月 1 日。

④ 杨丽娟、苟丹、赵鹏、韩文鋆：《"不一般"的进博会今天闭幕　中国和世界收获了什么》，载人民日报：https://finance.sina.com.cn/world/2018-11-10/doc-ihnstwwq2832911.shtml，最后访问日期：2019 年 8 月 13 日。

⑤ 一见财经：《"特殊"的进口博览会，只进不出》，载凤凰网：http://finance.ifeng.com/a/20180806/16430041_0.shtml，最后访问日期：2019 年 8 月 12 日。

现场活动达到 200 多项。[①] 首届进博会取得丰硕成果，签署意向合同、协议 578.3 亿美元，大部分协议都已经执行完毕，许多展品首次进入中国市场。

2019 年 11 月 5～10 日，第二届中国国际进口博览会将在中国上海国家会展中心举行。第二届进博会参展企业平均展览面积 93 平方米，比首届增加 20%以上。签约参展的世界 500 强和行业龙头企业超过 250 家。首发的新产品、新技术预计也将超过首届。各省份和部门已经组建 39 个交易团、近 600 个交易分团，大力推动民营、外资、中小企业到会洽谈采购，重点邀请专业观众到会，充分调动采购商参会的积极性，并提高了采购商的国际化程度。[②] 第二届进博会的内容仍然由国家综合展、企业商业展和虹桥国际经济论坛组成，其中企业商业展扩展为科技生活、汽车、装备、医疗器械及医药保健、品质生活、服务贸易、食品及农产品 7 个展区。说起和首届进博会的不同之处，商务部副部长王炳南用了一连串的"更"来概括："一是展览规模更大。展览面积两次扩大，增至 30 多万平方米，仍然是'一展难求'。二是参展范围更广。目前共有来自 150 多个国家和地区的 3,000 多家企业参展，参展国家和地区以及企业数量均已超过首届。三是展区设置更优。新增室外汽车'无人驾驶'活动区。四是展览质量更高。签约参展的世界 500 强和行业龙头企业已经超过 250 多家，首发的新产品、新技术预计也将超过首届。"[③]在这一规模空前、复合型、综合性、国际化的会展架构和主题下，进博会的展前、展中、展后，都会有大量参展参会人员，以及参加会展的种类繁多、用途各异的展览品、展览用品与相关物资出入边境或在海关监管下在境内停留或移动，必然经历进出境通关、检验检疫、海关税收等海关事务。

在进博会严格执行"双境外"原则的前提下，海关成了国际会展相关的物资与人员的必由之路。

---

① 廉丹：《"不一般"的博览会就要来了》，载人民网：http://world.people.com.cn/n1/2018/1010/c1002-30332207.html，最后访问日期：2019 年 8 月 12 日。

② 刘红霞：《再办一场广结良缘、满载而归的盛会——第二届进博会进入"百日冲刺"》，载新华网：http://baijiahao.baidu.com/s?id=1640120613704265939&wfr=spider&for=pc，最后访问日期：2019 年 8 月 1 日。

③ 佟亚涛：《第二届中国国际进口博览会进入百日冲刺阶段：这个展"一位难求"》，载央广网：http://www.cnr.cn/chanjing/gundong/20190729/t20190729_524709704.shtml，最后访问日期：2019 年 8 月 12 日。

国际会展业属高体验性产业。海关通关服务与执法质量是国际会展相关营商环境中至关重要的构成。进博会可使更多的国家、企业和人员能真实体验到我国的跨境贸易营商环境。鉴于此,我国海关以一流服务迎接进博会,也已发布了通关须知、便利措施和检验检疫禁止清单、限制清单等一系列文件,提出了多项通关便利化措施和创新性举措,①从而在现有制度框架下,为进博会相关人员与物资的通关,尽可能给予最大限度的便利与创新性服务。

上海市委书记李强在第二届中国国际进口博览会倒计时100天上海城市服务保障工作推进大会上指出,要深入贯彻落实习近平总书记关于“进口博览会不仅要年年办下去,而且要办出水平、办出成效、越办越好”的重要指示精神,按照进口博览会组委会统一部署,全力以赴提供一流城市服务保障,对标更高要求、展现更好水平、营造更优环境、激发更多创新,努力做到展会升级、服务升级、形象升级、成果升级,确保办成国际一流博览会。② 深刻领会进博会举办的目的,是为了我国进口贸易的平衡,国际贸易的可持续发展以及会展业的国际化与现代化发展。为了实现该目的,需要可持续的法律制度保障,而不是特事特办和临时优惠。同时,海关是执法机构,便利与服务的供给不能突破法律。因此,为了对我国新一轮高水平对外开放,贸易自由化、主动向世界开放市场做出实质性努力,有必要在前两届进博会海关措施的有效实践和成功经验的基础上,对我国当前国际会展业发展所需的各项海关法律制度进行协调与完善,在根本上更新海关法律制度理念,实现海关法律制度现代化,从而为进口贸易和会展产业提供长效性、普惠性的便利与服务支撑,提供稳定、透明、可预见的海关法律制度保障。

一、本书所涉海关法律制度领域与相关定义

(一)复合型国际化会展及其所涉海关制度领域

当前,会展日趋复合型和国际化,展品功能与流向也相应日趋多元化。进

① 陆敏:《海关制度创新助力首届进口博览会》,载新华网:http://jjckb.xinhuanet.com/2018-10/19/c_137543027.htm,最后访问日期:2019年8月5日。

② 《开幕倒计时100天!今天这个大会为第二届进博会发出总动员令》,载http://baijiahao.baidu.com/s?id=1640228254799877163&wfr=spider&for=pc,最后访问日期:2019年8月5日。

博会就是大型复合型国际化会展的最典型代表,即在会展期间,多场具有涉外因素的不同规模规格、不同性质用途、不同形式与组成的“会议” + “展览” + “配套活动”在线上线下同时举行。对海关提出的需求是:在较短的会展期内,海量的、类别性质不同、用途目的各异的货物需要安全快速通关。①

复合型国际化会展业的发展,不仅可带动我国相关服务业的发展,也可促进我国经济转型和外贸结构调整,对改变我国面临的复杂国际贸易局势具有重要意义。因此,对于会展相关物资与人员通关的便利化成了迫在眉睫的需求,对于相应制度的研究势在必行。

根据进博会及其所代表的复合型国际化会展的构成与功能。其中涉及会展物资在展期前后暂准进境展示或使用、会展物资通过暂准进境程序外入境、海关特殊监管区域内的保税货物参与展示交易、会展物资线上展示零售、会展相关人员的进出境等问题。因此,本书选取我国相关的通用型海关制度规范进行分析,包括但不限于以下内容:

- 暂时进出境制度;
- 保税展示交易制度;
- 跨境电商零售进口商品海关监管与进口税制度;
- 旅客携运物品的海关监管与行邮税制度。

本书中,“通用型”是指并非专门针对进博会所设计的,适用于通常的经贸活动中货物跨境移动的各类海关制度规范。例如,2017 年《海关暂时进出境货物管理办法》可以适用于一般会展展品的通关,还可以适用于进行新闻报道或者摄制电影、电视节目使用的仪器、设备及用品等多种货物的通关。通用型海关制度的对称是专门针对进博会或复合型多功能会展所设计海关制度规范。

(二)我国暂准进境制度下展品、展览品与展览用品的概念

我国现行的暂准进境制度是 2017 年制定、2018 年施行的《海关暂时进出境

---

① 例如,随着首届中国国际进口博览会的临近,上海口岸进出港货量显著增加。10 月 1 ~ 15 日,南航上海 4 条国际货机航线进口货量高达 3,500 吨,同比增长近 50%。据悉,自 6 月起,南航上海地区进港货量环比增长近两成,服装纺织品、汽车零部件、乳制品肉制品、医疗器械及保健品等进港货量明显提升。尤其是洛杉矶—浦东航线进港货量增幅最为明显,货量环比上升高达近九成,货物以电子产品和制药设备等为主。参见《用心服务打造开放高地》,载《人民日报》2018 年 10 月 22 日,第 9 版。

货物管理办法》(海关总署令第233号)。[1] 由于我国的暂时进出境制度经过几次修改,因此,下文中涉及我国现行的暂准进境制度,则简称为2017年《海关暂时进出境货物管理办法》。

我国暂时进出境制度下的"进出境展览品",是指外国来华或我国为到国外举办经济、文化、科技等展览或参加博览会而进出的展览品以及与展览品有关的宣传品、布置品、招待品、小卖品和其他物品。[2]

2017年《海关暂时进出境货物管理办法》第35条规定:"展览品是指:(一)展览会展示的货物;(二)为了示范展览会展出机器或者器具所使用的货物;(三)设置临时展台的建筑材料以及装饰材料;(四)宣传展示货物的电影片、幻灯片、录像带、录音带、说明书、广告、光盘、显示器材等;(五)其他用于展览会展示的货物。"

参照2017年《海关暂时进出境货物管理办法》第19条的规定:以下在展览会期间供消耗、散发的用品,简称"展览用品":"(一)在展览活动中的小件样品,包括原装进口的或者在展览期间用进口的散装原料制成的食品或者饮料的样品;(二)为展出的机器或者器件进行操作示范被消耗或者损坏的物料;(三)布置、装饰临时展台消耗的低值货物;(四)展览期间免费向观众散发的有关宣传品;(五)供展览会使用的档案、表格以及其他文件。"前述五类货物应当符合以下条件:(1)由参展人免费提供并且在展览期间专供免费分送给观众使用或者消费的;(2)单价较低,作广告样品用的;(3)不适用于商业用途,并且单位容量明显小于最小零售包装容量的;(4)食品以及饮料的样品虽未按照不适用于商业用途且单位容量明显小于最小零售包装容量的包装分发,但是确实在活动中消耗掉的。

上述"展览品"和"展览用品"合称为"展品"。此概念的定义将在全书中广泛使用。

(三)对"暂准进境"含义的理解

暂准进境,在不同的经济体中有不同的称谓。在欧盟海关法与世界海关组

---

① 该办法于2017年12月8日公布,于2018年2月1日起施行。

② 海关总署政策法规司:《中国海关通关标准化手册》,中国海关出版社2015年版,第453页。

织(World Customs Organization,WCO)[①]制定的《京都公约》(修正)[②]中的称谓一致,都称为"暂准进境"(Temporary Admission,TA)。在美国,对于一般货物的制度称为"担保下的暂时进口"(Temporary Importation under Bond,TIB),对于展品则专门制定了《贸易展会法案》,适用专门的"展品通关"制度。在我国则称为"暂时进出境"。

本书在论及我国相应制度时,将按照我国的立法称为"暂时进出境";在涉及国际制度或泛称时,则按照 WCO 相关国际公约的称谓,称为"暂准进境"。

《海关暂时进出境货物管理办法》并未对"暂时进出境"的含义做出规定。根据《京都公约》(修正)专项附约七"2. 定义"的规定,"暂准进境"是一种海关制度。在此制度下,某些货物进入某一关境时可以有条件地免除全部或部分进口税费;此类货物须为特定目的而进口,并拟在特定期限内复出口,除因使用而产生的正常折旧外,这类货物不得有任何变化。[③] 通常来说,暂准进境可包括根据《关于货物暂准进口的 ATA 单证册海关公约》(以下简称《ATA 公约》)或《货物暂准进口公约》(以下简称《伊斯坦布尔公约》)所规定的 ATA 单证册而暂准进境和根据国内立法和海关批准的暂准进境两类。

(四)对"暂准进境制度"和"ATA 单证册制度"两者关系的理解

鉴于展览品和展览用品(以下总称为"展品")或与广义的"会展"活动相关物资进出境方式的多样性,本书中对"暂准进境"采取了广义理解,即暂准进境

---

① 世界海关组织的正式名称为海关合作理事会(Customs Co-operation Council,CCC),成立于 1952 年。目前,它是唯一的全球性、政府间、海关类的国际组织。1994 年,CCC 决定将自己非正式的工作名称定为"世界海关组织"。因此,WCO 实际上和海关合作理事会是同一组织。截至 2018 年 1 月,WCO 总共有 182 个成员,这些成员方的海关处理着全球超过 98% 的跨境贸易。参见世界海关组织网:http://www.wcoomd.org/en/about-us/what-is-the-wco.aspx,最后访问日期:2019 年 8 月 2 日。

② 其英文全称为:*International Convention on the Simplification and Harmonization of Customs Procedures* (Kyoto Convention),第一个《京都公约》于 1974 年生效。修正后的《京都公约》[以下简称《京都公约》(修正)]于 2006 年生效。WCO 的《京都公约》(修正)是现代国际海关制度方面最综合、最全面的体现。其在 1974 年《京都公约》20 年适用经验的基础上,总结汇集了发达国家关境区的最佳实践而产生的结构复杂的条约群。《京都公约》(修正)由一项主约(共 5 章,20 条)、一项总附约(共 10 章)和 10 个专项附约组成;此外,总附约(第二章"定义"除外)与专项附约及其各章均有指南。我国于 2000 年 6 月 15 日签署了该公约的《修正案议定书》,并接受专项附约 D 的第一章"海关仓库"和专项附约 G 第一章"暂准进口"。

③ 海关总署国际司编译:《关于简化和协调海关制度的国际公约(京都公约)总附约和专项附约指南》,中国海关出版社 2003 年版,第 367 页。

制度相对于 ATA 和 CPD 单证册制度,是大概念和小概念的关系,即暂准进境制度包括了货物根据 ATA 单证册或 CPD 单证册予以暂准进境的制度,也包括根据国内立法进行暂准进境业务的制度。根据 ATA 单证册或 CPD 单证册予以暂准进境的货物与其他暂准进境货物在目的、用途、性质等方面并无差异。两者之间的差异仅在于通关单证文件的不同、担保方式的不同,进而引起的通关方式的具体差异。

对《京都公约》(修正)和 1963 年《ATA 公约》体系,1993 年《伊斯坦布尔公约》体系是“一般法”和“特别法”的关系,不是割裂或分别适用于一般暂准进境货物和 ATA 单证册制度,而是应当结合理解使用和解释。在《京都公约》(修正)专项附约 G 的指南中也是将其各条款的理解与和 ATA 公约体系结合在一起进行解释的。

鉴于上述概念的辨析,也基于处理我国缔结或参加的国际经贸公约和国内法关系的二元论,我国《海关暂时进出境货物管理办法》中规定“暂时进出境”和凭 ATA 单证册的暂准进境两者之间是“一般法”与“特别法”的关系。在除可以适用 ATA 单证册进境展览品和展览用品外,还有大量没有 ATA 单证册的展品和活动相关物资需要按照国内的暂时进出境制度进境参展。我国现行的《海关暂时进出境货物管理办法》也体现了这一理解。该办法中对暂时进出境货物的监管包括 ATA 单证册项下和非 ATA 单证册项下暂时进出境货物两部分。

二、研究综述

(一)研究发展概况

进博会是我国首创的、以进口为主题的国家级会展,目前并没有可以直接沿用的海关制度,所以,对进博会海关法律制度的探究是一个全新领域,直接相关的现有研究成果极少。但是,进博会仍属于国际会展,具有国际会展的一般特性,因而将以“国际会展”为主要着眼点,以“进博会”为特殊内涵,并选取我国相关的商品交易会、世界博览会等大型国际展会为参考对象,搜集整理与海关制度相关的现有研究成果以及法律政策文本等。

1. 会展研究的起点与发展

现代国际会展在我国的发展历史较短，中国进出口商品交易会（以下简称广交会）可以说是我国所主办的第一个真正意义上的国际性综合性会展。[①] 因此，与此相应的学术史也较短。在改革开放以前，刊物上均为具体会展信息的发布等。在改革开放后，初期是对外国会展情况或体验的介绍。自 20 世纪 80 年代中期后，出现了对外国具体会展特点概况与年度性综述。还出现了展览会展品去向信息，[②]说明了我国境外展品留购的海关业务已有了较长时间的实践。从 20 世纪 90 年代起，出现了对会展市场或行业的分析。[③] 进入 21 世纪后，从经济、行业、管理、人才培养等多种角度探讨会展及其产业的文献渐趋增长，深度与专业性不断提高，并出现了多种视角下会展主题的教材、[④]专著[⑤]与译作[⑥]，还出现了由个人或组织对国内外或我国某地区的会展产业或经济做出年度性

---

① 中国进出口商品交易会，又称广交会，创办于 1957 年春，每年春秋两季在广州举办，由商务部和广东省人民政府联合主办，中国对外贸易中心承办，是中国目前历史最长、规模最大、商品种类最全、到会采购商最多且分布国别地区最广、成交效果最好、信誉最佳的综合性国际贸易盛会。参见《中国进出口商品交易会（广交会）概况》，载广交会网：http://www.cantonfair.org.cn/html/cantonfair/cn/about/2012-09/119.shtml，最后访问日期：2019 年 8 月 2 日。

② 例如，樱：《国外及香港地区在沪展览会展品去向》，载《机械制造》1984 年第 12 期；陆瑞英：《展览会展品去向》，载《机械制造》1986 年第 3 期；陆瑞英：《国际模具技术和设备展览会（86 年 6 月）部分展品去向》，载《机械制造》1987 年第 1 期。

③ 例如，许兴臣：《亚洲会展市场动向》，载《旅游研究与实践》1996 年第 2 期；冷晓：《杭州会展业的发展研究》，载《商业经济与管理》1999 年第 4 期；戈辛：《国际一流的香港会展业》，载《广东大经贸》1999 年第 7 期。

④ 例如，马勇、肖轶楠：《会展概论》，中国商务出版社 2004 年版；周彬：《会展概论》，立信会计出版社 2004 年版；刘大可、王起静：《会展活动概论》，清华大学出版社 2004 年版；龚平、赵慰平：《会展概论》，复旦大学出版社 2005 年版；张文建、金辉：《中外会展述论》，上海人民出版社 2006 年版；张义等：《会展导论》，复旦大学出版社 2009 年版；鲁晓丽、杨跃辉：《会展物流》，北京理工大学出版社 2013 年版；冯学钢等编著：《会展业导论》，清华大学出版社 2014 年版。

⑤ 例如，应丽君：《21 世纪中国会展经济与会展产业》，重庆大学出版社 2003 年版；刘大可、王起静等：《会展经济学》，中国商务出版社 2004 年版；刘大可等：《中国会展业　理论、现状与政策》，中国商务出版社 2004 年版；金辉：《中外会展述论》，上海人民出版社 2006 年版；过聚荣：《会展导论》，上海交通大学出版社 2006 年版；王春雷：《第四次浪潮　中国会展业的选择与明天》，中国旅游出版社 2008 年版；周常春：《政府介入城市会展业的过程与特征研究》，中国书籍出版社 2015 年版。

⑥ 例如，[美]米尔顿·T. 阿斯道夫、詹姆斯·R. 阿比：《会展管理与服务》（第 5 版），宿荣江主译，中国旅游出版社 2002 年版；[英]托尼·罗杰斯：《会议业：一个全球化产业》，王小石译，中国旅游出版社 2015 年版；[美]巴利·西斯金德：《参展实务》，刘林艳等译，重庆大学出版社 2016 年版；[美]乔治·费尼奇：《会展业导论》，王春雷译，重庆大学出版社 2018 年版。

的总结梳理。[①] 同时,出现了就某些具体知名国际展会的专题性研究。[②] 在上海世博会申办举行前后,出现了一系列对于世博会由来、发展、经济影响等的研究。[③] 近期,随着会展业的繁荣及其经济作用的体现,对“会展”的研究逐渐出现了学科化的趋势。[④]

2. 会展法律制度研究的起点与发展

即使进入21世纪,从法律角度探讨会展问题的成果仍然极少。早期出现了有关会展的法规汇编,[⑤]继而出现了探讨会展法的期刊类文献。[⑥] 自2010年后,我国对会展法的研究有了较为明显的发展:一是2012年《法商研究》上发表了关于会展法溯源的研究,探讨了中世纪商人法中的集市法及其对我国当前会展法的启示和借鉴。[⑦] 二是商务部服务贸易和商贸服务业司编著出版了会展法律方面的白皮书。[⑧] 三是出现了“会展争议解决”为主题的专著。[⑨] 四是出现了

① 例如,东方出版中心出版的《中国会展经济报告(2002)》;社会科学文献出版社出版的《中国会展经济发展报告》;商务部服务贸易和商贸服务业司:《全国会展产业政策法规白皮书(2011)》,新华出版社2012年版;中国及海外会展概览编委会编:《中国及海外会展概览(2012－2013)》,经济日报出版社2012年版;商务部服贸司组织编写的《中国会展行业发展报告(2016)》;中国贸促会主持编写的《中国展览经济发展报告(2017)》;上海人民出版社或上海科学技术文献出版社出版的《上海会展业发展报告》;吉林人民出版社出版的《杭州市会展业发展报告》。

② 龙裕伟等:《中国—东盟博览会的机遇和策略——广西会展业发展研究》,电子科技大学出版社2004年版。

③ 例如,博文:《百年话世博——国际展览局与世界博览会》,载《人与自然》1998年第3期;蒲涛:《世界博览会的由来》,载《人与自然》1998年第1期;刘住、金辉、梁保尔:《对上海2010年世博会申办工作的几点思考》,载《旅游科学》2000年第4期;许懋彦:《世界博览会150年历程回顾》,载《世界建筑》2000年第11期;李清海:《上海世博会经济风险分析——兼论德国2000年汉诺威世博会》,载《同济大学学报》(社会科学版)2004年第1期;邬适融:《上海世博会拉动中国会展业发展的战略态势》,载《上海企业》2006年第8期。

④ 例如,马勇:《会展学原理》,重庆大学出版社2015年版。

⑤ 例如,夏学英:《会展政策与法规》,中国商务出版社2004年版;周利方、沈全:《会展政策与法规》,立信会计出版社2006年版;杨朝晖:《会展政策与法规》,重庆大学出版社2007年版;韩福文、夏学英:《会展政策与法规》,中国商务出版社2008年版;陈燕:《会展法律法规》,中国财政经济出版社2008年版;王小强:《会展法律法规》,电子工业出版社2008年版;樊英、刘冰:《会展法规与实务》,南开大学出版社2010年版;曹勇:《会展政策与法律》,重庆大学出版社2014年版;李剑泉等:《会展政策与法规》,东北财经大学出版社2016年版;吴红霞:《会展政策与法律法规》,清华大学出版社2016年版。

⑥ 例如,樊英:《会展法调整对象探讨》,载《消费导刊》2010年第4期;赵恬:《会展经济发展需与法同步》,载《今日国土》2010年第3期。

⑦ 张万春:《中世纪商人法中的会展法律制度及其借鉴》,载《法商研究》2012年第1期。

⑧ 商务部服务贸易和商贸服务业司:《全国会展产业政策法规白皮书》,新华出版社2014年版。

⑨ 张万春:《我国会展争议解决研究》,经济日报出版社2015年版。

以“会展国际合作”为主题的专著。① 五是在上海世博会举办前后，出现了对世博会法制问题的专题研究，②但多集中于世博会或世博标志的知识产权保护问题，③此外，上海世博局在世博会结束后，还编辑整理了上海世博会的规范性文件汇编。④ 六是出现了会展国际（组织）法方面的研究。⑤

3. 会展相关海关措施与法律制度研究概况

一是对世博会海关事务的专题研究。我国对于会展海关措施与法律制度研究始于世博会申办成功之后，逐渐出现了关于海关与世博会的历史渊源、⑥世博通关安全与便利、⑦知识产权海关保护⑧等方面的研究。尤其值得关注的是，曾任世博局法务部副部长邱一川博士所著的关于世博会法律制度的两本专著。⑨ 虽然这两部专著并非海关法律制度领域的专题文献，但是其中包括了展品的海关监管制度、税收优惠制度、人员出入境制度的深入阐述。由于作者深度参

---

① 靳柯、刘从水、邹礼祺：《大湄公河次区域国际会展合作机制研究》，云南大学出版社2015年版。

② 例如，顾长浩：《世博会、城市管理与法治》，载《2004年政府法制研究》（论文集），上海市行政法制研究所2004年版；王天品：《上海世博会法律问题跟踪研究》，载《2011年政府法制研究》（论文集），上海市行政法制研究所2011年版。

③ 邓建志、单晓光：《2010年上海世博会知识产权的行政保护》，载《法学》2006年第4期；赵莉：《2010年上海世博会如何应对知识产权保护——历届世博会知识产权保护制度的启示》，载《电子知识产权》2004年第6期；吴民平：《世博会标志行政执法保护的思考》，载王立民、黄武双主编：《知识产权法研究》，北京大学出版社2004年版。

④ 上海世博会事务协调局：《中国2010年上海世界博览会规范性文件汇编》（内部文件），2010年12月。

⑤ 邱一川：《国际组织法视野下的国际展览局——兼论其国际组织法特征对世博会主办国的影响》，载《2008全国博士生学术论坛（国际法）论文集》（国际公法、国际私法分册），2008年。

⑥ 例如，《早期进入世博会的中国人》，载《沪港经济》2002年第12期；宋茂萃：《近代中国海关与维也纳世界博览会》，载《桂海论丛》2004年第S2期；宋茂萃：《晚清海关与世博会》，中国人民大学2005年硕士学位论文；杨国英、丁文蕾：《华商与世博会的历史渊源》，载《海内与海外》2010年第9期；绿意：《赫德的世博会》，载《世界博览》2010年第10期；詹庆华：《晚清海关洋员与世界博览会——以海关洋员眼里的世博会为例》，载《上海海关学院学报》2010年第3期；邹子阳：《海关洋员绵嘉义参加1888年巴塞罗那世界博览会》，载《集邮博览》2018年第8期。

⑦ 安芝：《我国国际会展业海关监管研究》，华东师范大学2008年硕士学位论文；刘涛、聂瑞凝：《2010上海世博会与海关信息化管理对策研究》，载《上海海关学院学报》2008年第4期；郝崇福、李灵：《通关“世博会”》，载《中国海关》2010年第5期；周兆和：《世博会极速6小时》，载《中国海关》2010年第10期。

⑧ 盛雷鸣：《关于〈世界博览会标志保护条例〉中备案及“一次备案，全面保护”模式的探析》，载王立民、黄武双主编：《知识产权法研究》，北京大学出版社2006年版；朱秋沅：《论世博期间的临时性扩张性知识产权海关保护——世博期间知识产权海关保护九问》，载王立民、黄武双主编：《知识产权法研究》，北京大学出版社2009年版。

⑨ 邱一川：《世界博览会法律制度研究》，法律出版社2006年版；邱一川：《世界博览会主办国的法制创造——遵循国际规则的机制与实践》，上海人民出版社2012年版。

与了上海世博法律规范的准备、拟定、谈判与实施的全过程，其论述的内容理论与实务兼具。其中所指出的一些问题，在进博会的海关监管与服务中仍需应对。

二是对会展通关便利措施的宣传性文献。例如，在会展较为集中地区，早期有上海海关、广州海关，近期包括北京海关等，开始宣传期展品的通关便利化措施和基础知识。①

三是对出入境检验检疫的研究文献，包括两类：对出入境检验检疫的管理模式及其对会展业的促进；②具体会展（尤其是昆明园博会）检验检疫问题及效益的分析。③

四是对暂准进境制度的介绍解读性文献。国内对于暂准进境制度多为介绍解读类文献：一类是对 ATA 制度的介绍，④在中国国际商会、贸处会的网站上也有对 ATA 单证册制度的较为系统的介绍性文献；⑤另一类是在我国暂时进出

---

① 例如，倪长锋：《上海海关：开辟会展“绿色通道”》，载《中国会展》2004 年第 8 期；穗关：《广州海关：“八项措施”助推国际会展业》，载《大经贸》2006 年第 1 期；周柳：《广州海关：为展览业优化通关环境》，载《大经贸》2007 年第 11 期；刘昕：《北京海关服务会展经济发展》，载《国际商报》2017 年 11 月 14 日，第 A06 版。

② 经克：《国际会展与中国检验检疫》，载《中国检验检疫》2005 年第 11 期；曾玉成：《谈会展经济中检验检疫管理模式的创新》，载《中国检验检疫》2013 年第 6 期；杨爱宏、陈洪、杨振宇：《北京会展业地位分析和检验检疫对策》，载《中国检验检疫》2013 年第 11 期；曾玉成、韩建勇：《推动会展经济发展的检验检疫对策研究》，载《现代商业》2014 年第 17 期；杨扬：《检验检疫部门如何助力会展产业转型发展》，载《中国国门时报》2017 年 5 月 11 日，第 4 版。

③ 肖枢等：《99 昆明世博会参展植物寄生线虫检疫研究初报》，载《云南农业大学学报》1999 年第 S1 期；陈海如等：《99 昆明世博会植物检疫病毒快速检测体系已建立》，载《植物检疫》1999 年第 4 期；谢飞帆：《世界博览会的效益评估》，载《社会科学》1999 年第 12 期；蒋小龙等：《99 昆明世博会植检截获有害生物浅析》，载《植物检疫》2000 年第 2 期；孔宝华等：《99 世博会植物病毒种类的调查与鉴定初报》，载《植物检疫》2000 年第 3 期；《中国’99 昆明世博会植物检验检疫工作》，载《口岸卫生控制》2000 年第 4 期；孔宝华等：《中国’99 昆明世博会植物病毒检疫之对策》，载《口岸卫生控制》2000 年第 4 期；蒋小龙等：《中国’99 昆明世博会期间的检疫监管工作》，载《口岸卫生控制》2000 年第 4 期；《中国’99 昆明世博会国外植物检疫截获病虫害名单》，载《口岸卫生控制》2000 年第 4 期。

④ 例如，姚明：《中国同意接受 ATA》，载《机电国际市场》1998 年第 Z4 期；《ATA 单证册——货物免税进口的通关证》，载《中国对外贸易》1999 年第 9 期；《ATA 单证册——暂准免税进口通关制度》，载《中国对外贸易》2000 年第 4 期；《澳大利亚、瑞士、新加坡等国对实施 ATA 单证册制度的特殊规定》，载《中国对外贸易》2000 年第 5 期；君枫：《ATA 单证册申办指南》，载《中国海关》2001 年第 9 期；《ATA 单证册货物通关护照》，载《中国对外贸易》2002 年第 5 期；马广一：《ATA 单证册亟待在中国“显山露水”》，载《中国检验检疫》2007 年第 1 期；邹超：《我国实施 ATA 单证册制度的现状、问题与对策》，载《对外经贸实务》2013 年第 10 期等。

⑤ 《单证册制度简介》，载 http://www.atachina.org/carnet/index.do，最后访问日期：2019 年 8 月 4 日。

境制度颁布或修改时的解读类文献。[①]

五是对暂准进境的国际法与外国法的翻译类文献。此类文献很少,一类是国际法的翻译类文献,主要包括由《ATA 单证册制度》编委会所编写的《ATA 单证册制度》。[②] 该文献对 ATA 制度的实务操作,各国的国际承诺予以了全面的阐述,并附有 ATA 单证册体系下的国际条约文本的翻译,还有由海关总署国际司与上海海关学院共同组织翻译的《京都公约》(修正)的条约文本(其中专项附约 G 第一章为暂准进境制度),[③]以及由海关总署国际司编译的《京都公约》(修正)的条约与指南文本。[④] 另一类是对外国海关法典的翻译,其中也包括了(展品)通关制度,包括对《欧盟海关法典》体系的翻译(其中包括暂准进境制度),如海关总署国际司组织的“欧盟海关法翻译与比较研究项目组”对《联盟海关法典》及其“授权条例”和“执行条例”进行了系统的翻译与校对。此三项成果都已由中国海关出版社于 2016 年 8 月出版。[⑤] 对美国海关法的翻译(其中包括了展品的暂准进境制度和一般的暂准进境制度),如中国海关出版社于 2016 年出版的《美国海关及对外贸易法典》(上、下)[⑥]等。目前,结合中国国际进口博览会对海关法律制度问题展开研究的成果有限,公开文献中仅有陈晖教授作为负责人的上海市法学会海关法研究会、上海海关学院海关法研究中心课题组及其成员朱秋沅教授、王珉博士在《海关法评论》(第 8 卷)发表的 3 篇论文,主题分别为“中美展品暂准进境制度比较及其对中国国际进口博览会展品通关的启示”“展品暂准进境国际法比较及其对我国的立法建议”“打造永不落幕的中国国际进口博览会——保税展示交易制度创新、挑战与因应”。

---

① 宋雪:《暂时进出境货物申报七注意》,载《中国海关》2007 年第 9 期;《〈海关暂时进出境货物管理办法〉解读》,载《大经贸》2007 年第 10 期;宋雪:《暂时进出境货物申报指南》,载《中国海关》2014 年第 11 期。

② 《ATA 单证册制度》编委会:《ATA 单证册制度》,中国财政经济出版社 2008 年版。

③ 海关总署国际司、上海海关高等专科学校、世界海关组织研究中心:《关于简化和协调海关制度的国际公约》,法律出版社 2001 年版。

④ 海关总署国际司:《关于简化和协调海关制度的国际公约(京都公约)总附约和专项附约指南》,中国海关出版社 2003 年版。

⑤ 海关总署国际司:《欧盟海关法典》,中国海关出版社 2016 年版;海关总署国际司编译:《欧盟海关法典授权条例》,中国海关出版社 2016 年版;海关总署国际司编译:《欧盟海关法典实施条例》,中国海关出版社 2016 年版。

⑥ 黄胜强:《美国海关及对外贸易法典》(上、下),中国海关出版社 2016 年版。

(二)会展相关海关法律制度研究的现有观点

1. 国际会展海关监管措施的研究文献

(1)便利并创新进博会的海关监管措施

结合进博会的特点,应借鉴2010年上海世博会的筹办经验与成效,以海关为领头部门,实行"一次备案,分阶段交单"及预备案模式、"单一窗口"展品监管方式,并设立联合查验场所、关检"一站式"现场监管服务中心,提供展品与参展物资即到即办理通关手续等高效便捷的海关监管服务。① 鉴于进博会办展结束后,部分展品将在"6+365天"一站式交易服务平台继续参与展示交易,这些展品必须从暂时进境的海关监管状态转为保税或一般贸易状态,因此,我国海关需要在现有交易展示交易平台上提供特定商品保税展示、检测认证等海关监管服务。② 当下,针对规模空前的进博会,检验检疫部门应采取风险分类管理,加快查验流程,鼓励创新并对积极参展企业、获评为高级别的品牌展会等对象给予更大的通关便利,建立完善的会展行业监管标准体系。③

(2)其他国际会展的海关监管措施

广州海关为了促进以广交会为主要代表的国际会展业的发展,曾与广州政府联手推出《广州海关促进广州地区国际会展业发展的八项服务措施》,提供展馆集中办理海关手续,实施线上报备与指定展馆免担保措施,在展会现场设立通关业务专家咨询工作小组,建立展品监管仓以应对展品留购、转展或暂存情况等便捷服务,大大提高了广交会客商展品及参展人员的通关效率。④ 面对监管难度剧增的上海世博会,我国海关亟待探索符合发展趋势的国际展会海关监管风险模式——应该建立风险管理机制,对不同风险程度的监管对象采取适当

---

① 缪琦:《进口博览会受各国企业期待 人大代表就展会便利化提出建议》,载《第一财经日报》2018年3月12日,第A02版。

② 颜维琦、曹继军:《首届中国国际进口博览会"6天+365天"一站式交易服务平台上线》,载《光明日报》2018年4月19日,第1版;吴卫群:《久久见! 不落幕! 进口博览会"6天+365天"平台迎来首批30个子平台入驻》,载https://www.jfdaily.com/news/detail?id=85738,最后访问日期:2019年8月4日。

③ 杨扬:《检验检疫部门如何助力会展产业转型发展》,载《中国国门时报》2017年5月11日,第4版。

④ 穗关:《广州海关:"八项措施"助推国际会展业》,载《大经贸》2006年第1期;周柳:《广州海关:为展览业优化通关环境》,载《大经贸》2007年第11期。

的监管模式;[①]还可以成立世博会信息化专门管理团队,建立“海关—世博会管理服务一体化信息平台”以提供旅检申报、展品物流监控、ATA 单证册管理等线上服务。[②] 在 2017 年北京国际钱币博览会期间,北京海关对展品与参展物资提前做好风险分类管理,并开展了驻场监管、馆内集中查验、开通预约通关申请服务等监管工作,确保监管到位与高效便捷服务均到位。[③]

(3)出入境检验检疫领域中的执法成果与问题

对国际展会监管初期,经过承担国家级国际展会检验检疫工作的多次历练之后,逐步完善管理机制,形成组建专门办事处、展品集中验放、对政要人员及其专机设立专用通道等便捷规范的监管举措。[④] 例如,在早期的昆明园博会举办期间,驻昆明园艺世博会现场检验检疫办公室共完成了来自 69 个国家(地区)、26 个国际组织的 3, 808 批近 800 万株植物、33. 6 万出入境人员和 157 批进口食品、24 批配套设备、56 批参展商品的检验检疫任务,截获植物有害生物 490 种 319 批次,其中国家法定检疫危险性有害生物和动物传染病 25 批,检出传染病 547 例,其中艾滋病 36 例,50 多批食品和商品以及 6 批配套设备有质量问题。[⑤] 但是同时也应认识到,由于法律法规缺失、查验作业流程烦琐、部门间协作欠佳等因素,检验检疫部门对会展经济发展形成一定障碍,应该加强对会展经济的研究,构建全国统一的展品检验检疫监管体系,并大胆推行突破创新的监管模式。[⑥]

2. 国际会展海关监管有关的法律政策文本

(1)适用于各类国际展会的海关监管法律政策文本

1928 年,由 31 个国家的政府代表签署了《国际展览会公约》,之后在 1931 年设立了国际展览局主要负责协调管理世博会相关事宜,而我国于 1993 年 5 月正式加入该公约。其中,《国际展览公约》有组织国际展览会的一般管理条

---

① 安芝:《国际会展业海关风险管理研究》,载《经济研究导刊》2010 年第 23 期。

② 刘涛、聂瑞凝:《2010 上海世博会与海关信息化管理对策研究》,载《上海海关学院学报》2008 年第 4 期。

③ 刘昕:《北京海关服务会展经济发展》,载《国际商报》2017 年 11 月 14 日,第 A06 版。

④ 经克:《国际会展与中国检验检疫》,载《中国检验检疫》2005 年第 11 期。

⑤ 吴加林:《云南检验检疫局获’99 世博会组织奖》,载《中国检验检疫》1999 年第 12 期。

⑥ 曾玉成、韩建勇:《推动会展经济发展的检验检疫对策研究》,载《现代商业》2014 年第 17 期。

件、展会注册、展会组织者及参展国的义务等方面的规定。[①]

按照2018年2月1日生效的《海关暂时进出境货物管理办法》，海关对展品与参展物资是按照暂时进出境货物进行监管的。[②] 而且根据我国在20世纪90年代初期加入的《ATA公约》、[③]《伊斯坦布尔公约》[④]与《暂时进出境货物管理办法》条款[⑤]的规定，我国符合暂时进出境货物规定的展品与参展物资可适用ATA单证册制度。[⑥]

此外，因为进博会6天展期结束后还有为期1年的展示交易安排，所以，根据《海关法》《保税区海关监管办法》等有关规定，[⑦]参与后续展销的物品需要以保税货物的状态接受我国海关的监管。

所有展品与参展物资除需要接受通关监管之外，依照《进出口商品检验法》的规定，[⑧]属于有可能对公共安全、公共卫生、动植物生命健康等方面造成威胁的物品，应在符合出入境检验检疫部门公布的禁限类清单前提下，办理相关许可证件。[⑨]

---

① Bureau International des Expositions, *Convention Relating to International Exhibitions*, https://www.bie-paris.org/site/images/stories/files/BIE_Convention_eng.pdf, Aug. 6, 2019.

② 《海关暂时进出境货物管理办法》第3条第1款规定："本办法所称暂时进出境货物包括：(一)在展览会、交易会、会议以及类似活动中展示或者使用的货物……(五)在本款第(一)项至第(四)项所列活动中使用的交通工具以及特种车辆……"

③ 《ATA公约》是在海关合作理事会和《关税与贸易总协定》的主持下于1961年12月初制定的国际公约，旨在为国际贸易中暂时进出境货物提供通关便利。我国于1993年加入该公约，并接受了《关于在展览会、交易会、会议等事项中便利展出和需用物品进口的海关公约》。

④ 《伊斯坦布尔公约》是在海关合作理事会和《关税与贸易总协定》的主持下于1990年6月底形成的国际公约，其中包括了附约A《关于货物暂准进口的ATA报关单证册海关公约》、附约B《关于在展览会、交易会、会议及类似活动中供陈列或使用的货物的附约》。我国于1993年加入该公约并接受其附约规定。

⑤ 我国《海关暂时进出境货物管理办法》第3条第2款规定："使用货物暂准进口单证册(以下简称'ATA单证册')暂时进境的货物限于我国加入的有关货物暂准进口的国际公约中规定的货物。"

⑥ 中国国际贸易促进委员会商事法律服务中心：《ATA单证册制度在中国》，载http://www.atachina.org/carnet/detail.do?id=297e9e794db195bb014db253e14c0003，最后访问日期：2019年8月9日。

⑦ 《海关法》第100条规定，保税货物，是指经海关批准未办理纳税手续进境，在境内储存、加工、装配后复运出境的货物；《保税区海关监管办法》(海关总署令第65号)第9条规定，海关对保税区与境外之间进出的货物，实施简便、有效的监管。

⑧ 《进出口商品检验法》第4条规定："进出口商品检验应当根据保护人类健康和安全、保护动物或者植物的生命和健康、保护环境、防止欺诈行为、维护国家安全的原则，由国家商检部门制定、调整必须实施检验的进出口商品目录(以下简称目录)并公布实施。"

⑨ 参见《质检总局关于做好重要展会检验检疫工作的意见》(国质检通〔2015〕341号)。

(2)适用于特定国际展会的海关监管法律政策文本

其一,广交会方面。广州海关与广州市政府共同合作推出了《广州海关促进广州地区国际会展业发展的八项服务措施》,为广交会为代表的国际展会提供展会前期及展会期间达成交易的申报通关、会后展品及参展物资的处理等方面的科学便捷的通关监管举措。①

上海世博会筹办期间所编制的《2010 年上海世博会运营计划》第 12 章"海关规定"中对海关监管工作作了详细规定,并且基于世博会物资通关手续、出入境禁限类物品、展品监管及关税征收等方面的考虑,海关协同上海世博局发布了《特殊规章》。②

其二,进博会方面。目前已有《中国国际进口博览会实施方案》《上海市决战中国国际进口博览会 200 天行动计划》等政策文件对展览会的事宜作出了行动指南式的规定,要求海关提供便利通关举措。③ 海关也发布了《2018 年首届中国国际进口博览会海关通关须知》《海关支持 2018 年首届中国国际进口博览会便利措施》《2018 年首届中国国际进口博览会检验检疫禁止清单》《2018 年首届中国国际进口博览会检验检疫限制清单》《2019 年第二届中国国际进口博览会海关通关须知》《海关支持 2019 年第二届中国国际进口博览会便利措施》《2019 年第二届中国国际进口博览会检验检疫禁止清单》《2019 年第二届中国国际进口博览会检验检疫限制清单》,专门适用于进博会筹备、举办期间的展品与参展物资的出入境监管。针对展会期间及会后展示交易服务,上海市编写了《中国国际进口博览会"6 天 +365 天"展示服务平台服务指南》。

(三)研究现状评述

1. 会展法类文献中缺失对会展相关海关法律制度的研究

在现有会展法研究中,无论是著作类文献,还是法规政策汇编类文献,一般都包括以下部分:会展主体设立与活动审批、会展合同、知识产权保护、市场秩序与竞争、消费者权益、纠纷解决等。但几乎都难以找到将海关法律制度纳入

---

① 穗关:《广州海关:"八项措施"助推国际会展业》,载《大经贸》2006 年第 1 期。

② 安芝:《我国国际会展业海关监管研究》,华东师范大学 2008 年硕士学位论文。

③ 参见《中国国际进口博览会实施方案》及《上海市决战中国国际进口博览会 200 天行动计划》第(五)项规定。

其中的作品。

而我国大量涌现的国际会展中大量展品都需要进入关境或在海关监管下在境内移动。如果有关人员或物资不能通关,国际会展是无法举办的。如果参展物资不能顺利地进行展后处理,国际会展是无法可持续发展的。

但当前的研究现状是,几乎没有一部会展法律类文献将海关法律制度纳入其中。

2. 海关法类文献中对会展相关海关法律制度的研究极不充分

海关法类文献,无论是教材或是专著,对展品通关问题、暂准进境制度的阐述都较为简单,对于展品通关制度的专题阐述几乎没有,更没有对暂准进境制度的理论研究。在海关法类的教材中,一般对于暂准进境制度的篇幅也很少,甚至都没有涉及。① 同时,对展品通关相关国际法和外国法的研究也极不充分,除少量几本翻译类工具书外,既无对展品通关相关国际法和外国法的理论研究,也无实务介绍。

在专题性文献中,仅有少量如展品通关措施或暂准进境制度的介绍性资料,鲜有研究类文献。通过对中国知网数据库的检索,在出入境检验检疫研究领域也存在同样情况。

3. 对暂准进境制度和ATA制度的关系方面存在概念性误解

由于我国会展相关海关法律制度的研究极少,从事相关业务的实务工作者也非常有限。因此,存在对暂准进境制度和ATA制度的关系的概念性误解,即认为展品通关就是使用ATA单证册制度进行通关。即使在海关工作者中,也一定程度上存在这种误解。

但实际上,展品通关通常可以适用暂准进境制度,但暂准进出境制度并不仅适用于展品。展品通关可以使用ATA单证册获得暂准进境,但也可以通过适用其他暂准进境制度(如我国的暂时进出境制度)来进行通关。

这种误解,在实务方面,会造成对我国暂准进境制度的不充分、不完整、不准确的适用,不仅不利于会展相关企业的通关便利化,也不利于我国会展业的充分发展。而如果相关理论工作者存在这种误解,则是未曾理解我国和国际暂

① 例如,邵铁民等:《海关法学》,中国海关出版社2010年版;刘达芳:《海关法教程》(第3版),中国海关出版社2016年版;张红:《海关法》(第2版),对外经济贸易大学出版社2016年版。

准进境制度的理论基础所导致的。

4. 对会展相关外国海关法律制度文献的翻译不完整、不深入

目前,我国对欧盟、美国等主要经济体海关法的翻译多侧重于对较高层次立法的翻译。但由于各国法律体系的不同,高层次立法中的法律规则往往较为原则,且其展品通关制度、关税制度、原产地规则或暂准进境制度等往往分布于不同的立法层级、不同的法律和章节中,很多具体的细化规则甚至会分布在指南中。因此,仅仅翻译较高层次立法很难知晓会展相关外国海关法律制度完整情况,其中抽象简单的数个条文,无法支撑深入的比较研究,也就无从借鉴国外先进做法。

这种研究状况可以说是一个损失。因为欧洲从中世纪商人法开始便有了较为成熟的集会法,集会法构成了欧洲发达的会展法的前身。而现代国际会展也发端于西欧,欧洲的展品通关制度非常成熟、完整、灵活,同时也对《京都公约》体系和 ATA 单证册体系等国际海关法及其现代化起到了主要的影响和贡献。但是,对会展相关外国海关法律制度文献的翻译不完整和不深入限制了我国对现代化的国际标准和外国制度的理解,也使有关立法借鉴无从谈起。

5. 缺乏对暂准进境制度理论性阐述与分析

虽然针对会展相关海关法律制度已经有一些介绍性的文献,实务领域中也有执法或服务措施的公布。但展品通关所适用的最主要制度是暂准进境制度,目前学界还没有对会展相关海关制度和暂准进境制度进行全面系统阐述或提出创新性举措的著述,也没有体现出暂准进境制度的原则与精髓及其与会展业发展趋势与市场需求之间的关系。

如果缺乏对暂准进境制度理论性阐述与分析,则立法的改革就缺乏协调的价值判断,缺乏一致的原则与精神的指引。立法的改革可能会出现孤立的、散在的或就事论事的规则修改。这样一来,制度现代化的步伐将不能与产业的发展与市场的需求相匹配。

(四)本书的原创性和创新性

鉴于暂准进出境制度等与会展相关的海关法律制度的研究成果的空白或缺失,本书具有很高的原创性,其中的创新之处主要表现为:

1. 运用会展学理论全面分析进博会的“不一般”之处，论证了改革势在必行

当前关于进博会的文献主要侧重于对进博会的重要性、广泛的影响力以及规模等的描述性或宣传性的内容。尚无运用会展学理论（如会展的构成、运作方式、发展规律）对进博会与国际会展相比较的共性与个性进行分析的研究。

本书广泛综合了当前会展学国际、国内的最新研究成果，将一般会展学理论演绎运用于进博会并延伸至复合型国际会展产业，对于进博会与一般的国际会展、世博会的共性与差异性进行了深入分析，尤其分析了进博会与世博会在国内法、国际法以及政策制定方面的差异，从而深入论证了在“不一般”的进博会可持续发展需求和我国新兴的复合型国际会展产业发展趋势下，在国内法层面进行“不一般”的、专门性的法律制度创新的重要性与必要性。

2. 以海关法学原理深入分析进博会对海关法律制度提出的“不一般”的挑战，辨明了改革的方向

我国从无对会展相关海关法律制度的专题性研究。现有相关海关制度，如暂时进出口制度、跨境电商零售进口制度、保税展示制度、旅客物品通关与行邮税制度等，虽然与会展相关，但当前现有相关海关制度都属于通用型制度，立法时并非为促进国际会展业发展专门考虑，也没有考虑会展物资通关或关税问题的特性及其不同于其他货物物品通关的特殊需求。但是，“不一般”的进博会对通用型海关法律制度所提出了新需求、新问题和新挑战，通用型的海关制度无法切实回应。

为了今后不断发展的大型复合型国际会展，本书论述了以下三个方面的内容：第一，全面调研梳理了进博会对会展海关法律制度在通关、关税、后续处置等方面的需求以及当前所存的困难；第二，提炼出现有市场需求对海关及其法律制度所提出的挑战的类型与具体内容；第三，以海关法学原理深入分析“不一般”的进博会对海关法律制度改革的特殊要求。这三个方面的内容为后续研究海关法律制度的改革完善提供了方向。

3. 全面阐明并比较了相关国际法，扭正对有关概念的长期误解

（1）我国当前研究仅限于对相关国际法的局部翻译

与展品通关相关的国际法主要包括世界海关组织的《京都公约》体系、ATA单证册制度体系和《国际展览会巴黎公约》体系。我国对《京都公约》体系、ATA单证册制度体系具有较为完整的翻译类公开性文献。但是对《国际展览会巴黎公约》的海关规章则无公开的翻译类文献。

(2)扭正对暂准进境与 ATA 单证册制度之间关系的长期误解

相关领域内长期认为暂准进境制度就是 ATA 单证册制度,因此遇到暂准通关问题,存在的误解是:第一,ATA 单证册制度是研究核心甚至是唯一领域;第二,割裂了《京都公约》专项附约 G 与 ATA 单证册体系(如《伊斯坦布尔公约》)的关系。

(3)全面阐明并比较了相关国际法,扭正对有关概念的长期误解

第一,ATA 单证册制度是暂准进境制度的一个领域。《京都公约》(修正)专项附约 G 是规定了暂准进境的一般法,而 ATA 单证册体系是以 ATA 单证册的方式进行暂准进境通关的一种方式和程序,是暂准进境制度的特别法。

第二,ATA 单证册体系下还可以分为 1963 年《ATA 公约》体系和《伊斯坦布尔公约》体系。我国加入了前述公约体系,而不仅是《伊斯坦布尔公约》。

第三,既然《京都公约》(修正)专项附约 G 与 ATA 单证册制度体系是一般法与特别法的关系,则《京都公约》(修正)专项附约 G 的原理、原则与具体规则与 ATA 单证册制度体系一脉相通,而非割裂或迥异。对两者进行(学理)解释或运用时,有必要交叉援引,相互参考。

第四,将一直被忽略的《国际展览会公约》的海关规章纳入研究范围。《国际展览会公约》的海关规章支撑着历届注册类世博会的成功举办,必有其科学之处。本书将此领域中的内容纳入研究,并列出可供我国相关海关法律制度改革参考的共通之处。

第五,本书并未对已经翻译的公约文本内容进行大量复述,而是在指明可以参考的具体翻译文本的基础上,对上述制度体系的精神、原则、原理与具体条款进行比较分析并用以支撑论证我国相关制度改革的具体观点。

4. 填补了对欧美会展相关海关法律制度研究的空白

我国对欧美海关法的研究并不充分,现有研究也主要集中于对一般货物通关制度和关税制度方面。对于其会展相关海关制度的研究近乎空白,具体表现为:第一,现有对欧美海关法典的翻译中涉及了会展海关制度相关条款的翻译。但是这些翻译文献一般仅能翻译较高层级的立法。这些立法的条款简单而原则,对于展品具体如何通关并无明确清晰的规定,而且这些条款是松散的。因此,缺乏法律法规的整体性阐述,也缺乏可操作的内容,可参考性较差。第二,即使存在少量对会展相关海关制度的条款翻译,但既无对法律文本的研究文

献,也无从海关法理论的角度进行研究的文献。

本书的内容是在对欧盟暂准进境制度和相关制度(如税则)进行较为全面翻译与整合的基础上,运用展品便利通关的基本原理,对欧美会展相关海关法律制度进行了完整的阐述,对中外制度进行了深入对比分析,从而为我国海关法律制度的改革与创新提供了制度与理论的参考和论据。因此,本书填补了对欧美会展相关海关法律制度研究的空白。

5. 在比较与实证调研基础上,创新性提出了相关海关法律制度完善的建议

本书课题组经过了多次充分调研与研讨,通过与企业和执法关员的深度访谈,深入了解会展相关物资(包括展品)通关中的真实问题,并基于前述对国际法、外国法的原创性研究,从暂准进境制度的传统理论及其现代化着手,创新性地提出:我国应建立促进国际会展业发展的海关法律制度改革的价值判断与理念,找准促进国际会展业发展的海关制度改革关键点。我国与会展相关海关制度应进行现代化改革,确立便利、灵活、适合、明确、配套的基本原则,具体体现出展品与相关物资在海关程序中"能进能出、能动能转、能售能销"的灵活性与便利性。在国际法层面,建议更新我国国际承诺以实现条约的实质精神。在国内法层面,建议扩大与修改暂准进境制度适用的"会展/活动"构成范围;扩大并明确暂准进境制度所适用的货物范围;落实暂准进境货物通关流程的现代化,完善展前管理机制,优化展中监管与服务,注重展后处置方式的多元化与灵活性;明确展品与相关物资的海关税收政策,联合运用"商业性"和"货值"两项新标准,改革关税征收标准;建立专门的展品原产地规则,运用好税则第98章等。

通过前述与会展相关海关法律制度的改革与创新,可加快营造更符合国际先进做法的进口促进新平台,加快构建法治化、国际化、便利化的一流营商环境,致力于将全方位开放格局推向新高度。

三、研究意义、思路与方法

(一)研究意义

举办中国国际进口博览会是以习近平总书记为核心的党中央着眼新一轮高水平对外开放作出的重大决策,是我国坚定支持贸易自由化、主动向世界开

放市场的重大举措。[①] 它是世界上第一个以进口为主题的国家级博览会，是国际贸易发展史上的一大创举。首届中国国际进口博览会是 2018 年我国四大主场外交活动之一，是在我国改革开放 40 周年之际举办的国际盛会。作为高水平对外开放的重要平台，第二届进博会将通过五大举措助力中国进一步开放。一是通过进口提质增效，更好地服务创新驱动发展战略；二是通过落实积极的进口政策，更好地推进贸易强国进程，推动构建开放型世界经济；三是通过开放促发展，主动配置全球要素，更好地推进供给侧结构性改革；四是要通过有效满足消费需求，更好地促进国内消费升级，满足人民对美好生活的需要；五是要通过鼓励绿色低碳的发展模式，更好地培育开放竞争的新优势。[②] 进博会的举办在有利于促成进口贸易活动的推进与优化上海市营商环境的同时，鉴于其为全球首创展会的特殊性，对政府部门的监督管理以及不同部门、政府与社会之间的协调能力与水平无疑是一次巨大的考验，必然需要统筹规划。

我国海关作为进出境活动的监督管理部门，尤其是在关检融合之后，需要承担进博会期间的展品与参展物资进出境通关监管、检验检疫等多种职能。根据《京都公约》(修正)、《伊斯坦布尔公约》等国际法及我国《海关法》《海关暂时进出境货物管理办法》等国内立法，以及《上海市决战中国国际进口博览会 200 天行动计划》等相关的政策文件，海关对于参展品进出境申报通关将在遵照有关规定开展通关与检验检疫工作的同时，最大限度地为提供高效便捷的进出境管理服务。

近年来，上海会展业规模迅速增长，2018 年上海共举办各类展会 1,032 个，居全球主要会展城市之首，[③]而且还在《"十三五"时期上海国际贸易中心建设规划》中明确提出"十三五"期间将上海打造成"国际会展之都"的目标，[④]上海市商委也于 2018 年 8 月 30 日印发了《上海市建设国际会展之都专项行动计划

---

① 《进口博览会冲刺 100 天　胡春华李强出席誓师动员大会》，载 https://www.ciie.org/zbh/wyxw/20180728/5133.html，最后访问日期：2019 年 8 月 2 日。

② 《第二届进博会倒计时 100 天：五大举措为中国进一步开放注入新活力》，载央广网：http://finance.cnr.cn/gundong/20190726/t20190726_524707194.shtml，最后访问日期：2019 年 8 月 13 日。

③ 姜泓冰：《上海去年会展超千场，首次成为举办大型国际商展最多城市》，载人民网：http://sh.people.com.cn/n2/2019/0621/c134819-33061752.html，最后访问日期：2019 年 7 月 30 日。

④ 《上海市政府"十三五"时期上海国际贸易中心建设规划》，载上海市人民政府网：http://www.shanghai.gov.cn/shanghai/download/gongkai/hff1660.pdf，最后访问日期：2019 年 8 月 2 日。

(2018 - 2020 年)》。[①] 那么,对于我国海关而言,由于进博会将有上百个国家及地区的企业参展,并且展会结束后有为期 1 年的后续展销安排,即部分展品将在我国境内继续展销而不像其他国际展会一样将其复运出境,因而上海海关将面临进出境人员管理、数量大且种类繁杂的展品与参展物资的关检手续与流程,展品会后留购、零售或进入海关特殊监管区域或场所等多种海关监管方式转化衔接等一系列问题与挑战。

1. 现代化的暂准进境制度是进博会人员物资参展的必要保障

作为首次举办的国家级博览会,进博会受到了广泛的关注。除了参展方数量众多之外,进博会的"6 + 365 天"的特殊办展时间、举办规格、前期投入成本等方面都是前所未有的,较之其他国际展会的情况要复杂得多。面对进博会参展规模庞大、展品繁多等情况,作为客商展品进出境监管的主要部门,海关需要推行科学便利并符合国际标准的通关制度,以期在维护国家与社会安全的基础上,保障进博会顺利举办。尤其是我国关检融合后,海关也需要内部协调配合以推行更加科学便利的通关制度。这也是符合当前国际贸易自由化与通关便利化的主流趋势,是办好进博会的相关政策文件工作目标要求。

2. 安全便利灵活的通关与后续处理流程是进博会可持续发展的有力支撑

由于进博会被定位为每年举办一届的国际进口展览盛会,必然需要一系列可持续适用的政策措施以保障进博会顺利运作。因而,作为国际展会不可或缺的监管部门,海关提供安全便利灵活的通关流程有助于推动进博会良性长期发展。之所以强调"安全""便利""灵活",是有以下几方面的考虑:其一,依首届进博会招展情况而看,展会客流、展品与参展物资的规模相当庞大,海关必须对此加强监管以保障国家及社会安全。其二,基于展品与参展物资繁杂、展品展后复运出境等特性,海关为了有效监管客商展品而消耗大量的人力、物力实际上是不现实的,因而需要提供相应的通关流程确保其出入境便利顺畅。其三,进博会主办方计划组织国内外专业采购商数量预计达到 15 万人次,[②]再加上该展会提供产品常年展示交易服务,必然会出现大量货物进口的情况,那么,需要可以促成

---

① 上海市商务委《关于印发〈上海市建设国际会展之都专项行动计划(2018 - 2020 年)〉的通知》(沪商会展〔2018〕248 号)。

② 《中国国际进口博览会展会概况》,载中国国际进口博览会网:https://www.ciie.org/zbh/zhgk/,最后访问日期:2019 年 8 月 2 日。

暂时进境、保税、一般贸易等海关监管方式相互灵活衔接的通关举措。

3. 法治化的海关制度对优化会展业发展的营商环境具有关键影响

进博会上达成的交易在后续履约过程中，成交货物的进出口环节必定会涉及关税征缴、通关手续等方面的问题。基于进博会的特殊性，海关当前制度并不能满足进博会客商展品的进出境监管需求，势必存在完善优化以保障进博会持续顺利开展的必要性。同时，根据世界银行最新发布的《2019 年全球营商环境报告》，①我国营商环境总排名为第 46 名，比 2018 年跃升了 32 位。② 在跨境交易二级指标方面，我国处于第 65 位。虽然比 2018 年的第 97 位也有了大幅跃升，但仍然远落后于总排名（见表 1）。

法治化、便利化与国际化是衡量经济体营商环境的重要标准。《2017 年营商环境报告》的序言部分指出，营商环境的分值是基于“亲商的”或对商界友善的法规（business-friendly regulation），并且从 2003 年其就持续关注在商事法规方面做出大幅改进（largest improvement of business regulations）的经济体。

表 1 《2019 年营商环境报告》的中国排名

CHINA	
Ease of doing business rank (1–190)	46
✔ **Starting a business** (rank)	28
Score for starting a business (0–100)	93.52
Procedures (number)	4
Time (days)	8.6
Cost (% of income per capita)	0.4
Minimum capital (% of income per capita)	0.0
✔ **Dealing with construction permits** (rank)	121
Score for dealing with construction permits (0–100)	65.16
Procedures (number)	20.4
Time (days)	155.1
Cost (% of warehouse value)	2.9
Building quality control index (0–15)	11.1
✔ **Getting electricity** (rank)	14
Score for getting electricity (0–100)	92.01
Procedures (number)	3
Time (days)	34
Cost (% of income per capita)	0.0
Reliability of supply and transparency of tariffs index (0–8)	6
✔ **Registering property** (rank)	27
Score for registering property (0–100)	80.80
Procedures (number)	3.6
Time (days)	9
Cost (% of property value)	4.6
Quality of land administration index (0–30)	23.7

East Asia & Pacific	
Ease of doing business score (0–100)	73.64
Getting credit (rank)	73
Score for getting credit (0–100)	60.00
Strength of legal rights index (0–12)	4
Depth of credit information index (0–8)	8
Credit bureau coverage (% of adults)	0.0
Credit registry coverage (% of adults)	98.1
✔ **Protecting minority investors** (rank)	64
Score for protecting minority investors (0–100)	60.00
Extent of disclosure index (0–10)	10
Extent of director liability index (0–10)	1
Ease of shareholder suits index (0–10)	5
Extent of shareholder rights index (0–10)	7
Extent of ownership and control index (0–10)	4
Extent of corporate transparency index (0–10)	9
✔ **Paying taxes** (rank)	114
Score for paying taxes (0–100)	67.53
Payments (number per year)	7
Time (hours per year)	142
Total tax and contribution rate (% of profit)	64.9
Postfiling index (0–100)	50.00

GNI per capita (US$)	8,690
Population	1,386,395,000
✔ **Trading across borders** (rank)	65
Score for trading across borders (0–100)	82.59
Time to export	
Documentary compliance (hours)	8.6
Border compliance (hours)	25.9
Cost to export	
Documentary compliance (US$)	73.6
Border compliance (US$)	314
Time to import	
Documentary compliance (hours)	24
Border compliance (hours)	48
Cost to import	
Documentary compliance (US$)	122.3
Border compliance (US$)	326
Enforcing contracts (rank)	6
Score for enforcing contracts (0–100)	78.97
Time (days)	496.3
Cost (% of claim value)	16.2
Quality of judicial processes index (0–18)	15.5
Resolving insolvency (rank)	61
Score for resolving insolvency (0–100)	55.82
Time (years)	1.7
Cost (% of estate)	22.0
Recovery rate (cents on the dollar)	36.9
Strength of insolvency framework index (0–16)	11.5

① “营商环境报告”英语名称为“Doing Business”，简称“DB”，是世界银行集团根据 11 类二级指标（11 doing business indicator sets）和一定的计算方式对各经济体营商环境进行年度性测评、打分、排位及概况性论述的报告。此报告是从 2004 年开始（2004 年报告测评的内容是 2003 年数据），至今总共发布了 15 年。报告涵盖了 100 多个经济体并逐年增加，至 2018 年报告（选取了 2016 年 6 月至 2017 年 6 月的数据）时，共涵盖了 190 个经济体。

② WB., *Doing Business* 2019, http://www.doingbusiness.org/content/dam/doingBusiness/media/Annual-Reports/English/DB2019-report_web-version.pdf, Aug. 2, 2019.

因此,在我国跨境贸易营商环境方面,亟待缩短与位居前列的发达国家、发展中国家之间的差距。海关法律制度是跨境贸易营商环境的重要构成。作为办展城市的上海,为了拥有一个更好的营商环境与促进自贸港的建设、实现建成“国际会展之都”目标以增加今后办展的吸引力,海关也应该完善其制度、形成更加便利的通关流程,并且将相对固定的制度举措法治化,从而有助于进博会在内的各类国际展会的长远发展,保证我国营商环境对参展国家及企业具有持续的吸引力。

(二)研究方法

为了对国际博览会海关监管制度与法律制度问题形成一个较为全面具体的认识,继而针对进博会的海关法律制度建设提出有价值且具有创新性的建议与意见,在研究过程中,主要采用文献研究方法、调研实证方法以及比较研究方法。

1. 文献研究

第一,收集与翻译。本书全面收集整理了与会展相关的国内外法律文本,学术研究资料、数据统计报告三类文献。对美国、欧盟、WCO、国际展览公约等相关暂准进境制度的法律文本(及其指南)、税则相应章节,以及其他相关海关制度进行了全面的翻译与综合。

第二,归纳与提炼。在全面整理、翻译与归纳相关法律文件、学术文献与数据的基础上,本书不仅宏观地着眼于制度的发展过程,更重要的是以归纳法提炼出与会展相关海关制度的日趋灵活发展的缘由,相关制度运作的基本原理。

第三,分析与判断。在客观判断我国会展业以及相关海关制度的发展形势的基础上,将已有的规律和基本原理在我国相应制度中进行创新性的演绎,从而为提出法律制度完善的建议提供基础。

在本部分研究中,外国与国际相关海关制度的全面翻译整合与深度研究是其优势。

2. 调研实证

本书作者对进博会与同类国际会展展品通关相关主体进行较为深入的实地调研访谈,并将调研与访谈结果进行归纳与分析,因而对国际会展有关人员与物资通关的现状及其法律问题具有深入真切的认识。

2018 年 4 ~7 月初,本书作者组成的上海海关学院海关法研究中心课题组赴外高桥保税区海关、上海海关出入境检验检疫局法规处与通关处、中外运华东有限公司会展物流分公司(进博会的主场运输商之一),就展品通关法律问题进行调研交流;课题组也邀请了进博会现场指挥部的应品广副教授、负责进博会展品监管的上海海关业务二处展览品科的蒋雪敏科长、原上海世博会事务协调局法律事务部副部长邱一川博士展开交流。因此,获取了与本书研究相关的前沿发展,切实掌握了产业与市场的实际需求以及海关对进博会物资与人员的通关监管要求。在开展调查期间,还适当采用深度访谈等调查方法,从而确保研究成果呈现的资料真实可靠,并为最终提出的海关法律制度创新性建议提供现实依据。同时,部分课题组成员还全程参加了口岸监管司在上海海关学院举办的"进博会业务培训班"。该培训班的教员与学员都是参与首届进博会海关政策拟定或在首届进博会中负责具体执法的关员。通过一周的培训,课题组了解了我国进博会海关政策与执法最新进展。此外,课题组还组织和参与了数次进博会主题的研讨会,与参会专家与实务工作者就同一领域中的类似问题进行了深入研讨交流,从而进一步拓展了解决问题的思路。

3. 比较研究

赛克尔说,"不知别国法律者,对本国法律便也一无所知"。大体上,纯粹理论性的比较法,都是以知识欲、扩大视野的欲望和更好地认识本国法的欲求等为出发点的。① 进博会具有诸多"不一般"的鲜明特点(具体见本书第二章),也具有一般国际博览会的特征,即展品作为暂准进出境货物向海关申报,展品与参展物资须符合检验检疫禁限管理规定等。这为比较研究提供了可能性。为了更好地认识国际会展相关海关法律制度,在本书研究中,比较法更倾向于是一种常用的研究方法。其中,既包括不同经济体暂准进境制度立法体例的宏观比较,也包括整体法律框架中某项具体制度的微观比较;既包括会展相关海关法律制度的规范比较,也包括功能比较,②梳理其中的变迁脉络,对此异同进行深入探究,从而保证比较分析结论的客观全面。此外,也对比曾在我国举办、与

① [日]大木雅夫:《比较法》,范愉译,法律出版社2006年版,第67页。

② 功能比较不是以规则为中心,而是以问题为中心,只要被比较的国家或地区具有相同的或类似的问题,就可以就它们对该问题的不同解决办法进行比较。功能比较摆脱了规范比较中容易受到本国法律概念的限制,对执行同一功能的不同法律规范采取灵活的态度。参见陈晖:《海关法比较研究的若干问题——比较法原理、方法的应用与思考》,载《上海海关高等专科学校学报》2003年第3期。

进博会相似的博览会及其相关法律文件，归纳分析它们与进博会政策制度之间的差异，从而为我国进博会海关法律制度提出可参考的经验和做法。

（三）研究思路与总体框架

1. 研究思路

本书研究的基本思路为：提出问题→分析问题→比较借鉴→解决问题。

（1）提出问题。本书以参展人员、展品与相关物资的通关所存在便利化需求与监管难点为切入点，在综合分析以进博会为代表的复合型国际会展的复杂性和市场需求的基础上，提出了由于不一般的进博会在构成、主题、内容、性质、功能、办展方式、法律依据等方面与一般的博览会的不同，而对海关工作提出了不一般的要求和挑战，海关同时面临着“新产业下的监管新难题”和“执法服务高标准”的双重压力。本书通过进博会的“不一般”和海关工作的“不一般”之处，进一步证明了“与会展相关海关法律制度完善与现代化”的重大意义，阐明了研究“与会展相关海关法律制度完善与现代化”的必要性。

（2）分析问题。本书梳理了与进博会密切相关的四类海关法律制度的脉络与核心内容，并对海关为首届进博会量身定制的《2018 年首届中国国际进口博览会海关通关须知》（以下简称《首届进博会通关须知》）、《海关支持 2018 年首届中国国际进口博览会便利措施》（以下简称《首届进博会便利措施》）、[①]《2018 年中国国际进口博览会检验检疫禁止清单》和《2018 年中国国际进口博览会检验检疫限制清单》[②]四大保障措施（以下简称首届进博会海关四大措施），以及《2019 年第二届中国国际进口博览会海关通关须知》（以下简称《第二届进博会通关须知》）、《海关支持 2019 年第二届中国国际进口博览会便利措施》（以下简称《第二届进博会便利措施》）、《2019 年第二届中国国际进口博览会检验检疫限制清单》和《2019 年第二届中国国际进口博览会检验检疫禁止清单》[③]四大保障措施（以下简称第二届进博会海关四大措施）与现有制度进行了对比，研究了进博会通关规则和便利措施的现有依据与来源，分析这些便利措施的创新程

---

① 海关总署公告 2018 年第 76 号。
② 海关总署公告 2018 年第 55 号。
③ 海关总署公告 2019 年第 115 号。

度，评价了进博会海关四大措施尚未完全解决市场需求，在此基础上提出海关制度还需进一步回应的产业与市场需求。

(3)比较借鉴。本书首先对美国、欧盟的(展品)暂准进境制度进行全面阐述并与我国的相应海关制度进行了比较继而对 WCO 的《京都公约》体系与 ATA 单证册制度体系以及《国际展览会公约》附件《海关规章》等国际样本比较与分析评价。在提炼了异同之后，对产生异同的根源进行了分析，从而推出当代产业需求与我国传统暂准进境制度之间仍存在一定的矛盾，传统的暂准进境制度并不能适应复合型国际会展以及当代会展业发展的多元化需求，也相应提出我国海关法律制度改革应注意系统性和协调性。

(4)解决问题。本书提出解决问题的宏观建议与具体方案，即以发现的法律问题为导向，考虑国际借鉴，提出我国会展业相关海关法律制度改革的宏观考量，更新暂准进境制度的理念，对展品通关与关税等制度进行改革与创新，从而可持续、法治化地保障进博会与我国会展业的高端发展。

2. 总体框架

本书分为以下五部分：

"第一章　绪论"：本部分首先对"我国暂准进境"含义，暂时进出境制度下的"展品、展览品与展品用品"以及"暂准进境制度"和"ATA 单证册制度"两者关系等作为本研究的基石的概念予以了明确。继而阐明了本书的研究意义、思路与方法。最后，重点梳理了国内外相关研究的状态及其问题，从而进一步论证了本书研究的创新性价值。

"第二章　海关法视阈中进博会的不一般之处"：本部分从海关法的视角，深入分析了进博会与一般会展及世博会在构成、主题、内容、性质、功能、办展方式、法律依据等方面的不同，认识到不一般的进口博览会对海关提出了不一般的要求，从而深刻地理解只有一流的海关法律制度创新才能适应进博会的需求。

"第三章　不一般的进博会与现行相关海关制度之间的关系"：本部分首选梳理了与进博会密切相关的四类海关法律制度的脉络与核心内容，主要包括通用型的暂准进境法律制度、保税展示及相关保税制度、跨境电商零售进口商品的海关监管与进口税制度、旅客物品监管与行邮税制度。同时，对两届进博会的通关规则与便利措施与现有制度进行了对比，研究了两届进博会通关规则和便利措施的现有依据与来源，分析这些便利措施的创新程度，在此基础上提出了海关制度还需进一步回应的产业与市场需求。

“第四章 国际国外暂准进境制度比较”：本部分选取了展品物资进境通常适用的通关程序，即“暂准进境制度”作为中外制度比较的重点。通过对美国对展览品和展览用品的专门性海关立法《1959 年贸易展会法案》、《美国协调税则》第 98 章、《欧盟海关法典》体系中的暂准进境制度，以及有关展品暂准进境的国际法[如《京都公约》(修正)专项附约 G、ATA 单证册制度体系、《国际展览会公约》的《海关规章》体系]进行了详细的阐述，并进行了中外展品暂准进境法律制度的比较，提出了中外制度对比对进博会展品暂准进境制度的启示。

“第五章 进博会相关海关法律制度完善的建议”：本部分认为，我国海关应以服务和支持进博会为契机，为促进我国的国际会展业发展而修改完善海关法律制度。因此，提出了促进国际会展业发展的海关法律制度改革的价值判断与理念、改革与创新的原则、立法模式的可能选择以及更新国际承诺与实现条约精神的方向性建议。同时，从扩大与修改暂准进境制度适用的“会展/活动”构成范围，扩大并明确暂准进境制度所适用的货物范围，暂准进境货物通关流程的现代化、实现流程的灵活性、简化与便利化以及明确展品与相关物资的关税政策四类具体法律制度方面的创新性建议。

Chapter 2
第二章 海关法视阈中进博会的不一般之处

一、对会展的通常理解与分类

（一）会展的通常理解与构成

对于会展，存在多种解释与观点。通常认为，会展，是指在一定地域空间，由许多人在一起形成的、定期或不定期的、制度或非制度的、传递和交流信息的群众性活动。其中展览业是会展的重要组成部分。①

有的观点认为，从字面解释来看，“会展”是会议和展览的统称（二分法）。② 也有的观点提出狭义“会展”分为会议、展览和活动三部分（三分法）。③ 还有的观点提出了“会展”包括会议、展览、节事活动和会展（奖励）旅游等多种分类方法。④

本书在后续论述和比较中，对会展的构成主要采取了三分法，即“会展”≈“会展”+“展览”+“相关活动”。

---

① 张义、杨顺勇：《会展导论》，复旦大学出版社 2009 年版，第 2 页。

② 龚平、赵尉平：《会展概论》，复旦大学出版社 2009 年版，第 1 页。

③ 例如，张义、杨顺勇：《会展导论》，复旦大学出版社 2009 年版，第 5 页；张健康编著：《会展学概论》，浙江大学出版社 2013 年版，第 88 页。

④ 史国祥：《会展导论》，南开大学出版社 2009 年版，第 180 页。

(二)会议与展览(会)的分类

会议,一般是指人们怀着相同或各自不同的目的,围绕着一个共同的主题,进行信息交流或聚会、商讨的活动。① 它往往伴随一定规模的人员流动和消费。② 常见的会议分类有以下几种:第一,按照会议的地域范围和影响力,可分为国际会议、全国会议、地区会议和本地会议;第二,按照会议本身的性质,可分为营利性会议和非营利性会议;第三,按照举办者的性质,可分为协会会议、企业会议、政府会议、其他团体组织会议;第四,按照行业的不同,可分为医学、科学、教育、农业等不同专业领域的会议。

展览会,或简称"展会",根据《简明不列颠百科全书》,是指为了鼓舞公众兴趣、促进生产、发展贸易,或为了说明一种或多种生产活动的进展和成就,将艺术品、科学成果或工业制品进行有组织的展览。③ 按照不同的标准,展览会可分为但不限于表 2 中的各种类型。

表 2 展览会的分类④

分类标准	划分类别	具体说明
主题内容	综合性展览会	涉及多个行业,也称为水平型或横向型展览会(或博览会),如工业展、轻工业展等
	专业性展览会⑤	具有鲜明的主题,主要展出某一行业或同类型的产品,也称为垂直型或纵向型展览会
性质	贸易性展览会	为工业、制造业和商业等产业举办的,主要目的是交流信息和洽谈贸易的展览会。一般对工商界开放
	消费性展览会	展品基本上为消费品,主要对公众开放,主要目的是直接销售的展览会

① 马勇、肖轶楠:《会展概论》,中国商务出版社 2004 年版,第 9 页。

② 赵春霞:《会展概论》,对外经济贸易大学出版社 2007 年版,第 3 页。

③ 过聚荣:《会展概论》,高等教育出版社 2010 年版,第 5 页。

④ 马勇、肖轶楠:《中国会展概论》,中国商务出版社 2010 年版,第 16 页。

⑤ 《专业性展览会等级的划分及评定》(商业行业标准 SB/T 10358—2002),2002 年 12 月 2 日国家经贸委〔2002〕第 90 号公布,自 2003 年 3 月 1 日起实施。

续表

分类标准	划分类别	具体说明
规模①	国际展览会	有不止一个国家参加的展览会即国际展览会②
	全国展览会	参展者来源于全国各地的展会
	地方性展览会	参展者或专业观众来自某个地方或区域的展会
	独家展览会	参展者为单个企业或组织的展会
周期	定期展	办展有一定周期的展览会
	不定期展	办展没有规定的时间,根据需要而定的展览会
展期	短期展	一般不超过1个月(有的划分标准是1周)的展览会
	长期展	展示时间较长,长于短期展的展览会,一般为3个月、半年不等
	常年展	也称为常设展会,是将展示与一般性的市场模式结合的展览方式
地域	国内展	在本国境内举办的各种展览会;也包括来华展,在中国境内举办的经济技术贸易展览会
	出国展	本国主办者与参展者到境外办展的展览会
功能	教育性展览会	主要是具有展示成绩、事迹、科普、观赏等功能的展览会,一般属于非营利性展览
	中介性展览会	主要是主办者通过举办展览来搭建平台,供参展商和观众(采购商和消费者)彼此见面,洽谈业务
场地	单一展场展览会	在一个单一场地举行的展览会,包括室内展和室外展
	巡回展	某个区域内巡回展出,通过时间、地点或目标市场的转换来达到展示目的的展览
	流动展	利用飞机、轮船、火车、汽车等可移动的工具作为展场的展览
方式③	传统展览会(线下展)	是人们将展品在一定的时间和空间条件下通过直观展示来传递交流和信息的展览会
	虚拟展览会(线上展)	是人们将参展者和展品的各种信息以多媒体电子文件的形式存放在互联网的某个服务器,供各国观众查阅的展览;也被称为网上展,为永不落幕的展会

① 此处所指的"规模",是指参展者所代表的区域范围(来源),并非指展览的场地规模。

② 《国际展览会公约》第1条第2款。

③ 过聚荣主编:《会展概论》,高等教育出版社2010年版,第10页。

二、进博会的“不一般”

(一)进博会的定位

习近平总书记多次强调,进口博览会不是一个一般性展会,而是我们主动开放市场的政策宣示,有关部门要精心筹办好,办成国际一流博览会。① 首届中国国际进口博览会包括“三大内容”:一是国家贸易投资综合展,②相当于“小世博会”;二是企业商业展,③相当于进口版的“广交会”;三是虹桥国际经贸论坛,④相当于中国版的“达沃斯论坛”。⑤ 此外,进口博览会还具有丰富的配套现场活动。首届进口博览会配套现场活动可分为餐会酒会活动、发布互动类活动、论坛活动、对接签约活动、国别主题活动以及线上购物活动六大类。⑥ 第二届进口博览会在基本框架方面,主办单位、合作单位、承办单位、举办时间、举办

---

① 《精心筹办努力办成国际一流博览会》,载《解放日报》2018 年 8 月 4 日,第 1 版。

② 截至 2018 年 7 月 27 日,共 80 个国家和 3 个国际组织确认参加国家贸易投资综合展。从国别情况来看,80 个国家遍及五大洲,其中,发达国家 21 个,发展中国家 50 个,最不发达国家 9 个。80 个参展国中,70 多个国家已确定了展示内容,涵盖货物贸易、服务贸易、产业状况、投资旅游以及特色产品等,还有不少国家拟举办配套活动(资料来源:《首届中国国际进口博览会“倒计时 100 天”新闻发布会》,载 http://www.mofcom.gov.cn/xwfbh/20180727.shtml,最后访问日期:2019 年 8 月 7 日)。

③ 企业商业展包括货物贸易和服务贸易两个板块。货物贸易板块包括智能及高端装备、消费电子及家电、服装服饰及日用消费品、汽车、食品及农产品、医疗器械及医药保健等展区。服务贸易板块包括新兴技术、服务外包、创意设计、文化教育、旅游服务、物流服务、综合服务等展区[引自《中国国际进口博览会参展商手册》(企业商业展),载 https://www.ciie.org/zbh/xzzq/,最后访问日期:2019 年 8 月 6 日]。

④ 本届论坛包括开幕式和三场平行论坛,将聚焦“贸易与开放”“贸易与创新”“贸易与投资”等议题,并重点就推进贸易投资自由化便利化、构建开放型世界经济、推动贸易创新增长以及促进贸易投资可持续发展等内容进行讨论。此外,将邀请世界贸易组织、联合国工发组织等相关国际机构作为合作单位,为论坛提供智力和技术支持(转引自《论坛内容》,载 https://www.ciie.org/zbh/ltjj/,最后访问日期:2019 年 8 月 7 日)。

⑤ 《一、二、三、四、五……这个展会你要弄清楚》,载 http://www.sh.xinhuanet.com/2018-07/28/c_137352718.htm,最后访问日期:2019 年 8 月 7 日。

⑥ 首届进口博览会配套现场活动可分为六大类:一是餐会酒会活动,包括工商界开幕晚宴、早餐会、午餐会、商业酒会等形式;二是发布互动类活动,包括参展企业新产品新技术新概念发布会、品牌推介会、时装走秀、专业比赛、产品体验等形式;三是论坛活动,包括政策解读、权威发布等形式;四是对接签约活动,包括供需对接会、采购签约等形式;五是国别主题活动,包括国别商品、服务、文化推介等形式;六是线上购物活动,由知名电商等渠道配合开展首届进口博览会同款产品线上同步发售活动,提升场外消费者的参与感和获得感(参见《首届中国国际进口博览会配套现场活动方案》,载 https://www.ciie.org/zbh/ztfa/,最后访问日期:2019 年 8 月 7 日)。

地点均与首届保持一致，在展览布局和规模方面，继续包括国家综合展、企业商业展和虹桥论坛。第二届进口博览会总展览面积会超过首届规模，其中，国家综合展展览面积3万平方米，展示贸易投资领域有关情况，包括货物贸易、服务贸易、产业状况、投资旅游，以及各国有特色的产品，只展示不成交。企业商业展展览面积根据展商需求会比首届增加，设装备、消费、食品、健康、服务5个板块7个展区。论坛仍然包括主论坛和若干分论坛，参会嘉宾规格、规模力争超过首届。① 因此，进口博览会在功能性质、组成架构、主题内容、规模层次、办展方式、作用效果等各方面都是"不一般"的（如表3所示）。

表3　中国国际进口博览会定位的关键词

关键词	释　义
一个"第一"	进口博览会是迄今为止全世界**第一**个以**进口**为主题的国家级展会，在国际贸易发展史上的一大创举
二个"重大"	举办中国国际进口博览会是以习近平同志为核心的党中央着眼推进新一轮高水平对外开放作出的**重大决策**，也是我国主动向世界开放市场的**重大举措**
二个"一"	进口博览会**不是一个一般性展会**，而是我国主动开放市场的政策宣示，要办成**国际一流**博览会
三个"有利于"	举办中国国际进口博览会**有利于**扩大进口、促进对外贸易平衡发展，**有利于**改善供给结构、引导国内企业走创新驱动发展之路，**有利于**帮助发展中国家参与经济全球化、推动开放型世界经济发展
三个"打造"	要坚持高标准，把博览会**打造**成世界各国展示国家形象、开展国际贸易的开放型合作平台，**打造**成推进"一带一路"建设、推动经济全球化的国际公共产品，**打造**成践行新发展理念、推动新一轮高水平对外开放的标志性工程
有关"四"的"时间节点"	首届进博会是2018年我国**四大主场外交**活动之一，是2018年我国四大主场外交的收官之作，在2018年我国改革开放**四十周年**之际举办这一国际盛会
五个"一流"	吸引"**一流**企业"，展示"**一流**产品"，提供"**一流**环境"，打造"**一流**服务"，确保"**一流**成效"
六个"重大意义"	进口博览会是建设开放型世界经济的**重大行动**，推动全球包容互惠发展的**公共产品**，构建人类命运共同体的**中国方案**，坚持扩大对外开放的**政策宣示**，推动供给侧结构性改革的**有效措施**，满足人民美好生活需要的**主动作为**

① 周蕊：《第二届进口博览会总展览面积将超首届》，载新华网：http://www.china.org.cn/chinese/2019-01/10/content_74358555.htm，最后访问日期：2019年8月13日。

（二）进博会与通常意义上的会展的不同之处

鉴于表3中的定位，中国国际进口博览会与通常意义上会展的不同之处在于：

1. 进博会组成与架构的不一般

如前所述，“会展”的概念是一个统称，其组成较为广泛，主办方往往仅举办会议，或仅举办展览会，或举办若干活动。

中国国际进口博览会，既包括了会展概念中属于“会议类”的“虹桥国际经贸论坛”，也包括了属于“展览会类”的“国际贸易投资综合展”和“企业商业展”，还包括了属于“活动类”的各类官方和非官方的配套活动。

2. 进博会的主题与内容不一般

通常的会展，无论是会议、展览会，还是活动，往往集中于一个主题（行业）或数个主题（行业）。

中国国际进口博览会的会议、展览会与活动的主题非常突出，紧紧围绕着“进口”展开，但内容范围却是十分广泛。其中，会议类的“虹桥国际经贸论坛”的议题是高层次、宽范围的，开幕式主论坛以“激发全球贸易新活力，共创开放共赢新格局”为主题；三场平行论坛分别聚焦“贸易与开放”“贸易与创新”“贸易与投资”等议题。展览会类的“国际贸易投资综合展”包括了80多个国家和3个国际组织的展示，展示内容涵盖了货物贸易、服务贸易、产业状况、投资旅游以及特色产品等。“企业商业展”覆盖货物贸易和服务贸易两大领域，从新兴到传统各个产业，内容范围之宽是前所未有的。

3. 进博会的功能与作用不一般

通常会展的功能或为教育/宣传性的（多为非商业性的），或为中介性的（多为商业性的）。对于展会的作用，往往在于会展对于经济、产业等带来的收益利润，以及经济辐射与经济溢出的作用。一般很难兼具多种对于宏观经济或整个社会的功能与作用。

中国国际进口博览会的“国际贸易投资综合展”具有非商业性的教育/宣传功能，“企业商业展”则兼具了中介性功能同时，还会举办目的和功能各异的配套现场活动。更为重要的是，中国国际进口博览会具有更多的功能和更大的作用。

第一，具有更多的功能设定，不仅是产品和服务的交易平台，更是多功能、综合性的国际合作平台。要坚持高标准，把博览会打造成世界各国展示国家形象、开展国际贸易的开放型合作平台，打造成推进"一带一路"倡议、推动经济全球化的国际公共产品，打造成践行新发展理念、推动新一轮高水平对外开放的标志性工程。[①] 也就是说，中国国际进口博览会除了承载着会展通常的商业经济功能外，还承载着我国的宏观经济发展、形象传播、政策理念宣传的重要非商业性功能，甚至是宏观的社会功能。

第二，举办中国国际进口博览会的作用，是为了有利于扩大进口、促进对外贸易平衡发展，有利于改善供给结构、引导国内企业走创新驱动发展之路，有利于帮助发展中国家参与经济全球化、推动开放型世界经济发展。[②] 中国国际进口博览会及其带来的进口贸易超越了通常会展的微观经济作用，而将发挥出促进外贸结构调整和转型发展的重大作用。

4. 进博会的性质与水准不一般

通常会展的性质或为贸易性的，或为消费性的，或为公共性，或为市场化。通常对会展的衡量评价标准，主要是通过经济效益标准（会展规模、参展商人数、观众人数、成本利润等），再辅以对会展本身的综合效果（效应）标准，如主题策划、客商接待、公关宣传、组织管理等。[③]

第一，其具有更高的性质定位。中国国际进口博览会的"国际贸易投资综合展"是公共性的。而"企业商业展"是兼具贸易性与消费性的。在企业商业展中国内外企业大规模参展、磋商、交易的市场化活动的同时，其公共属性也非常明显。同时，中国国际进口博览会是建设开放型世界经济的重大行动，是推动全球包容互惠发展的公共产品，是构建人类命运共同体的中国方案，是坚持扩大对外开放的政策宣示，是推动供给侧结构性改革的有效措施，是满足人民美好生活需要的主动作为。[④] 因此，对于中国国际进口博览会的性质定位不仅限

---

① 《汪洋主持召开首届中国国际进口博览会筹备委员会第一次会议》，载中国政府网：http://www.gov.cn/guowuyuan/2017-08/24/content_5220232.htm，最后访问日期：2019 年 8 月 6 日。

② 同上注。

③ 马勇、肖轶楠：《会展概论》，中国商务出版社 2004 年版，第 115～116 页。

④ 钟山：《新时代　新平台　新实践　认真学习党的十九大精神　全面把握举办中国国际进口博览会的重大意义》，载 http://www.mofcom.gov.cn/article/zt_ciie18/ImportNews/201711/20171102665680.shtml，最后访问日期：2019 年 8 月 12 日。

于其经济性,也非常强调其公益性。

第二,中国国际进口博览会具有更高的目标,即要办成国际一流博览会。为实现将首届进口博览会办成国际一流展会的目标,进口博览会筹备委员会办公室将"国际一流"的标准定义为五个"一流",即吸引"一流企业",展示"一流产品",提供"一流环境",打造"一流服务",确保"一流成效"。这五个"一流"的衡量标准,要求中国国际进口博览会达到经济效益标准和综合标准的最高水准。

5. 进博会的办展方式与展期不一般

会展往往根据周期与展期的不同,会选择定期或不定期的方式,采取短期、长期或常设的展期,选择实物或网上的方式。通常不会同时采取短期与长期的展期、线上与线下的展示方式。

中国国际进口博览会将采取现实与虚拟相结合的方式。首届会展于2018年11月5~10日举办,会期为6天;第二届会展于2019年11月5~10日举办,会期同为6天。同时,为打造"永不落幕的中国国际进口博览会",充分放大进口博览会的带动效应和溢出效应,线上则建立了"中国国际进口博览会'6天+365天'常年展示交易平台"。这些平台主要分为四个类型:一是综合服务平台;二是跨境电商平台;三是专业贸易平台;四是国别商品中心。①

此外,总面积达60万平方米的虹桥进口商品展示交易中心在首届进口博览会闭幕后,将为进博会参展商中有延展意向的企业,提供展品展示和交易。

三、海关法视阈中上海世博会与进博会的不同之处

(一)会展及其展品进出境的法律依据不同

1. 上海世博会——国际法与国内法并用

(1)国际法的依据

世界博览会(以下简称世博会)的国际规则,无论是《国际展览会公约》、

① 《6天+365天国际进口博览会"永不落幕"　首批30个平台入选常年展示交易平台》,载上海市人民政府网:http://www.shanghai.gov.cn/nw2/nw2314/nw2315/nw4411/u21aw1302244.html,最后访问日期:2019年8月12日。

"国际展览局"(Bureau International des Expositions,BIE)的专项规章、BIE全体大会决议,还是主办国制定并经BIE批准适用于特定博览会的一般规章、特殊规章等,都是以主办国和参展国、组织者和参展者为规范对象,属于国际法层面的法律文件(见表4)。[①]

表4 专门适用于世博会海关事务的国际法

序　号	名　　称
1	《国际博览会公约》
2	《国际博览会公约》附件《关于国际展览会参展者进口物品的海关规章》
3	《上海世博会特殊规章第7号:有关货物的通关、运输和处理》

第一,世博会具有近百年的国际法历史。首届世博会诞生于1851年在英国伦敦海德公园的水晶宫里举办的"万国工业博览会"。[②] 当前有效实施的《国际展览会公约》是在1928年由法国政府所邀请召开的巴黎外交会议上,31个国家于11月22日签署的《国际展览会公约》,也称为《国际展览会公约》。[③] 该公约于1931年1月17日正式生效。至今,《国际展览会公约》经过了三次《议定书》[④]和两次《修正案》[⑤]的发展,成为当前世博会国际规则的基石。[⑥]

第二,世博会具有自身度身定制的海关国际法依据,并也有近50年的发展过程。货物与物品的顺畅通关,是世博会顺利举办的核心问题。[⑦]《国际博览会

---

① 邱一川:《世界博览会主办国的法制创造——遵循国际规则的机制与实践》,上海人民出版社2012年版,第36页。

② BIE,EXPO 1851 LONDON,https://www.bie-paris.org/site/en/1851-london#,Aug.8,2019.

③ 在首届世博会举办后,世界博览会进入了蓬勃发展期,许多国家加入了世博会的角逐,到了19世纪末,世界博览会举办频繁,鱼龙混杂,国际社会开始意识到,世博会的"国际性"不能仅仅体现在众多国家的参展上,同时还应体现在其组织规章是由各国共同商讨和制定的。因此,国际社会开始加强对世界博览会举办的国际协调与规制。1912年10月26日,16个参加在柏林召开的永久性联合会议的国家共同签署了一份关于世博会举办的国际公约,即《国际博览会柏林公约》(以下简称《柏林公约》)。但由于第一次世界大战的爆发,《柏林公约》并未完成批准程序,因此也并未生效。此后由于博览会发展的需要,才出现了《国际展览会公约》。

④ 1948年5月10日的《议定书》,1966年11月16日的《议定书》和1972年11月30日的《议定书》。

⑤ 《1982年修正案》(1983年6月15日生效)和《1988年修正案》(1996年7月19日生效)。

⑥ 邱一川:《世界博览会法律制度研究》,法律出版社2006年版,第1~15页。

⑦ 邱一川:《世界博览会主办国的法制创造——遵循国际规则的机制与实践》,上海人民出版社2012年版,第96页。

公约》在1972年修订时，借鉴了海关合作理事会的《ATA公约》，专门制定了《关于国际展览会参展者进口物品的海关规章》，[①]并将其作为了《国际博览会公约》的附件，也是公约的唯一附件。该公约的"主约+唯一附件"的结构至今维持如此。海关事项对于世博会的重要性可想而知。

第三，上海世博会的海关特殊规章。在上海世博会举办前，组织者根据《国际展览会公约》及其海关附件，以及中国2010年上海世博会《一般规章》第25~26条和第34条的规定，参照以往世博会的做法，制定了与世博会货物的通关、运输和处理等事项有关的规则，即《上海世博会特殊规章第7号：有关货物的通关、运输和处理》。该特殊规章于2008年3月31日经国际展览局第143次全体大会通过。

（2）国内制度依据与保障

为了保障上海世博会的顺利成功举办，在国内制度依据方面，上海世博会采取了"现行通用性海关与进口税收立法为基础+系列专门性政策与规范"并用的方式。

自上海世博会申办成功后，我国政府和上海世博会组织者即开始了持续的专门性立法工作。以当时现行海关与进口税收的一般法为依托，在知识产权、税收、人员出入境、海关与检验检疫等诸多领域陆续颁布了针对上海世博会的特殊立法，同时，也出台了一系列支持世博会举办、便利世博会组织和参展的相关政策。

在海关通关领域，根据海关总署授权，2009年7月2日上海海关与上海世博会事务协调局共同发布了《中国2010年上海世博会物资通关须知》。[②] 在此基础上，海关总署于2009年8月26日下发了《关于中国2010年上海世博会物资进出境通关监管事项的通知》（署监函〔2009〕334号），于2010年3月30日对上海海关批复了《关于上海世博会进境物资税款担保延期事宜的批复》（署税函〔2010〕138号），又于2010年4月8日作出了《关于上海世博会暂时进出境演艺活动用品担保有关事宜的批复》（署监函〔2010〕150号），明确了简化上海

---

① *Annex-Customs Regulations for the Importation of Articles by the Participants in International Exhibitions.*

② 王薇、卢向青：《海关总署上海世博会物资通关须知正式发布》，载http://www.china.com.cn/expo/2009/07/02/content_18057712.htm，最后访问日期：2019年8月6日。

世博会相关进出境物资通关手续的规则。

在进口税费及其优惠方面,财政部于 2005 年 12 月 7 日发出了《关于 2010 年上海世界博览会进口税收政策的函》(财关税函〔2005〕22 号),相应地,海关总署于 2006 年 1 月 4 日《关于 2010 年上海世界博览会进口税收政策有关问题的通知》(署税发〔2006〕3 号),明确了上海世博会的税收优惠政策。[①] 此后,财政部于 2007 年 2 月 15 日对海关总署发出了《关于增补上海世界博览会进口税收政策享受主体的通知》(财关税〔2007〕27 号),财政部于 2009 年 5 月 21 日《关于 2010 年上海世界博览会进口税收政策有关申报问题的函》(财关税〔2009〕29 号),[②]从而进一步明确了上海世博会享受进口税收优惠的主题范围和申报流程与批次。此外,在有关部门还发布了上海世博会建馆和开展展览活动所耗用的有关货物给予增值税退税的规则。例如,2008 年 6 月 13 日,财政部、国家税务总局印发了《境外官方参展者在中国境内采购用于上海世博会建馆和开展展览活动所耗用货物的退税管理办法》(财税〔2008〕84 号);2010 年 8 月 22 日,财政部、国家税务总局做出了《关于上海世博会台湾馆和台北城市最佳实验区项目享受增值税退税政策的通知》(财税〔2010〕73 号)等。

在检验检疫方面,(原)国家质检总局发布了《2010 年世博会检验检疫指南》,并先后印发了《2010 年上海世界博览会检验检疫工作方案》(国质检通〔2006〕631 号)和《上海世博会检验检疫组织方案和应急预案》,联合国家林业局制定《中国 2010 年上海世博会进境大型景观植物检疫工作方案》,指导上海市质量技术监督局制定了《2010 年上海世博会特种设备安全保障工作方案》,并出台检疫审批权限下放、免办 3C 证明等 14 项世博会检验检疫优惠政策,明确了世博会特种设备、食品等特许产品安全保障措施。[③]

在知识产权海关保护方面,我国于 2004 年 10 月 20 日发布《世界博览会标志保护条例》(国务院令第 422 号),其中授权海关对上海世博会标志实施海关

---

① 上海世博会事务协调局法律事务部:《中国 2010 年上海世界博览会规范性文件汇编》(内部资料),2010 年 12 月印发。

② 上海世博会事务协调局法律事务部:《中国 2010 年上海世界博览会规范性文件汇编增补文件》(内部资料),2011 年 4 月印发。

③ 《国家质检总局做好上海世博会服务保障工作综述》,载中国质量网:http://www.chinatt315.org.cn/zlts/zlts_detail_386.htm,最后访问日期:2019 年 8 月 6 日。

保护。海关总署因此于2006～2010年连续发布了5次关于上海世博标志备案的公告，以明确海关依职权保护的范围。这些公告是：2006年12月30日公布的《关于中国2010年上海世界博览会标志海关保护备案的公告》（海关总署公告2006年第78号），2008年5月20日公布的《关于中国2010年上海世界博览会吉祥物海关保护备案的公告》（海关总署公告2008年第37号），2009年5月25日《关于中国2010年上海世界博览会志愿者标志、志愿者口号的公告》（海关总署公告2009年第24号），2009年11月19日《关于中国2010年上海世界博览会票务标志海关保护备案的公告》（海关总署公告2009年第71号），2010年7月9日公布的《关于备案2010年上海世界博览会的文字标志“东方之冠”的公告》（海关总署公告2010年第44号）。

2. 进博会——重于国内立法创新与政策支持

中国国际进口博览会举办及其海关事务的运作主要依据是国内相关的通用性海关政策与法律制度，以及少量的专门性政策与规范。

（1）现行相关的通用性政策与规范

首届中国国际进口博览会的举办时间距离上海世博会过去了8年。8年间，不仅我国关于货物、物品的进口税收、通关便利化、暂准进出境等法律规范都发生了很多的修改与调整，而且随着跨境电商新业态快速发展，也产生了一系列调整规范跨境电商的海关事务的政策与规范。除了现有《海关法》《关税条例》以及检验检疫领域的四法四条例等基础性海关法律制度外，当前中国国际进口博览会所需要的相关海关事务政策与规范主要包括综合性、暂时进出境、物品进出境（包括特定物品）、跨境电商、保税展示、相关进出境检验检疫六个方面的政策与规范（见表5）。

表5　中国国际进口博览会的专门性相关政策与规范

序号	名　称	发布主体	发布时间
1	《中国国际进口博览会总体方案》——中央全面深化改革领导小组	未发布	2017年6月26日
2	《中国国际进口博览会实施方案》——首届中国国际进口博览会筹备委员会第一次会议	未发布	2017年8月24日
3	上海市人民政府办公厅关于印发《上海市决战中国国际进口博览会200天行动计划》的通知（沪府办〔2018〕24号）	上海市政府	2018年4月16日

续表

序号	名 称	发布主体	发布时间
4	关于发布《2018 年首届中国国际进口博览会检验检疫禁止清单》和《2018 年首届中国国际进口博览会检验检疫限制清单》的公告(海关总署公告 2018 年第 55 号)	海关总署	2018 年 6 月 13 日
5	关于发布《2018 年首届中国国际进口博览会海关通关须知》和《海关支持 2018 年首届中国国际进口博览会便利措施》的公告(海关总署公告 2018 年第 76 号)	海关总署	2018 年 6 月 27 日
6	市场监管总局《关于做好首届中国国际进口博览会保障工作的通知》(国市监企注〔2018〕132 号)	市场监管总局	2018 年 8 月 14 日
7	上海海关关于发布《首届中国国际进口博览会食品化妆品参展须知》和《首届中国国际进口博览会食品化妆品参展检验检疫指南》的公告(2018 年第 10 号)	上海海关	2018 年 9 月 30 日
8	上海海关关于首届中国国际进口博览会入境验证工作的公告(2018 年第 9 号)	上海海关	2018 年 10 月 12 日
9	《关于首届中国国际进口博览会展期内销售的进口展品税收优惠政策的通知》(财关税〔2018〕43 号)	财政部	2018 年 10 月 30 日
10	关于发布《2019 年第二届中国国际进口博览会海关通关须知》和《海关支持 2019 年第二届中国国际进口博览会便利措施》的公告(海关总署公告 2019 年第 115 号)	海关总署	2019 年 7 月 9 日

此外,如果展品内销,则还包括了一般进口。在此情况下,当前的做法是将按照一般进口手续办理通关和进口纳税手续,并无特殊之处。因此,表 5 中不列入一般进口相关的通关和关税制度等。

(2)专项政策与规范

2017 年 6 月 26 日召开的中央全面深化改革领导小组第 36 次会议审议通过的《中国国际进口博览会总体方案》以及此后形成的《中国国际进口博览会实施方案》(首届中国国际进口博览会筹备委员会第一次会议),构成了中国国际进口博览会的统领性文件。

2018 年 4 月 16 日,上海市人民政府办公厅印发了《上海市决战中国国际进口博览会 200 天行动计划》(沪府办〔2018〕24 号)。① 其中的责任单位包括了上

① 《上海市人民政府办公厅关于印发〈上海市决战中国国际进口博览会 200 天行动计划〉的通知》,载上海市人民政府网:http://www.shanghai.gov.cn/nw2/nw2314/nw2319/nw12344/u26aw55632.html,最后访问日期:2019 年 8 月 6 日。

海海关和(原)上海出入境检验检疫局。其中"统筹协调口岸各方,确保客商展品出入境便利顺畅"方面规定的6项重点工作,几乎每项都是海关的工作或直接与海关相关的工作。①

2018年6月,海关总署分两次公告了《2018年首届中国国际进口博览会检验检疫禁止清单》(以下简称《首届进博会禁止清单》)与《2018年首届中国国际进口博览会检验检疫限制清单》(以下简称《首届进博会限制清单》),以及《2018年首届中国国际进口博览会海关通关须知》《海关支持2018年首届中国国际进口博览会便利措施》。为推动海关总署13项便利支持政策顺利落地,上海海关先后制定了《首届中国国际进口博览会海关工作指引》、展览品结转为保税货物操作规范、保税仓储货物结转为展览品操作规范以及强制性认证产品入境验证实施细则等13个工作指引类文件,明确了展品进境各项操作具体规则办法,为进博会提供全方位的通关保障。②(但是《首届中国国际进口博览会海关工作指引》、展览品结转为保税货物操作规范、保税仓储货物结转为展览品操作规范等文件未能通过公开网站检索获得)

同时,其他部门发布的一些部门工作文件也与海关事务存在密切联系。2018年8月14日,由国家市场监督管理总局发布了《关于做好首届中国国际进口博览会保障工作的通知》(国市监企注〔2018〕132号)。该通知的部分内容也与海关事务相关。例如,对参展进口特殊食品按照个人物品进行管理,对需要CCC认证的进境产品的分类监管等,都需要和海关的工作衔接。此外,各部门还发布了其他的一些文件,如编制了《中国国际进口博览会"6天+365天"展示服务平台服务指南》,为广大客展商提供快捷、便利、高效的服务指引。③ 上海市知识产权联席会议办公室印发了《首届中国国际进口博览会知识产权保护百日行动方案》等。

---

① 《上海市决战中国国际进口博览会200天行动计划》中"统筹协调口岸各方,确保客商展品出入境便利顺畅"方面的六项重点工作是:(1)落实进口博览会展品检验检疫、海关监管相关12类专项支持和便利措施。(2)在口岸和查验场所设置进口博览会物资专用窗口,开展绿色通道服务。(3)在国际贸易"单一窗口"实行进口博览会专项模块服务。(4)在展馆设置一站式服务中心,提供驻场便捷通关服务。(5)给予参会宾客签证便利,设置宾客专用通道,保障客展商便利通关。(6)开展"6天+365天"常年展示交易平台的展品监管工作。

② 上海海关:《全新监管模式助力进博会》,载海关总署网:http://www.customs.gov.cn/customs/302249/mtjj35/2059308/index.html,最后访问日期:2019年8月6日。

③ 励漪:《进口博览会"6天+365天"展示交易平台亮相》,载人民网:http://sh.people.com.cn/n2/2018/0411/c176738-31449501.html,最后访问日期:2019年8月6日。

这些部门工作文件与海关事务无直接关系，因此，不列入表5。

为保障第二届中国国际进口博览会顺利举办，在总结固化首届中国国际进口博览会便利化措施的基础上，2019年7月，海关总署制定并公布了《2019年第二届中国国际进口博览会海关通关须知》《海关支持2019年第二届中国国际进口博览会便利措施》《2019年第二届中国国际进口博览会检验检疫限制清单》《2019年第二届中国国际进口博览会检验检疫禁止清单》。此外，2019年7月29日，市商务委发布《第二届中国国际进口博览会100天行动计划》；上海市知识产权联席会议办公室印发了《第二届中国国际进口博览会知识产权保护百日行动方案》，决定自2019年8月1日至11月10日在全市范围内开展第二届“进博会”知识产权保护专项行动（这些部门工作文件与海关事务无直接关系，因此，也不列入表5）。

（二）会展的性质与筹办过程不同

1. 上海世博会——筹备时间较长的注册类世界博览会

（1）性质——上海世博会属于依据国际条约举办的注册类世界博览会

中国2010年上海世博会是《国际展览会公约》框架下的注册类世界博览会。基于此，本书中所称的“世界博览会”是指各国在《国际展览会公约》框架下举办的国际博览会。各国在举办《国际展览会公约》项下的国际展览会时，通常冠以“世界博览会”（World Expo），以区别于其他国际展览会。①《国际展览会公约》中所规定的“国际展览局”（BIE）于1931年开始运作，属于政府间国际组织。每届注册类世博会（也就是综合类世博会）的举办都是主办国向BIE申办成功后，在《国际展览会公约》框架下制定当次世博会应当适用的政策与规则。世博会举办的软件与硬件具有较为成型的依据或成例可循。上海世博会海关事务方面的规范也是符合《国际展览会公约》的唯一附件及BIE特殊规章的要求的。我国于1993年加入《国际展览会公约》，成为BIE的成员国。②

---

① 邱一川：《世界博览会主办国的法制创造——遵循国际规则的机制与实践》，上海人民出版社2012年版，第5页。

② 《国务院关于决定加入〈国际展览会公约〉的批复》（国函〔1993〕49号）。

(2)上海世博会的相关政策法规的筹备时间较长

从2002年12月3日中国获得2010年注册类世博会的举办权以后,我国政府和上海世博会的组织者始终致力于“依法办博”。[①] 整个国内立法与政策形成过程有近8年的酝酿形成过程。在前期完成并获得BIE审核通过的上海世博会一般规章和特殊规章的基础上,按照国际规范与准则,陆续公布了20多项专门性政策与法规。在货物领域,主要涉及通关(包括展品、专业设备、演艺用品等的暂时进出境)、进口税收与退税、进出境检验检疫和知识产权海关保护四个方面。此外,也包括了有关印刷品和音像制品等特定物品通关的问题。

2. 进博会——筹备时间较短的首届国家级大型复合型国际会展

(1)性质——进博会属于依据国内政策制度由国家主办的国际展览会

中国国际进口博览会是由我国提议宣传、组织筹办的国家展。其领导、筹备、实施、运作都是以国内政策和规范为基础的。会展筹备运营的资金来源主要是国内。

进博会的组织是由中国国际进口博览会筹备委员会的会议上通过的总体方案与实施方案予以明确。会展的主办工作主要由商务部和上海市政府负责,由多个相关政府部门参与。此后,中国国际进口博览局设立。[②] 2018年3月,市商务委成立了进口博览会筹备工作协调推进办公室。[③] 2018年5月,在上海成立了中国国际进口博览会筹备工作现场指挥部。中国国际进口博览局与国家会展中心(上海)有限责任公司[④]为进博会的承办单位。

---

① 周汉民:《上海世博会与城市法治化》,载《法学杂志》2010年第4期。

② 中国国际进口博览局于2017年10月31日正式启动。中国国际进口博览局是根据党中央、国务院批准的《中国国际进口博览会实施方案》,经中央编办批复设立的商务部直属公益二类事业单位,注册地点在上海,主要职责是牵头落实中国国际进口博览会实施方案,受委托承担组织招展和招商具体工作,参与进口博览会期间重要会议论坛的组织工作,负责国家展区布展等工作。参见上海市商务委员会:《中国国际进口博览局正式启动运行》,载上海市人民政府网:http://www.shanghai.gov.cn/nw2/nw2314/nw2315/nw31406/u21aw1265460.html,最后访问日期:2019年8月16日。

③ 《市商务委成立进口博览会筹备工作协调推进办公室》,载上海社会建设网:http://www.shshjs.gov.cn/shjs/node5/nodo34/ulai114773.html,最后访问日期:2019年8月6日。

④ 国家会展中心(上海)有限责任公司成立于2011年7月,由中国对外贸易中心(集团)(以下简称外贸中心集团)和上海东浩兰生国际服务贸易(集团)(以下简称东浩兰生集团)有限公司根据商务部和上海市共建国家会展项目框架协议,分别代表部、市双方合资组建,负责国家会展项目投资建设和场馆运营、展会开发等工作。国家会展中心(上海)有限责任公司注册资金75亿元,外贸中心集团持股60%,东浩兰生集团持股40%。参见《国家会展中心(上海)有限责任公司》,载国家会展中心(上海)网:http://www.neccsh.com/cecsh/stat/597.jhtml,最后访问日期:2019年8月6日。

(2)进博会的相关政策法规的筹备时间较短

2017年5月14日,中华人民共和国主席习近平出席"一带一路"国际合作高峰论坛并发表主旨演讲。习近平宣布,中国将从2018年起举办中国国际进口博览会。[①] 从宣布举办中国国际进口博览会到实际举办之间的筹备时间是一年半左右。

按照一般的展会惯例,一个3万平方米规模的全新展览会,准备周期通常为1~2年。然而,准备期为一年半左右的进博会,首届的设定规模高达21万平方米。[②] 同样,政策与法规(广义)出台也有一定的程序,尤其是法规和普遍适用性规范的出台,除了前期调研、法律规范相互之间的限制与衔接等考虑外,还具有不同层级的授权和程序性要求。因此,在这段时间内出台的政策与法规,尤其是法规的数量并不多。展品与物资的进口税收与通关领域的政策规范筹备情况也是如此,因此,中国国际进口博览会中与海关相关事务除海关总署公告2018年第55号和第76号公告,以及海关总署公告2019年第115号外,主要依据的是当前现有立法。

(三)会展、参展者与展品物资的构成与性质不同

1. 上海世博会——构成与参展目的较为单一

(1)会展与参展者的构成

上海世博会是注册类世博会,属于综合类展览会。注册类(综合性)世博会展出的内容包罗万象,举办国无偿提供场地,主办国应将展馆建馆的条件在《一般规章》中明确,主要是由参展国自行建设或租赁,由参展国在场馆内展出反映本国科技、文化、经济、社会的综合成就。[③] 注册类或综合类世博会是以展览会为主,辅以各类活动。其举办期限一般较为长,一般为半年。参展者主要是主办国通过外交途径邀请的参展国政府以及国际组织。除相关公约和规章外,主办国和参展国之间还会签订参展合同。

---

① 《中国将从2018年起举办中国国际进口博览会》,载中国国际进口博览会网:https://www.ciie.org/zbh/xjpxw/20180213/994.html,最后访问日期:2019年8月6日。

② 陈诗松、张晨曦:《进博青春 夜以继日对标一流奋斗写进生命历程》,载《青年报》2018年8月24日,第A04~05版。

③ 参见《上海和昆明 不同的世博会》,载《城市住宅》2010年第5期。

(2)展品物资的构成与性质

在上海世博会展品物资的构成与性质的前提下,暂准进境制度本身的便利化程度是最关键的。由于上海世博会以展览会为主的构成、以政府为主要参展者的主体性质,以及较长的举办时间,各展区的展示多为非商业性的,展示大量反应国家历史文化特色和科技创新成果的展品。鉴于展示的性质和展品的价值,大部分展品不可能用于销售,展期介绍后复出境是可预见的,与展示有关物资也是在展示期间合理地消耗掉的。

同时,参展人员中存在展区总代表及其工作人员。① 还需考虑参展人员中的展区总代表及其工作人员的特权与优惠,免除其有关物品的关税与其他税费的待遇。对此,上海世博会在《国际展览会公约》的框架下,制定了《上海世博会第 12 号特殊规章:有关展区总代表及其工作人员的特权和优惠》并获得了 BIE 的通过。

2. 进博会——复合构成,流向多元

中国国际进口博览会集会议、展览会与活动,三类构成同时并重,并无主辅之分。会展的实体展和线上的虚拟展的时间差别很大,目的不同。同时,这三类构成的商业性各不相同,举办具体目标也不同。因此,展品和物资的性质也就相应地各不相同,也就决定了展中展后的去向各不相同,其对海关制度的需求就更为多元。

用于国家贸易投资综合展的展品物资一般是非商业性的,因此,其展品与物资通关更类似于上海世博会展品的性质与需求。对于海关制度的需求主要是暂准进境制度本身的便利化。

用于企业商业展展品物资不仅具有贸易性,甚至具有零售消费的性质。因此,其展品与物资:第一,不仅需要暂准进境制度本身的便利化,而且也需要暂准进境制度的灵活性、暂准进境制度与其他海关制度衔接的可能性及其可操作性。第二,需求关税制度及其担保制度的优惠性和灵活性。

---

① 根据《国际展览会公约》第 13 条的规定,任何参展国政府均应为参加注册类世博会任命一名展区总代表或者或为参加认可类世博会任命一名展区代表。同时,任何参展的国际组织也可以指定一名展区总代表或者,授权其代表本国政府处理与公约相关的一切事务及与世博会相关的各项事宜。展区总代表是世博会参展国家在参展事务上的全权代表。实践中,参展国经常任命高级别的政府官员如参展国驻主办国的大使或在主办城市的总领事或者著名的工商业人士出任展区总代表。然而,由于这些人往往工作繁忙,因此,还会配有一位或数位助手行使园区现场领导权。参见邱一川:《世界博览会主办国的法制创造——遵循国际规则的机制与实践》,上海人民出版社 2012 年版,第 55 ~56 页。

用于线上展示与销售的物资，则更侧重于零售消费的性质。暂准进境制度项下的复出口期限明显是不足以满足此类展品的需求，因此，其需要更长的境内停留期限、更经济的担保形式、更灵活的海关制度间相互衔接转换的机制、更便利的许可证件办理手续和更合理的税负等。

四、不一般的进博会对海关提出的要求

鉴于上述分析，中国国际进口博览会是一个兼具贸易性和消费性、公共性和市场化、短期型与常设型，实体型和虚拟型，具有多重功能与性质的，大规模高水准的，定期性、国际性、综合性、复合型的会展。第一，以“组成与架构”的标准来衡量，中国国际进口博览会是集会议、展览会与活动于一身的，组成架构高度复合的会展。第二，以“主题与内容”的标准来衡量，中国国际进口博览会是突出的主题下，跨营销业态、[1]宽产品范围、多行业领域的会展。第三，从“功能与作用”的标准来衡量，中国国际进口博览会是功能丰富、作用多元的会展。第四，从“性质与水准”的标准来衡量，中国国际进口博览会是兼具贸易性和消费性，兼具公共性和市场化的，对标最高水准最高质量的会展。第五，从“方式与展期”的标准衡量，中国国际进口博览会是兼具短期型和常设型、实体型和虚拟型的定期会展。

（一）不一般的组成与架构对海关提出的要求

1. 海关所面临的形势

在会展期间，多场不同规格、规模、性质和形式的会议、展览会与配套活动同时举行，必然会引来不同类型的境外人员及其不同性质的行李通过不同渠道出入境。

(1)短时间内，大量身份和海关法律地位各异的人员出入境

2018 年 11 月 5 ~ 10 日，首届中国国际进口博览会吸引了来自五大洲的 172 个国家、地区和国际组织参会，参展企业 3，617 家，首次亮相中国的展品多达

① 国内比较早的引用较多的著述中将业态定义为：“针对特定消费者的特定需求，按照一定的战略目标，有选择地运用商品经营结构、店铺规模、店铺形态、价格政策、销售方式、销售服务等经营手段和服务的类型化服务形态”。参见萧桂森：《连锁经营理论与实践》，南海出版公司 2004 年版，第 88 页。

5,000 余件,有 300 多项新产品和新技术首次发布,超过 40 万名境内外采购商到会洽谈采购,80 多万人进馆洽谈采购、参观体验。虹桥国际经贸论坛由主论坛、三场平行论坛及国际财经媒体和智库论坛组成,4,500 多名各界嘉宾出席。虹桥论坛层次高、国际性强,吸引了国内外各界知名人士,既有各国政要、国际组织负责人,也有国际知名企业家和著名专家学者,10 位外国元首首脑和国际组织负责人先后致辞,1,500 多名代表出席。平行论坛和国际媒体论坛由 20 多位外国政要发表演讲,30 多位企业家、学者和国际组织负责人参与互动,3,000 多名代表出席。首届进博会吸引了近 4,000 名中外记者与会报道。来自 16 个国家的元首首脑,11 个国家的王室代表、副元首首脑及 13 个国际组织的负责人齐聚上海,部级以上外方嘉宾超过 400 位。首届进博会期间还组织了 370 多场各类配套活动,参会各方围绕科技、文化、旅游、教育等领域密集开展经贸合作和民间外交活动。①

第二届进博会相比首届规模更大,服务保障任务也更加艰巨。至 2019 年 7 月 26 日,国家综合展展览已有 61 个国家确认参展,法国、意大利等 15 个国家确认担任主宾国。企业商业展共有来自 150 多个国家和地区的 3,000 多家企业参展,参展国家和地区以及企业数量均已超过首届。签约参展的世界 500 强和行业龙头企业已经超过 250 多家。第二届虹桥国际论坛目前已经确认参会的境外副部级以上嘉宾超过了 70 多位。②

这就意味着,在会展前后的一段时间内,将有大量身份和海关法律地位各异的人员出入境。这些人员出入境的目的不同,身份各异,少量为外交人员、政府人员、国际组织工作人员、社会组织与学术团体人员,还有大量的商务人员、技术人员(如修理、安装、调试)或者职业、专业人员(如新闻、摄制、出版、广播),等等。在通关时这些人员在海关法中称为"旅客"。③ 为了会展,这些旅客可以是中国籍旅客、外国籍旅客或短期旅客等。

(2)短时间内,大量的海关法律性质各异的行李通过不同监管渠道出入境

---

① 王珂:《首届中国国际进口博览会成果丰硕——访商务部部长钟山》,载中国政府网:http://www.gov.cn/xinwen/2018-11/19/content_5341589.htm,最后访问日期:2019 年 8 月 7 日。

② 《第二届中国国际进口博览会倒计时 100 天新闻发布会》,载 http://www.china.com.cn/zhibo/content_75030868.htm,最后访问日期:2019 年 8 月 7 日。

③ 这些旅客可以分为中国籍与外国籍旅客,短期、长期、过境和长期旅客,居民和非居民旅客等。

上述人员所带出入关境的行李的性质不应该是“展品”,也并不一定都是“物品”。[①] 也就是说,这些人员所带入的行李,有的是非商业性用品,有的却是商业性的商品,如客带货[②]的情况下所携带的专业用品等。有些人员所携带的行李还会包括印刷品、音像制品、贵重饰品及其材料、动植物以及各种特定物品。但应注意的是,从理论上来说,展品不应当从行邮渠道进境,即使采取客带货的方式,也是属于货物进境,而不属于行邮渠道的行李物品。

不同人员这些人员会通过随身携带、分离运输、[③]邮运、暂时进境(包括ATA 单证册方式)等多种渠道将其行李带入带出关境。

2. 所产生的要求与挑战

第一,对不同身份人员的通关待遇和免税待遇是不同的。例如,根据通常规定和国际惯例,对持有我国驻外签证机关给予外交签证或礼遇签证的人员,海关对其行李物品给予免验放行。例如,按照我国《海关对进出境旅客行李物品监管办法》(2017 年修改)第 25 条的规定,外交特权和豁免的人员携运进出境的行李物品一般可享有免验礼遇。同时,在符合数量和条件规定的行李物品还可享受免税待遇。但实际上,除少量参与虹桥国际经贸论坛的人员属于我国《外交特权与豁免条例》和《维也纳外交关系公约》所规定的“外交人员”外,其他参会人员很难获得外交签证或礼遇签证,[④]也就不可能享有免验免税的待遇。

---

① 此处“物品”一词,在海关法中是指非商业经营的自用品,采用非贸渠道监管方式。与此对称的为“货物”,是指进出境活动中采取商业经营的商品,采用贸易渠道监管方式,两者的通关和税负要求有所不同。引自余建明:《论行邮监管中海关对货物和物品两种不同的法律适用方式——关于海关行邮法规的修改建议》,载《海关法评论》(第 5 卷),法律出版社 2015 年版,第 242 页。

② “客带货”,或称为“散客带货”,这并不是一个专有法律名词,而是一种经济现象。客带货通常是指由旅客以随身携带或托运方式进出货物的一种方式。带货旅客多为企业人员,所携货物既有企业生产急需的货样及测试工具,还包括价值昂贵的钻石、珠宝及高档钟表等。由于此类货物价值高、体积小、便于携带,因此货损小、进出方便。客带货方式正日益受到企业的青睐。参见张梦麟:《浦东机场开辟“客带货”专窗》,载《中国海关》2003 年第 8 期。

③ 分离运输,是指旅客进境或出境后通过其他运输方式运进或运出的行李物品,并非旅客进出境时向所搭乘的运输工具或其代理人交运的随行行李物品。参见海关总署监管司编:《中国海关通关指南》(第 2 版),中国海关出版社 2010 年版,第 409 页。

④ 外交、公务签证发给持外交、公务(官员)护照因公赴华人员,或赴华常驻人员或赴华正式官方访问的王室成员、政府官员及议员。持英国外交护照者赴华可免办签证。礼遇签证发给持外交、公务(官员)护照因私赴华人员、或其他需要给予礼遇人员。免签贴纸系发给持非外交护照的英国部级以上(含部级)官员及其随行代表团成员。参见《申请外交、公务、礼遇签证或免签贴纸须知》,载 https://www.fmprc.gov.cn/ce/ceuk/chn/qzfw/tsqz/t521671.htm,最后访问日期:2019 年 8 月 7 日。

第二，对不同海关法律地位人员的通关要求及其物品类行李的种类、免税限值和税负（包括退税）不同。例如，进境居民旅客携带在境外获取的个人自用进境物品，总值在5,000元人民币以内（含5,000元）的；非居民旅客携带拟留在中国境内的个人自用进境物品，总值在2,000元人民币以内（含2,000元）的，海关予以免税放行。[①]

第三，对于不同监管渠道入境的行李物品，免税限值与税负也是不同。例如，对于旅客随身携带的行李物品与邮寄渠道进境的物品的免税限制不同之处在于：从携带行李物品渠道，进境居民旅客携带在境外获取的个人自用进境物品，总值在5,000元人民币以内（含5,000元）的，海关予以免税放行；从邮寄渠道，个人寄自或寄往我国港、澳、台地区的物品，每次限值为800元人民币；寄自或寄往其他国家和地区的物品，每次限值为1,000元人民币。[②] 再如，不同种类的物品（印刷品、音像制品等）的监管条件、免税数量和入境禁限要求不同。

（二）不一般的主题与内容对海关提出的要求

1. 海关所面临的形势

（1）展品所述行业与海关法律性质不同

中国国际进口博览会中的“国家贸易投资综合展”只展示不成交。“企业商业展”除了展示和交易外，还有跨境保税商品等主题区，交易馆专门开辟了大型体验中心，将成为市民消费进口商品和体验各国文化的场所。这说明“企业商业展”是既展示也交易，还有消费功能。同时，线上线下结合的“6+365天”一站式交易促进平台，争取能够为参展商提供“参展一周、服务一年”、促进“展品”变“商品”的服务，让更多优质的企业、优质的商品、优质的服务更加便捷地进入中国市场，打造永不落幕的进口博览会。[③]

---

① 《关于进境旅客所携行李物品验放标准有关事宜》（海关总署公告〔2010〕54号）；《关于〈中华人民共和国进境物品归类表〉和〈中华人民共和国进境物品完税价格表〉的公告》（海关总署公告2018年第140号）。

② 《关于在全国各对外开放口岸实行新的进出境旅客申报制度》（海关总署公告2007年第72号），《关于〈中华人民共和国进境物品归类表〉和〈中华人民共和国进境物品完税价格表〉的公告》（海关总署公告2018年第140号）。

③ 邱海峰：《中国国际进口博览会：在中国“买全球”》，载《人民日报》（海外版）2018年7月31日，第6版。

(2)参展企业与展品众多,新产品众多,所涉行业领域广

中国国际进口博览会中的“国家贸易投资综合展”是由相关国家和地区参展,展示贸易投资领域有关情况,包括货物贸易、服务贸易、产业状况、投资旅游,以及各国有特色的产品。“企业商业展”包括货物贸易和服务贸易两个板块。货物贸易板块包括智能及高端装备、消费电子及家电、服装服饰及日用消费品、汽车、食品及农产品、医疗器械及医药保健等展区。服务贸易板块包括新兴技术、服务外包、创意设计、文化教育、旅游服务、物流服务、综合服务等展区。参展企业将会带来100多项新产品和新技术,全面呈现国际最尖端、最前沿、最具代表性的产品及服务趋势,众多发展中国家和最不发达国家企业也将携本国特色优质产品前来参展。站在“消费升级”的“风口”,第二届进博会将增设高端消费品专区,增加AR/VR、养老等题材,增设室外大型机械和车辆展场等,多家企业将在第二届进博会上首发全球最新产品、最新技术,探讨物联网、区块链等高科技及前沿技术的应用,还将设立户外“无人驾驶”、烘焙等区域,增强现场的体验感和互动感。① 此外,实行专业布展,整体展示水平较高,全馆整体特装展位占比80%,其中,汽车展区、消费电子展区和智能及高端装备展区的特装比例超过95%,远高于国际同类展会水平。

2. 所产生的要求与挑战

(1)展品进境的多用途多业态,造成了可选择的通关程序不同或难定

在“国家贸易投资综合展”,只展示不成交的货物,多采取暂时进境程序。对于在进口博览会常年展示馆中展示的货物,则通常不能采取暂准进境的方式,而是应当采取保税展示或者一般进口的方式。对于在企业商业展中的展品,其肯定具有展示用途,也可能具有消费用途,或者还具有后续常年展示的用途。这就改变了转变货物贸易的性质。

还有的展品在展中或展后拟通过跨境电商的方式进行销售,则展品的经营方式,不仅转变货物贸易的性质,还包括了一般的零售业态,而且转向了B2C的

① 吴卫群:《为了“越办越好”冲刺“2.0” 写在第二届进博会迎来开幕倒计时200天之际》,载解放日报:http://www.shanghai.gov.cn/nw2/nw2314/nw2315/nw4411/u21aw1379433.html,最后访问日期:2019年8月13日。

跨境电子商务的新型的无店铺业态。[①]

当前的通关方式一般都是对应某种或某类进境的用途或某一业态而设计的。因此,虽然展品可能将通过多种海关监管渠道进境,如通过暂时进境,一般贸易进口、保税展示,[②]甚至客带货的方式。但是仍然不能满足其可能的用途和业态选择。拟有多种用途的展品很难选择某种单一的通关方式来满足多种用途。

(2)展品采用不同的通关程序,造成了展品的海关税负或通关成本不同

常规做法是境外展品采用暂时进境程序,但是采取保税暂时进境通关方式的基本原理是建立在展品将在一定期限内原状复出境的基础上的。因此,进口博览会的展品并不都适合采用暂时进境程序。

如果采用一般进口,则是按照一般进口货物缴纳进口环节税(包括关税、消费税、增值税),如果涉及许可证件、禁限措施、检验检疫等监管条件,也应符合规定的海关监管条件。如果采取客带货的方式,即使是旅客通过民用航空运输方式随身携带展品,也需要按照货物进口办理申报手续,缴纳进口环节税和交验证件等。在此情况下,参展者的进口税负与一般进口是一样的。如果不正常办理申报通关手续,极易形成违法违规行为。

如果采用保税展示方式,例如,虹桥商务区进口商品展示交易中心将打造成为上海市“6 +365 天”进博会功能辐射承接主平台,则展品从“区域中心”或“展示中心”进入并非海关特殊监管区域或场所展区,需要在向主管海关提交税款担保的条件下,从移出区域中心。[③]

---

① 商务部根据近年来零售业发展趋势,并借鉴发达国家对零售业态划分方式,组织有关单位对国家标准《零售业态分类》进行了修订,参照经营方式、商品结构、服务功能以及选址、商圈等,将零售业分为 17 种业态,即有店铺零售业态 12 种(食杂店、便利店、折扣店、超市、大型超市、仓储式会员店、百货店、专业店、专卖店、家居建材商店、购物中心、工厂直销中心),无店铺业态 5 种(电视购物、邮购、网上商店、自动售货亭和电话购物)。参见王国平:《业态与现代经济发展》,载《科学发展》2012 年第 5 期。

② 保税展示交易通常是指经海关注册登记的试验区内企业(以下简称区内企业)在试验区内或者区外开展保税展示交易的经营活动。参见《上海海关关于在中国(上海)自由贸易试验区开展保税展示交易业务的公告》(上海海关公告 2014 年第 9 号)。

在本书中,保税展示交易,是特指从海关特殊监管区域或保税物流中心(B 型)(以下简称区域中心)中的货物运至会展场所进行展示交易的方式。参见海关总署公告 2018 年第 76 号附件 2《2018 年首届中国国际进口博览会海关通关须知》。

③ 参见《上海海关关于在中国(上海)自由贸易试验区开展保税展示交易业务的公告》(上海海关公告 2014 年第 9 号)。

如果采取跨境电商模式进境，从通关和税负角度看，可操作性也不强。我国目前跨境电商主要采用直购进口模式和网购保税进口模式。在通关模式上，参展者需要通过能够与海关联网，能实现交易、支付、物流电子信息"三单"比对的跨境电商平台进行操作，这会为企业参展增加的负担，而且也难以符合本次会展"双境外"的要求。同时，从税负角度考虑，由于"4·8新政"[①]所规定的跨境电商零售进口综合税过渡期政策延长至2018年年底。[②] 因此，目前跨境电商税负仍按照行邮税征收，而展品进境参展并非直接与境内消费者交易。所以，如果以跨境电商模式进境，难以落实纳税义务人。但是在展中和展后展品处理时，跨境电商模式是可行的(能从暂时进境转换到保税仓模式的制度即可)。

(3)展品采用通关程序与监管渠道不同，造成了海关后续监管措施不同

①在展前进境时

如果货物采取保税暂时进境的渠道，在进境时，除通过ATA单证册方式暂准进境外，应由暂时进出境货物收发货人(境内会展办展人)应当向主管地海关提交展览品清单和展览会证明材料，并应按规定向提供担保。

如果货物采用一般进口的方式，则货物应由货物收发货人正式申报并纳税。

如果货物是从海关特殊监管区域或场所移出后进入展区的，则需要按照上海海关的相关公告办理税款担保后出区保税展示交易。

②在展中、展后处置时

如果货物采取保税暂时进境的渠道，从展品暂时进境之日起至其复运出境之日的整个期间都是海关监管期间。其处置、存放、移动等都要接受海关的监管，其复运出境也要经过海关的核销。如果展品超出了规定的用途，可能还会产生进口税费问题。

如果展品在展中展后销售，即暂时进境货物在规定的期限内未复运出境

---

① 2016年4月8日，财政部、发改委等11个部门制定的跨境电商零售进口政策正式实施，将行邮税改为综合税，并对进口货物实施一般贸易监管模式，也称为"4·8新政"。参见《财政部、海关总署、国家税务总局关于跨境电子商务零售进口税收政策的通知》(财关税〔2016〕18号)；《关于公布跨境电子商务零售进口商品清单的公告》(财政部、发展改革委、工业和信息化部、农业部、商务部、海关总署、国家税务总局、质检总局、食品药品监管总局、濒管办、密码局公告)2016年第40号，等等。

② 叶丹：《跨境电商迎政策红利 监管政策过渡期再延一年》，载中国财经：http://finance.china.com.cn/industry/20170927/4406386.shtml，最后访问日期：2019年8月6日。

的,或者暂时出境货物在规定的期限内未复运进境的,海关应当依法征收关税。

如果货物采用一般进口的方式,则理论上货物按照当前通关一体化改革的模式,在通关放行后,仍然处于税收监控和后续稽查之下。

如果货物属于出区保税展示货物,按照上海海关当前的公告规定,区内负责的企业应当严格管理展示货物,不得将其用于除展示活动以外的其他用途。货物出区展示完毕,区内企业应当通过信息化系统办理货物回区手续,最长不得超过货物出区之日起 6 个月。但是,出区展示交易方式下的货物如果内销,则需要进一步考虑保税程序的核销与内销程序如何便利衔接问题。

如果货物采用跨境电商模式进行,例如,在首届进博会闭幕以后,总面积达 60 万平方米的虹桥进口商品展示交易中心将成为进博会参展商中有延展意向的企业进行展品展示和交易的主平台。虹桥进口商品展示交易中心按规划分为保税仓库和展示交易中心两个部分。其中,总建筑面积 5. 1 万平方米的保税仓为目前国内开放程度最高的保税库,2019 年 6 月底已通过上海海关向国家海关总署申报 B 型保税物流中心。[①] 其定位为开放式的“聚合度最高,参与度最广,功能设计最全,规划容量最大”的线上线下共存的进口商品有形市场。[②] 但是,需要进一步考虑如何从保税暂准进境程序或保税展示程序转入跨境电商模式的具体操作程序。

关于跨境保税商品等主题区的问题,市场监管总局《关于做好首届中国国际进口博览会保障工作的通知》的规定,涉及消费者在现场可以通过跨境电商平台下单购买,但不允许现场提货、交易及试吃,商品安全性风险按照跨境电商有关规定执行。[③] 这意味着消费者可以一边实体参展,一边在线购物,在展区外提货。但根据上海发布的消息,综合考虑安全交通、场馆容量、参展体验等因素,在优先满足专业采购、交易洽谈的前提下,11 月 9 ~ 10 日已安排团体观众实

---

① 张晓雯:《第二届进博会百天倒计时,参展商品哪里买?》,载青年报:http://www. why. com. cn/wx/article/2019/07/25/15640560031292557040. html,最后访问日期:2019 年 8 月 13 日。

② 地处虹桥商务区申昆路 2377 号“虹桥国际展汇”内的展示交易中心,已经被明确为上海市“6 + 365 天”进博会功能辐射承接主平台。参见《承接进口博览会溢出效应的一个平台! 让你买买买……》,载进博会官方公众号:https://mp. weixin. qq. com/s/G3zDYPKieQv-5mxKsL1Zpg,最后访问日期:2019 年 8 月 6 日。

③ 《市场监管总局关于做好首届中国国际进口博览会保障工作的通知》(国市监企注〔2018〕132 号)。

名制观展,不另外接待市民个人前往观展。① 这就意味着首届进博会将不采用展会期间在线购物、区外提货的方式。但是进博会今后每年都要举办,仍有必要将展品模式与跨境电商模式有效顺畅衔接。

(三)不一般的规模水准对海关提出的要求

1. 一流的会展需要一流的贸易安全作为基础

确保进口博览会圆满成功,必须有一流的安全作为基础。尤其是对于涉及政治安全的展品,如广告宣传品、印刷品、音像制品等,再如服务贸易展区中关于文化教育的展示内容与我国政治与思想安全的关系问题等;对于涉及生态安全的展品和其他武器,如农产品、运输工具与容器、展品的包装材料与容器等;对于涉及公众安全与产品质量的展品,如食品及农产品、日用消费品等。

同时,会展前后大量旅客及其所携带和分运的行李物品进出境,大量展品进出境,通关安全问题十分突出。展期内展区企业与观众十分众多且密集,生态安全、质量安全十分突出。因此,货物物品的通关安全、出入境的公共卫生与生态安全问题、展品展区的公共安全与卫生问题,都需要予以高度重视并采取相应措施。

2. 一流的国际化需要一流的跨境贸易营商环境予以保障

进口博览会一个非常突出的特点是"国际性"。根据《国际展览会公约》(具体说明参见本书第一部分第三点)的标准,有不止一个国家参加的展览会即国际展览会。国际会展界对此标准的看法并不一致。业界一种普遍的说法是:第一,10%以上的参展商来自国外;第二,40%以上的观众来自国外;第三,国外直接或间接参展的净面积不少于总面积的20%;第四,20%以上的广告宣传费用来自国外。而国际展览协会(UFI)则规定符合以下标准的会展方可称为国际展:第一,20%以上的参展商来自国外;第二,20%以上的观众来自国外;第三,20%以上的广告宣传费用来自国外。② 有些会展则制定了更高的标准,设定了更高的来自境外的参展商和观众的比例,如30% ~40%不等。

---

① 《首届进口博览会安排团体观众实名制观展　不另接待市民个人前往观展》,载上海市人民政府网:http://www.shanghai.gov.cn/nw2/nw2314/nw2315/nw4411/u21aw1345611.html,最后访问日期:2019年8月6日。

② 赵春霞主编:《会展概论》,对外经济贸易大学出版社2007年版,第14页。

中国国际进口博览会严格执行“双境外”原则：(1)参展的必须是境外企业，商品必须100%来自境外。(2)中国企业主要参与采购和交易，是实实在在的“进口”。[①] 首届进口博览会2,800多家参展企业全部来自中国境外，签约参展的世界500强和行业龙头企业达到200多家。第二届进博会进入倒计时100天，目前共有来自150多个国家和地区的3,000多家企业参展，参展国家和地区以及企业数量均超过首届。签约参展的世界500强和行业龙头企业超过250家。[②] 也就是说，中国国际进口博览会的“国际化”程度是100%。这远远超出了国际会展业中的任何“国际展览会”的标准，必将带来远超过其他国际会展的人流、物流与商流。

会展是高体验性的活动。进口博览会正是展示国家形象、宣传我国的发展理念、体现我国对外开放的诚意、善意和信心的最佳机会。进口博览会也是世界130多个国家、2,000多家企业和海量的进出境旅客体验我国通关便利与跨境贸易营商环境的良机。海关的通关环境构成了本次展览会“一流环境”的重要组成，也是“一流成效”的重要保障。对外开放、平衡外贸、增加进口的信心不仅体现在积极的宏观政策上，更要体现在将这些政策落地的具体法律制度规则与效果上。这些国家、企业与人员在本次会展前后所体验的通关便利与跨境贸易营商环境的结果，关系到此后进口博览会可持续发展，关系到博览会上成交的后续履约的预期，也关系到商界对我国增加进口的意愿。因此，这也是对我国海关制度与跨境贸易营商环境便利化程度的考验。

3. 一流的成效需要一流的海关执法能力与服务予以体现

多产业、多业态、多用途的大规模进出境展品与物资涉及多种监管渠道和通关程序，都需要体现海关一流的执法能力与服务。从高智能设备到初级产品，从高价值的设备珠宝到农产品，从展览品到展览用品再到各类活动用品等，如果涉及暂时进境程序的展品，海关需要确保其除正常损耗外，在一定期限内原状复出口；如果涉及一般进口程序的展品或后续内销的展品，需要确保我国的海关税收与通关制度得以遵守；如果涉及跨境电商销售，则从货物贸易转为

---

① 一见财经：《“特殊”的进口博览会，只进不出》，载凤凰网：http://finance.ifeng.com/a/20180806/16430041_0.shtml，最后访问日期：2019年8月6日。

② 丁飞：《第二届进博会美国参展企业数量超过去年，参展面积35%》，载央广网：http://china.cnr.cn/news/20190729/t20190729_524709308.shtml，最后访问日期：2019年8月13日。

了零售业态,则海关需要转换监管模式;如果涉及会展期间消耗的展品,海关需要确保生态安全与公众安全。

中国国际进口博览会的目标价值之一是“有利于帮助发展中国家参与经济全球化、推动开放型世界经济发展”。从最新公开数据看,首届进博会参加企业商业展的企业中已有 22 个最不发达国家超过 140 家企业报名参展,展览面积近 5,000 平方米,将展示服装及日用消费品、食品及农产品、保健品等最富本国特色的优质产品,以及当地丰富旅游资源和人文特色。[①] 第二届进博会目前共有来自 150 多个国家和地区的 3,000 多家企业参展。[②] 这些企业承担通关成本与税负的经济能力,关务合规和政策运用的通关能力,展品的后续处理能力等都可能需要海关更为细致和深入的服务。

在上述所有的问题上,如何放得开以确保便利,又如何管得住以确保安全,这是对海关专业执法和服务能力的展现,也是海关专业执法和服务能力的检验。

(四)无先例可循的会展需要海关的一流制度创新能力

在当前我国出现的复合型国际会展的新发展趋势下,中国国际进口博览会正是此种复合型国际会展新趋势的典型代表。无论是从构成、功能、性质、规模、层次等角度来衡量,进博会都是创举。为了实现进口博览会中会议、展览会与活动同时举行,线上和线下同时进行,货物交易与零售同时举行,兼具商业性和非商业性功能、经济和社会功能,展品与企业 100% 的双境外的要求,进口博览会主办方承诺:“将提供通关、检验检疫等方面的便利措施,长期提供线上线下一站式交易服务,加大知识产权保护力度,保障客商权益。”[③]海关制度实施的安全、顺畅、便利、效率如何对进口博览会具有关键作用。新发展趋势和中国国际进口博览会都需要与其相匹配的便利且灵活的新型展品通关制度。

1. 国内制度的针对性不足

现有海关制度一般都是服务于某类用途或某种业态的。例如,仅适用于传

---

① 谢卫群:《开放的上海,等你来!》,载《人民日报》2018 年 5 月 28 日,第 10 版。

② 丁飞:《第二届进博会美国参展企业数量超过去年,参展面积 35%》,载央广网:http://china.cnr.cn/news/20190729/t20190729_524709308.shtml,最后访问日期:2019 年 8 月 13 日。

③ 《中国国际进口博览会(CIIE)》,载商务部网:http://www.mofcom.gov.cn/article/i/jshz/xm/201712/20171202684687.shtml,最后访问日期:2019 年 8 月 6 日。

统展示功能的展品暂准进境制度是建立在展品进境后仅可用于单一特定用途的基本原则之上的。为适应会展构成的复合型与多元化、暂准进境制度应在展品用途的灵活性、展品处置方式的灵活性，以及暂准进境制度相互之间以及与其他通关程序之间的切换、衔接等方面进行改革与创新。

2. 国际制度的可比性不高

进口博览会是"不一般"的创新。其他国家的海关法中几乎没有现成制度可以直接借鉴用于进口博览会。同时，国际现有《ATA 公约》《伊斯坦布尔公约》等也不能满足我国，因此海关制度创新成为必然。

3. 上海世博会的先例与经验不能完全适用于进博会

通过本部分第三点的对比，上海世博会是具有国际条约和国内法依据的综合性展览会。进博会是以国内法依据为主的国家会展活动。两者在现有海关制度依据、参展者构成、展品及相关物资构成及其相应的通关需求等方面存在十分明显的差异。因此，上海世博会的先例经验和已经进行的制度创新不能满足当前进博会新需求。

尤其需要注意的是，一个巨型会展的筹备包括硬件与软件两个方面。硬件方面可以凭借着经济、技术与人力等能力与优势，在较短的时间内保质保量地完成。但软件方面的准备则需要更长的时间。支撑与保障会展的政策法规的准备，尤其是需要制度创新的情况下，还要考虑到与同一体系中其他制度的配套，与其他相关领域中制度的衔接，是一个系统性工作，需要更长的时间。上海世博会是第 40 届注册类世博会，在已经具有稳定的国际法依据和运作模式与先例的情况下，还用了 8 年时间打造一系列专门性的国内政策与规范。而对于具有高度创新性的进博会，在较短的筹备期间，具有诸多制度创新之处，同时既无先例经验，也无同类制度借鉴，其中难度可想而知。

考虑到进博会每年都会举办，可持续地、法治化地保障进博会的长远发展，满足进博会复合式的海关事务需求，则必须系统性地考虑多种海关制度的创新、修改、完善与衔接配套。这是一个较长的过程。因此，当前进博会的海关政策与支持措施只是海关制度创新的一个开始，应以服务进博会作为切入点，继续创新完善相关海关立法与制度，才能使我国支持复合型国际会展业发展的海关制度措施不断完善。

Chapter 3

第三章

不一般的进博会与现行相关海关法律制度之间的关系

由于进博会相关的海关制度与措施的设计不可能突破和改变现有立法，因此，进博会的海关措施基本都是建立在现有的海关制度基础上的。表6中列举了与两届《进博会通关须知》《海关支持进博会便利措施》以及两份禁限清单相对应或相关的通用型海关制度，并将在本章中对相关通用型海关制度进行详细阐述，以便对比分析进博会海关措施的来源和创新程度。

表6　现行有效的通用型相关政策与规范

序号	名　称	发布主体	发布日期
(一)综合性政策与规范			
1	海关总署、商务部《关于在我国境内举办对外经济技术展览会有关管理事宜的通知》(署监发〔2004〕2号)	海关总署、商务部	2004年2月19日
2	国务院《关于进一步促进展览业改革发展的若干意见》(国发〔2015〕15号)	国务院	2015年3月29日
(二)展品进出境检验检疫相关的政策与规范			
3	(原)上海出入境检验检疫局《关于支持上海国际会展产业发展若干意见的公告》(2015年第5号)	(原)上海出入境检验检疫局	2015年6月10日
4	(原)质检总局《关于做好重要展会检验检疫工作的意见》(国质检通〔2015〕341号)	(原)国家质检总局	2015年7月27日
5	(原)质检总局《关于复制推广自由贸易试验区第三批改革试点经验的公告》(2017年第105号) 附件2:《出入境展品检验检疫监督管理工作规范》	(原)国家质检总局	2017年12月5日

续表

序号	名　称	发布主体	发布日期
（三）暂时进出境方面的政策与规范			
6	《海关总署公告 2003 年第 18 号》①	海关总署	2003 年 3 月 26 日
7	（原）国家质量监督检验检疫总局《关于给予 ATA 单证册项下货物通关便利的通知》（国质检通〔2006〕120 号）	（原）国家质量监督检验检疫总局	2006 年 4 月 3 日
8	《关于暂时进出境货物监管有关事宜公告》（海关总署公告 2007 年第 48 号）	海关总署	2007 年 8 月 31 日
9	《关于海关办理外国常驻新闻机构、外国记者采访器材进出境手续的公告》（海关总署公告 2008 年第 104 号）	海关总署	2008 年 12 月 25 日
10	《关于香港和澳门新闻机构在内地常驻记者站、香港和澳门记者办理采访器材进出境手续的公告》（海关总署公告 2009 年第 19 号）	海关总署	2009 年 4 月 28 日
11	《关于台湾记者采访器材进出境海关手续海关总署公告》（2009 年第 31 号）	海关总署	2009 年 6 月 1 日
12	《海关暂时进出境货物监管操作规程（试行）》（署监发〔2011〕244 号）（其基础规章海关总署令第 157 号已废止）	海关总署	2011 年 7 月 1 日
13	海关总署监管司《关于 ATA 单证册项下暂时进出境货物监管有关问题的通知》（监管函〔2011〕118 号）	海关总署监管司	2011 年
14	《中华人民共和国海关 ATA 单证册项下暂时进出境货物监管操作规程（试行）》（署监发〔2012〕288 号）	海关总署监管司	2012 年
15	《科学研究和教学用品免征进口税收规定》（2017 年修正）（财政部、海关总署、国家税务总局令第 93 号）	财政部、海关总署、国家税务总局	2017 年 12 月 20 日
16	《海关暂时进出境货物管理办法》（海关总署令第 233 号）	海关总署	2017 年 12 月 8 日
17	关于发布《中华人民共和国海关暂时进出境货物管理办法》格式文书及有关报关单填制规范的公告（海关总署公告 2018 年第 12 号）	海关总署	2018 年 1 月 30 日

① 该公告的内容是关于对暂时进境货物征收进口环节税款的计算。

续表

序号	名　称	发布主体	发布日期
（四）物品通关与进口税收政策与规范			
18	《关于入境旅客行李物品和个人邮递物品征收进口税办法》	（原）对外贸易与经济合作部发布 国务院批准	1978 年 8 月 1 日
19	《外交特权与豁免条例》（主席令第 44 号）	全国人大常委会	1986 年 9 月 5 日
20	《海关对进出境旅客旅行自用物品的管理规定》（署监二〔1992〕1418 号）	海关总署	1992 年 9 月 10 日
21	《中华人民共和国禁止进出境物品表》	海关总署	1993 年 2 月 26 日
22	《中华人民共和国限制进出境物品表》	海关总署	1993 年 2 月 26 日
23	农业部、海关总署《关于旅客携带伴侣犬、猫进境的管理规定》	（原）农业部、海关总署	1994 年 1 月 1 日
24	海关总署《关于入境旅客行李物品和个人邮递物品征收进口税办法》（1994 年）（海关总署令第 47 号）	海关总署	1994 年 7 月 1 日
25	《旅客进出境行李物品分类表》（1996 年修正）（海关公告）	海关总署	1996 年 8 月 10 日
26	《关于在全国各对外开放口岸实行新的进出境旅客申报制度》（海关总署公告 2007 年第 72 号）	海关总署	2007 年 12 月 11 日
27	《关于调整进出境个人邮递物品管理措施有关事宜》（海关总署公告 2010 年第 43 号）	海关总署	2010 年 7 月 2 日
28	《关于进境旅客所携行李物品验放标准有关事宜》（海关总署公告 2010 年第 54 号）	海关总署	2010 年 8 月 19 日
29	《中华人民共和国禁止携带、邮寄进境的动植物及其产品名录》（农业部　国家质量监督检验检疫总局公告第 1712 号）	（原）农业部、（原）国家质量监督检验检疫总局	2012 年 3 月 2 日
30	《关于调整进境物品进口税有关问题的通知》（税委会〔2016〕2 号） 附件：《中华人民共和国进境物品进口税率表》	国务院关税税则委员会	2016 年 3 月 16 日
31	关于《中华人民共和国进境物品归类表》和《中华人民共和国进境物品完税价格表》的公告（海关总署公告 2016 年第 25 号）	海关总署	2016 年 4 月 6 日

续表

序号	名　称	发布主体	发布日期
32	《关于调整进境物品进口税部分商品范围的通知》(税委会〔2016〕26 号)	国务院关税税则委员会	2016 年 9 月 30 日
33	《关于转发〈国务院关税税则委员会关于调整进境物品进口税部分商品范围的通知〉的通知》(署办税函〔2016〕31 号)	海关总署办公厅	2016 年 9 月 30 日
34	《关于高档化妆品消费税征收管理事项的公告》(国家税务总局公告 2016 年第 66 号)	国家税务总局	2016 年 10 月 19 日
35	《海关对进出境旅客行李物品监管办法》(2017 年修改)(海关总署令第 235 号)	海关总署	2017 年 12 月 20 日
36	《海关对非居民长期旅客进出境自用物品监管办法》(2018 年修正)(海关总署第 240 号令)	海关总署	2018 年 5 月 29 日
37	《海关进出境印刷品及音像制品监管办法》(2018 年修正)(海关总署第 240 号令)	海关总署	2018 年 5 月 29 日
38	《出入境人员携带物检疫管理办法》(2018 年第二次修正)(海关总署第 240 号令)	海关总署	2018 年 5 月 29 日
39	国务院关税税则委员会《关于调整进境物品进口税有关问题的通知》(税委会〔2018〕49 号)	国务院税则委员会	2018 年 9 月 30 日
40	《关于〈中华人民共和国进境物品归类表〉和〈中华人民共和国进境物品完税价格表〉的公告》(海关总署公告 2018 年第 140 号)	海关总署	2018 年 10 月 25 日
41	《关于调整〈中华人民共和国进境物品归类表〉和〈中华人民共和国进境物品完税价格表〉的公告》(海关总署公告 2019 年第 63 号)	海关总署	2019 年 4 月 8 日
(五)跨境电商相关的政策与规范			
42	(原)质检总局《关于支持跨境电子商务零售出口的指导意见》(国质检通〔2013〕593 号)	(原)国家质检总局	2013 年 11 月 11 日
43	(原)质检总局《关于进一步发挥检验检疫职能作用促进跨境电子商务发展的意见》	(原)国家质检总局	2015 年 5 月 13 日
44	(原)质检总局《关于加强跨境电子商务进出口消费品检验监管工作的指导意见》(国质检检〔2015〕250 号)	(原)国家质检总局	2015 年 6 月 10 日
45	《跨境电子商务经营主体和商品备案管理工作规范》[(原)国家质检总局公告 2015 年第 137 号]	(原)国家质检总局	2015 年 11 月 24 日

续表

序号	名　称	发布主体	发布日期
46	财政部、海关总署、国家税务总局《关于跨境电子商务零售进口税收政策的通知》(财关税〔2016〕18 号)	财政部、海关总署、国家税务总局	2016 年 3 月 24 日
47	海关总署关税征管司、加贸司《关于明确跨境电商进口商品完税价格有关问题的通知》(税管函〔2016〕73 号)	海关总署	2016 年 7 月 6 日
48	海关总署办公厅《关于执行跨境电子商务零售进口新的监管要求有关事宜的通知》(署发办〔2016〕29 号)	海关总署	2016 年 7 月 14 日
49	海关总署《关于加强跨境电子商务网购保税进口监管工作的通知》(署加发〔2016〕246 号)	海关总署	2016 年 12 月 16 日
50	上海海关《关于开展跨境电子商务网购保税进口业务的公告》	上海海关	2016 年 12 月 28 日
51	上海国检局《关于支持进境肉类、水产品开展网购保税模式跨境电子商务的通知》	上海出入境检验检疫局	2016 年 6 月 7 日
52	《电子商务法》(主席令第 7 号)①	全国人大常委会	2018 年 8 月 31 日
53	《关于调整跨境电商零售进口商品清单的公告》(2018 年第 157 号)	财政部、发展改革委、工业和信息化部、生态环境部、农业农村部、商务部、人民银行、海关总署、税务总局、市场监管总局、药监局、密码局、濒管办	2018 年 11 月 20 日
54	《跨境电子商务零售进口商品清单》(2018 年版)	同上	2018 年 11 月 20 日
(六)保税展示相关的政策与规范			
55	国务院《关于印发中国(上海)自由贸易试验区总体方案的通知》(国发〔2013〕38 号)	国务院	2013 年 9 月 18 日

① 鉴于 2018 年 8 月 31 日公布的《电子商务法》(主席令第 7 号)于 2019 年 1 月 1 日起施行。首届中国国际进口博览会已经结束。因此,其不能成为首届进博会的法律依据,但是将是以后每年举办的进博会的法律依据。

续表

序号	名 称	发布主体	发布日期
56	《中国(上海)自由贸易试验区进出口(境)货物适用主要贸易管制措施》	上海海关	2013年11月1日
57	上海海关《关于在中国(上海)自由贸易试验区实施“批次进出、集中申报”模式的公告》(上海海关公告2014年第20号)	上海海关	2014年6月9日
58	上海海关《关于在中国(上海)自由贸易试验区开展保税展示交易业务的公告》(上海海关公告2014年第9号)	上海海关	2014年4月22日
59	《关于海关特殊监管区域“仓储货物按状态分类监管”有关问题的公告》(海关总署公告2016年第72号)	海关总署	2016年11月29日
60	《关于海关特殊监管区域和保税物流中心(B型)保税货物流转管理的公告》(海关总署公告2018年第52号)	海关总署	2018年6月1日
61	《海关对保税物流中心(B型)的暂行管理办法》(2018年第二次修正)(海关总署第240号令)	海关总署	2018年11月23日

一、通用型的暂准进境法律制度

一般类型的会展展品与物资通常使用暂准进境程序来办理通关手续,展期内在境内停留展示,展后原状复运出境。

(一)立法沿革

我国曾经在1975~2007年对展品进境监管实施过专门性制度。1975年11月3日,海关总署曾发布了《中华人民共和国海关对进口展览品监管办法》。1997年2月14日,对前述制度进行了修订并重新发布。

此后,2007年2月14日通过并于5月1日施行的《中华人民共和国海关暂时进出境货物管理办法》(以下简称《2007年管理办法》)废止了1976年9月20日发布的《中华人民共和国海关对出口展览品监管办法》、1986年9月3日海关总署发布的《中华人民共和国海关对暂时进口货物监管办法》、1997年2月14

日发布的《中华人民共和国海关对进口展览品监管办法》(海关总署令第 59 号)、2001 年 12 月 24 日发布的《中华人民共和国海关暂准进口单证册项下进出口货物监管办法》(海关总署令第 93 号)等一系列规章。

《2007 年管理办法》的施行意味着展品暂时进境管理和其他暂时进境货物实施分立式监管程序和立法模式转变为合立式的立法模式。因此,自 2007 年起,暂时进境会展用货物纳入了暂时进出境货物组成部分,统一适用一套暂时进出境监管制度,2011 年 7 月 1 日发布并实施的《中华人民共和国海关暂时进出境货物监管操作规程(试行)》(署监发〔2011〕244 号),将合立式的暂时进出境程序进一步细化。该《2007 年监管办法》经过 2013 年一次局部修改,共实施了 10 年。在 2017 年年底被第 233 号海关总署令废止。

在简政放权的改革背景下,2017 年 12 月 8 日海关总署颁布了新的《海关暂时进出境货物管理办法》。这也是当前适用于展品暂时进境程序的主要依据。

(二)我国有关展品暂准进境的一般规则

1. 暂时进境展品的通关待遇

当前我国并无专门针对进境参展的展品与物资的通关或进口环节税、证等事项的法律制度。对于暂时进境参加会展的展览品和展览用品,一般可以采用"暂时进出境"的通关程序。

当前,海关对于符合"暂时进境"规定条件的货物,主要根据《进出口关税条例》(以下简称《关税条例》)、2017 年《海关暂时进出境货物管理办法》以及原质检总局《出入境展品检验检疫监督管理工作规范》[①]和《关于做好重要展会检验检疫工作的意见》[②]等规范,一般给予全部或部分免税、免检以及免验许可证件等待遇。

(1)对于免税的法律规范

我国 2017 年修订的《关税条例》第 42 条规定:"暂时进境或者暂时出境的下列货物,在进境或者出境时纳税义务人向海关缴纳相当于应纳税款的保证金

---

① 质检总局《关于复制推广自由贸易试验区第三批改革试点经验的公告》(2017 年第 105 号)附件 2。

② 国质检通〔2015〕341 号。

或者提供其他担保的，可以暂不缴纳关税，并应当自进境或者出境之日起6个月内复运出境或者复运进境……”

（2）对于免检的规范

（原）国家质检总局《关于做好重要展会检验检疫工作的意见》提出：“对进境的展品（包括用于展台布置等用途的暂时入境物品）可免予检验，但法律、法规另有规定的除外。”

（3）对于免证的法律规范

2017年《海关暂时进出境货物管理办法》第5条规定：“除我国缔结或者参加的国际条约、协定以及国家法律、行政法规和海关总署规章另有规定外，暂时进出境货物免予交验许可证件。”

2017年12月公布的《出入境展品检验检疫监督管理工作规范》第9条规定：“属于国家实施许可制度的展品，符合许可制度中免于取得相应许可条件的，应提供相应免于许可的证明文书。”

2. 暂时进境展品便利措施的条件与限制

我国暂时进境展品的上述免税免证的待遇是有条件的，也是存在适用范围限制的。

（1）享有免税免证的待遇的基本条件

第一，暂时进境货物在境内停留期间未做改变。第二，在进境后的一定期限内复出口。第三，货物在境内停留的时间是“暂时”。也就是说，货物仅能在境内停留有限的一段时间，国际惯例是根据进境用途的不同，从数月到数年不等。第四，货物进境停留期间应当按照暂时入境程序时说明的特定用途使用。第五，货物的非贸易性，但不要求货物的非商业性。

我国的暂准进出境制度也秉持着同样的原则。2017年《海关暂时进出境货物管理办法》第6条规定：“暂时进出境货物除因正常使用而产生的折旧或者损耗外，应当按照原状复运出境、复运进境。”第10条规定：“暂时进出境货物应当在进出境之日起6个月内复运出境或者复运进境。因特殊情况需要延长期限的，持证人、收发货人应当向主管地海关办理延期手续，延期最多不超过3次，每次延长期限不超过6个月。延长期届满应当复运出境、复运进境或者办理进出口手续。”

(2)免税免证展品的范围限制

在我国可享有免税免证待遇的暂准进境展品的范围存在以下限制:

第一,对展览品的范围限制。2017 年《海关暂时进出境货物管理办法》第 35 条规定,展览品是指以下五类:展览会展示的货物;为了示范展览会展出机器或者器具所使用的货物;设置临时展台的建筑材料以及装饰材料;宣传展示货物的电影片、幻灯片、录像带、录音带、说明书、广告、光盘、显示器材等;其他用于展览会展示的货物。

第二,对展览用品的范围限制。对于可以免征进口关税和进口环节税的展览用品范围,2017 年《海关暂时进出境货物管理办法》第 19 条列举了在境内展览会期间供消耗、散发的用品(展览用品),如在展览活动中的小件样品,包括原装进口的或者在展览期间用进口的散装原料制成的食品或者饮料的样品;为展出的机器或者器件进行操作示范被消耗或者损坏的物料;布置、装饰临时展台消耗的低值货物;展览期间免费向观众散发的有关宣传品;供展览会使用的档案、表格以及其他文件,由海关根据展览会的性质、参展商的规模、观众人数等情况,对其数量和总值进行核定,在合理范围内的,按照有关规定免征进口关税和进口环节税。

第三,对展览用品的性质与数量限制。可免征进口关税和进口环节税的展览用品应当是非贸易性的,且消耗数量应当合理。2017 年《海关暂时进出境货物管理办法》第 19 条具体规定了在合理范围内的可以按照有关规定免征进口关税和进口环节税的展览用品必须符合以下条件:由参展人免费提供并且在展览期间免费分送给观众使用或者消费的;单价较低,作广告样品用的;不适用于商业用途,并且单位容量明显小于最小零售包装容量的;食品以及饮料的样品虽未按照前述规定的小包装分发,但确实在活动中消耗掉的。

3. 暂时进境展品的通关与监管

以国务院部门或省级人民政府名义主办的国际展览会、博览会等,须报国务院批准。对国务院已批准的以国务院部门或省级人民政府名义主办的对外经济技术展览会,如需再次举办,由商务部受理申请,对符合国家产业政策及当地产业特点,达到一定办展规模和办展水平,企业反映良好且取得较好社会经济效益的，由商务部直接审批，并报国务院备案。[1] 对于海关总署、商务部《关于在我国境内举办对外经济技术展览会有关管理事宜的通知》中规定的六类对外经济技术展览会，各单位须报有关主管部门审批。对于面积在1,000平方米以下的对外经济技术展览会，各单位可自行举办，但须报上述有关主管单位备案。[2]

(1)海关备案

接待来华举办展览会的单位，应当将有关的批准文件，事先抄送展出地海关，并向展出地海关办理会展信息的备案手续。

同时，按自愿原则对展品实行备案管理。办展人应在展会举办前持展会备案表、展会审批文件、拟出入境展品清单、展位平面图等材料向海关办理备案。涉及需要入境审批或备案展品，则应当按照相应的具体规则办理。

(2)申请确认暂时进出境货物

ATA单证册持证人、非ATA单证册项下暂时进出境货物收发货人(以下简称持证人、收发货人)在申报前可以向主管地海关提交《暂时进出境货物确认申请书》，申请对有关货物是否属于暂时进出境货物进行审核确认，并且办理相关手续，也可以在申报环节直接向主管地海关办理暂时进出境货物的有关手续。

也就是说，从理论上讲，暂时进出境货物在通关前请海关予以确认并非展品通关的必经步骤。

(3)暂时进出境货物报检、报告与担保

①出入境展品的报检

办展人或其委托的代理报检企业应当在展品出入境前向指定的海关办理报检手续。办理报检时，除按规定提供一般报检随附单据外，还应当提供海关审核的展品备案表、展品清单，根据展品类别提供相应的审批或备案证明文件

---

① 参见国务院办公厅《关于对在我国境内举办对外经济技术展览会加强管理的通知》(国办发〔1997〕25号)、国务院《关于取消第二批行政审批项目和改变一批行政审批项目管理方式的决定》(国发〔2003〕5号)、国务院办公厅《关于在我国境内举办对外经济技术展览会审批程序有关事项的复函》(国办函〔2002〕93号)。

② 《海关总署、商务部关于在我国境内举办对外经济技术展览会有关管理事宜的通知》(2002年)，载http://www.mofcom.gov.cn/article/b/g/200403/20040300192581.shtml，最后访问日期：2019年7月26日。

和检验检疫证书等。

②展品的报告

境内展览会的办展人(国际会展中心)以及出境举办或者参加展览会的办展人、参展人(以下简称办展人、参展人)可以在展览品进境或者出境前向主管地海关(上海海关)报告,并且提交展览品清单和展览会证明材料,也可以在展览品进境或者出境时,向主管地海关提交上述材料,办理有关手续。

ATA 单证册持证人应当向海关提交有效的 ATA 单证册以及相关商业单据或证明材料。

③担保

ATA 单证册项下暂时出境货物,由中国国际贸易促进委员会(中国国际商会)向海关总署提供总担保。

除另有规定外,非 ATA 单证册项下暂时进出境货物收发货人应当按照有关规定向主管地海关提供担保。

海关派员进驻展览场所的,经主管地海关同意,展览会办展人可以就参展的展览品免予向海关提交担保。

(4)展期内的海关监管

未向海关提供担保的进境展览品在非展出期间应当存放在海关监管作业场所。因特殊原因需要移出的,应当经主管地海关同意,并且提供相应担保。

境内展览会期间供消耗、散发的用品(以下简称展览用品),由海关根据展览会的性质、参展商的规模、观众人数等情况,对其数量和总值进行核定,在合理范围内的,按照有关规定免征进口关税和进口环节税。

展览会需要在我国境内两个或者两个以上关区内举办的,对于没有向海关提供全程担保的进境展览品,应当按照规定办理转关手续。

(5)复运出境的要求、期限及其延期

暂时进出境货物除因正常使用而产生的折旧或者损耗外,应当按照原状复运出境、复运进境。暂时进出境货物应当在进出境之日起 6 个月内复运出境或者复运进境。

经主管地直属海关批准,暂时进出境货物可以延期。收发货人或其代理人在规定期限届满 30 日前提出货物暂时进出境延期申请,延期次数最多不超过 3 次,每次延长期限不超过 6 个月。

(6)进口征税

展品如内销征税的规则规定于《关税条例》中。《关税条例》第42条第2款规定,暂时进境货物在规定的期限内未复运出境的,或者暂时出境货物在规定的期限内未复运进境的,海关应当依法征收关税。《关税条例》第16条规定,暂时进境货物经批准不复运出境,以及暂时出境货物经批准不复运进境,需缴纳税款的,应当适用海关接受申报办理纳税手续之日实施的税率。

二、我国的保税展示及相关保税法律制度

(一)保税展示交易制度

1.从"保税展示"到"保税展示交易"

保税商品展示并不是一项独立的海关制度,而是海关特殊监管区域或场所所具有的一项功能。例如,海关特殊监管区域中的保税区、[①]保税物流园区、[②]保税港区(综合保税区)[③]都具有保税展示功能。同时,保税物流中心(B型)也具有商品展示功能。保税物流中心(B型)以国际贸易为依托,旨在建设成为功能齐全、设施先进、洽谈便利的商品展示中心,拓展国际市场,打开国内市场,以交易量促进国际物流量的扩大。[④] 在一般情况下,处于"保税展示"项下的货物不可以交易。但是,只允许企业在海关特殊监管区域范围内进行保税商品展示,不允许零售交易,限制了商品展示功能的发挥。

此后,国务院《关于印发中国(上海)自由贸易试验区总体方案的通知》(国发〔2013〕38号)中要求:"……深化功能拓展,在严格执行货物进出口税收政策的前提下,允许在特定区域设立保税展示交易平台。"

因此,我国海关应用"保税+"理念,将保税政策与"四新"产业相结合,建立与高端服务业、先进制造业发展相适应的海关新型监管模式和服务贸易促进

---

① 参见《保税区海关监管办法》(2011年修订)(国务院令第588号)第18条。

② 参见《海关对保税物流园区的管理办法》(2018年修正)(海关总署第240号令)第7条。

③ 参见《海关保税港区管理暂行办法》(2018年修正)(海关总署第240号令)第8条。

④ 《中国海关保税实务大全》编委会编:《中国海关保税实务大全》,中国海关出版社2017年版,第257~258页。

体系,推动产业跨界融合、互动发展。在此基础上,作为中国(上海)自由贸易试验区(以下简称上海自贸区)第一批 14 项海关监管创新制度之一,上海海关允许在海关注册登记的上海自贸区内企业进行“保税展示交易”。

保税展示交易,是指经海关注册登记的上海自由贸易试验区内企业可以在试验区内或区外开展保税展示和交易的经营活动。过去只允许企业在海关特殊监管区域范围内进行保税商品展示,不允许零售交易,限制了商品展示功能的发挥。改革后,允许企业将暂时不缴纳税款的进口商品以保税方式在自贸区内外进行展示交易,在国内市场销售后再缴纳进口税,减少企业运营销售的中间环节,有效降低境外商品进入国内消费市场的成本。保税展示交易模式有以下两大优点:一是“先销售后缴税”改变了传统“先整批缴纳关税和进口环节税再逐步进行销售”的操作模式,把企业从传统进口销售模式占用大量资金的困局中解放出来,缩短了资金周转周期;二是“实时快速清关”的实现,进入保税展示交易中心的商品,进口商无须先行办理清关手续,在销售完成并缴纳相应进口关税和进口环节税后,即可实时提货,保税展示交易中心每月为进口商销售的商品统一集中报关。如保税商品销售不佳,可灵活重新进行全球分拨,中心还具有自贸功能。

2. 进博会保税展示交易的依据

目前,我国并无专门针对“保税展示交易”的全国普遍适用性规范。各自贸区或海关特殊监管区域存在各自公布的具体业务操作规定。上海海关于 2014 年 4 月 21 日发布了《关于在中国(上海)自由贸易试验区开展保税展示交易业务的公告》(上海海关公告 2014 年第 9 号),成为在上海自贸区内开展保税展示交易业务的主要依据。

在进博会中也可开展“保税展示交易”。《2018 年首届中国国际进口博览会海关通关须知》和《海关支持 2018 年首届中国国际进口博览会便利措施》中明确“进口博览会保税展示交易是经海关注册登记的海关特殊监管区域或保税物流中心(B 型)(以下简称区域中心)内企业,将保税货物提交担保后运至区域中心外进口博览会常年展示馆进行展示和销售的经营活动。进口博览会展会期间,经海关批准的保税仓库可以参照区域中心开展保税展示交易业务”。《2019 年第二届中国国际进口博览会海关通关须知》和《海关支持 2019 年第二届中国国际进口博览会便利措施》简化出境手续,便利展览品展后处置,同时支持常年保税展示交易常态化，扩大展会溢出效应。在保税展示交易方面，两年政策措施基本相同，2019 年仅删除了“进口博览会展会期间，经海关批准的保税仓库可以参照区域中心开展保税展示交易业务”的规定。

（二）保税展示交易实务的开展

当前，以功能拓展为重点的保税监管制度持续升级，促进外贸转型升级作用日益明显。目前，自贸区已建成 10 余个商贸专业服务平台、涉及 20 多个国家的进口商品中心、4 家大宗商品现货市场以及平行进口汽车展示交易中心、国际艺术品交易中心上线运营，吸引 60 余家大宗商品龙头企业和伦敦 LME 交易所指定的全部 5 家中国交割库入驻，国家对外文化贸易基地入驻企业较自贸区成立时增长 88.2%。区内业已形成飞机及船舶维修、飞机融资租赁、跨境电子商务保税进口等产业功能聚集区。以亚太营运商为代表的总部经济加快发展，130 多家总部企业落户区内。

针对展会具有的会期短、商品金额高、巡展地点多等特点，自贸区海关不断完善临时出区展示监管配套流程，优化通关服务，加强政策指导，通过开设业务专窗、提供“一站式”服务等举措，采取事前地点备案、事中巡查巡检、事后核查核销的嵌入式监管方式，在安全有效监管的前提下，减少对展会的过度干预。以上海外高桥保税区海关为例，自从 2014 年首个国际商品保税展示交易平台森兰商都成功营运以来，保税展示交易中心这一创新商业模式已经在宁波、杭州、深圳、厦门等多地成功复制推广，具得良好的经济和社会效益。依托自贸区现有的 250 万平方米保税仓库，森兰商都采取“前店后库”模式，通过内外联动，将保税区内的“库”与区外森兰的“店”有效融合，由传统的仓储物流向采购、批发、零售、模式化运营等更广阔的商品空间拓展，从而推动国际贸易全产业链的延伸与发展。海关将前期森兰商都相关试点经验有效复制推广，依托中国（上海）自由贸易试验区海关监管信息化系统保展模块，2017 年 12 月先后为瑞士历峰集团开设在陆家嘴上海国金中心的卡地亚、梵克雅宝等奢侈品牌专卖店，进行保税展示交易固定场所备案；指导帮助保税仓储方营运中心建立符合海关监管要求的管理系统，实现与海关监管信息化系统数据联网交换；在仓储、展示和交易业务办理中，创新保税形式，允许企业通过提供足额税款担保，在特殊情况下可将出区展示时间最长延期至 2 年，为奢侈品保税展示交易提供便利；建立不同状态商品分账管理模式并通过物理标识对保税商品与一般进口商品进行区分,同时,规范区外保税展示场所柜台布置和商品陈列,定期对保税展示交易货物的库存和内销等情况进行抽查,根据需要开展保税核查。①

(三)保税展示交易的实务操作

1. 开展(区外)保税展示交易的条件与手续

(1)联网要求

开展保税展示交易的区内企业应建立符合海关监管要求的计算机管理系统,能够通过数据交换平台或者其他计算机网络,按照海关规定的认证方式与中国(上海)自由贸易试验区海关监管信息化系统(以下简称信息化系统)联网,向海关报送能够满足海关监管要求的相关数据。②

(2)担保要求

区内企业需要在试验区规划面积以内、围网以外的综合办公区(以下简称综合办公区)专用的展示场所及区外其他场所开展出区保税展示交易的,应当提供足额税款担保。

根据上海海关《关于在上海自由贸易试验区内实施“银行担保账户”相关事宜的公告》(上海海关公告 2014 年第 42 号)和上海海关《关于在中国(上海)自由贸易试验区内实施第二批“银行担保账户”试点相关事宜的公告》(上海海关公告 2015 年第 2 号)的规定,在上海自贸区的指定海关特定监管区域(包括上海外高桥保税区等)内符合规定条件的企业开展出区展示,可以采用“银行担保账户”作业模式。③

“银行担保账户”,是指企业向试验区内的主管海关(以下简称主管海关)申请办理相关税款担保业务时,在指定银行④开立担保账户,并提供银行保函担

① 参见上海外高桥保税区海关座谈调研材料。

② 区内企业办理与海关联网的办理条件是:(1)在海关注册登记的区内企业;(2)具备 WMS 或者 ERP 管理系统以及必要的计算机程序和系统维护能力;(3)能够按照海关规定的认证方式与海关监管信息化系统联网,实现电子数据的交换;(4)符合海关监管的其他要求。参见《关于在中国(上海)自由贸易试验区内企业办理联网监管手续的公告》(上海海关公告 2014 年第 5 号)。

③ 自 2015 年 5 月 15 日起,对试点关区新增的银行保函业务,海关将不再接受无银行电子数据传输的银行保函。

④ 中国银行、交通银行、民生银行、招商银行、上海银行。

保,海关依托“中国(上海)自由贸易试验区海关监管信息化系统”对银行担保业务进行统一管理的作业模式。

(3)单证手续要求

保税展示交易可以在区内或区外进行。区内企业在试验区内开展保税展示交易的,试验区主管海关按照海关特殊监管区域的相关规定对货物实施监管。

如果区内企业需要在试验区规划面积以内、围网以外的综合办公区(以下简称综合办公区)专用的展示场所及区外其他场所开展出区保税展示交易,应当符合和履行以下手续:第一,应当提供足额税款担保。第二,区内企业通过信息化系统向主管海关办理货物出区展示手续,并提交以下材料:展示合同、协议、邀请函或者展位确认书等证明文件;出区展示货物清单;保证金或者保函;海关认为需要提交的其他材料。

2. 出区展示货物管理

(1)限定用途

区内企业开展出区保税展示交易的,应当严格管理展示货物,不得将其用于除展示活动以外的其他用途。

在综合办公区进行保税展示的,区内企业应当每 14 天向海关报送展示货物的销售、库存明细记录和存放地点;在区外其他场所进行保税展示的,区内企业应当每天报送。

货物出区展示完毕,区内企业应当通过信息化系统办理货物回区手续,最长不得超过货物出区之日起 6 个月。因特殊情况需要延长期限的,区内企业应当向主管海关办理延期手续,延期最多不超过 3 次,每次延长期限不超过 6 个月。延长期届满应当复运回区或者办理进口征税手续。

此外,《关于海关特殊监管区域和保税物流中心(B 型)保税货物流转管理的公告》(海关总署公告 2018 年第 52 号)对于海关特殊监管区域和保税物流中心(B 型)保税货物流转作出了规定。

(2)内销

货物在出区展示期间发生内销的,区内企业应当向主管海关提交以下材料,办理进口征税手续:内销保税展示货物清单;发票;许可证件(涉证货物提交);海关认为需要提交的其他材料。需要集中申报的,区内企业应当自内销之日起30日内向主管海关集中办理进口征税手续,集中申报不得跨年度办理。

三、我国跨境电商零售进口商品的海关监管与进口税法律制度

为了打造“永不落幕的进博会”,首届进博会后,全年不打烊的“6+365天”常年展示交易平台应运而生,虹桥商务区建设了一批交易平台,承接进博会“溢出效应”。[①] 据悉,虹桥商务区计划建设一个集保税展示、商品交易、物流仓储、通关服务于一体的虹桥常年保税展示交易场所,全方位地承接进博会溢出效应。[②] 当前,第二届进博会的重要海关举措之一就是推进保税展示展销常态化工作,推动虹桥商务区保税物流中心的申请。[③] 通过交易平台进行保税展示展销,则会涉及跨境电商零售进口商品的海关监管与进口税问题。因此,本部分主要从进口角度论述跨境电商零售问题。

(一)跨境电商零售进口商品海关监管制度

跨境电商进口海关监管的基本法是2018年8月31日公布的《电子商务法》(主席令第7号)。但该法中虽然有4条内容涉及跨境电商,其中也有2条涉及跨境电商的便利化和监管。但这两个条款非常原则,很难直接适用于跨境电商海关监管具体实务。

当前,对于跨境电商零售进口的主要政策规范依据包括两类:一是关于进口税方面,如2018年11月29日发布的财政部、海关总署、国家税务总局《关于完善跨境电子商务零售进口税收政策的通知》(财关税〔2018〕49号),财政部、海关总署、国家税务总局《关于跨境电子商务零售进口税收政策的通知》(财关

---

① 孟歆迪:《进博会正以更加开放的姿态走来》,载中国政府网:http://www.gov.cn/xinwen/2019-07/27/content_5415753.htm,最后访问日期:2019年8月5日。

② 《打造一流中央商务区　虹桥商务区将建常年保税展示交易场所》,载上海市政府网:http://www.shanghai.gov.cn/nw2/nw2314/nw2315/nw31406/u21aw1361991.html,最后访问日期:2019年8月5日。

③ 《第二届中国国际进口博览会倒计时100天新闻发布会》,载新华网:http://www.xinhuanet.com/talking/20190726z/index.htm,最后访问日期:2019年8月5日。

税〔2016〕18号）及其系列配套各部委工作文件（以下或简称四八新政[①]）等；二是关于海关监管措施方面，如2018年11月28日发布的商务部、发展改革委、财政部等《关于完善跨境电子商务零售进口监管有关工作的通知》（商财发〔2018〕486号）等。随着2018年年底一系列跨境电商政策的颁布，我国原电子商务进口零售业务的过渡期正式结束。

1. 跨境电商的进口通关模式

在零售进口方面，我国主要有“直购进口”和“网购保税进口”两种海关通关监管模式。我国对这以下两种模式下符合规定条件的商品，按照跨境电商政策征税，但监管条件按个人自用进境物品监管。

“网购保税进口”模式（海关监管方式代码1210），是指境内个人及电子商务企业在经海关认可的电子商务平台实现跨境交易，电商企业或其代理人将进境网购商品批量报关存入海关特殊监管区域或保税监管场所[保税物流中心（B型）]保税存储，境内消费者网上交易后，区内货物逐批分拨配送。同时，网购保税进口商品在海关特殊监管区域内还可开展“网购保税＋线下自提”模式。“网购保税＋线下自提”模式，是指试点电商企业可将网购保税进口商品在实体“体验店”进行展示展销，消费者完成线上下单、经过身份验证、跨境支付、三单信息核对、缴纳跨境税等一系列合规购买流程后，可以在“体验店铺”当场提货或选用其他境内物流方式完成购买的模式。[②]

“直购进口”模式（海关监管方式代码9610），是指符合条件的电子商务平台与海关联网，境内个人跨境网购后，平台将电子订单、支付凭证、电子运单等实时传输给海关，商品通过海关跨境电子商务专门监管场所入境。[③]

---

① 之所以称为“四八新政”，是由于2016年3月24日，财政部、海关总署、国家税务总局共同发布的《关于跨境电子商务零售进口税收政策的通知》，其中包含跨境电子商务零售进口税收的新政策。该通知规定，自2016年4月8日起，跨境电子商务零售进口商品将不再按邮递物品征收行邮税，开始实施专门针对跨境电商零售进口商品新税收政策。

② 冯晓鹏等：《深度解读2019跨境电商新政及合规新要求》，载https://www.chinalawinsight.com/2018/12/articles/corporate-ma/%E6%B7%B1%E5%BA%A6%E8%A7%A3%E8%AF%BB2019%E8%B7%A8%E5%A2%83%E7%94%B5%E5%95%86%E6%96%B0%E6%94%BF%E5%8F%8A%E5%90%88%E8%A7%84%E6%96%B0%E8%A6%81%E6%B1%82/，最后访问日期：2019年8月5日。

③ 海关总署监管司编：《中国海关通关实务》，中国海关出版社2017年版，第259～260页。

2. 适用范围

(1) 主体范围

海关对跨境电商零售进口的监管范围为：电子商务企业、个人通过电子商务交易平台实现零售进出口商品交易，并根据海关要求传输相关交易电子数据的，应当接受海关监管。具体包括：

一是跨境电商零售进口经营者（以下简称跨境电商企业）：自境外向境内消费者销售跨境电商零售进口商品的境外注册企业，为商品的货权所有人。

二是跨境电商第三方平台经营者（以下简称跨境电商平台）：在境内办理工商登记，为交易双方（消费者和跨境电商企业）提供网页空间、虚拟经营场所、交易规则、交易撮合、信息发布等服务，设立供交易双方独立开展交易活动的信息网络系统的经营者。

三是境内服务商：在境内办理工商登记，接受跨境电商企业委托为其提供申报、支付、物流、仓储等服务，具有相应运营资质，直接向海关提供有关支付、物流和仓储信息，接受海关、市场监管等部门后续监管，承担相应责任的主体。

四是消费者：跨境电商零售进口商品的境内购买人。

参与跨境电子商务业务的企业应当事先向所在地海关提交企业法人营业执照副本复印件，组织机构代码证书副本复印件，企业情况登记表[包括企业组织机构代码或统一社会信用代码、中文名称、工商注册地址、营业执照注册号，法定代表人（负责人）、身份证件类型、身份证件号码，海关联系人、移动电话、固定电话，跨境电子商务网站网址]等材料。如需向海关办理报关业务，应当按照海关对报关单位注册登记管理的相关规定办理注册登记。

在海关注册的电子商务企业、电子商务交易平台企业、支付企业、物流企业等，应当接受海关的后续监管。

(2) 商品范围

①正面清单及商品要求

《跨境电子商务零售进口商品清单》规定了可以适用我国跨境电商进口政策的商品范围、进口税和监管条件。因此，该清单也称为《正面清单》。

2018 年 11 月 20 日财政部、海关总署等十三部委发布《关于调整跨境电商零售进口商品清单的公告》，公布了《跨境电子商务零售进口商品清单（2018 年版）》（以下简称 2018 年版《正面清单》）自 2019 年 1 月 1 日起实施。该公告废止了原财政部等11个部门《关于公布跨境电子商务零售进口商品清单的公告》(2016年第40号)和原财政部等13个部门《关于公布跨境电子商务零售进口商品清单(第二批)的公告》(2016年第47号)所附的两批清单。[①] 2018年版《正面清单》在整合2016年的两批清单的基础上,新增了63项消费者需求量大的商品税目。2019年7月31日召开的国务院常务会议指出,要调整扩大跨境电商零售进口商品清单。[②]

②对商品分类监管

我国对符合规定条件并列入2018年版《正面清单》的商品执行的监管要求与其他属于《关于完善跨境电子商务零售进口监管有关工作的通知》适用范围以外的商品的监管要求不同。

根据《关于完善跨境电子商务零售进口监管有关工作的通知》,"跨境电商零售进口商品"具有特定的含义,需要符合规定的条件。"跨境电商零售进口商品"应符合以下条件:一是属于《跨境电子商务零售进口商品清单》内、限于个人自用并满足跨境电商零售进口税收政策规定的条件。二是通过与海关联网的电子商务交易平台交易,能够实现交易、支付、物流电子信息"三单"比对。三是未通过与海关联网的电子商务交易平台交易,但进出境快件运营人、邮政企业能够接受相关电商企业、支付企业的委托,承诺承担相应法律责任,向海关传输交易、支付等电子信息。

对符合规定条件的"跨境电商零售进口商品"按个人自用进境物品监管,不执行有关商品首次进口许可批件、注册或备案要求。但对相关部门明令暂停进口的疫区商品,和对出现重大质量安全风险的商品启动风险应急处置时除外。海关对跨境电子商务零售进口商品及其装载容器、包装物按照相关法律法规实施检疫,并根据相关规定实施必要的监管措施。

对属于《关于完善跨境电子商务零售进口监管有关工作的通知》适用范围

---

① 2017年4月7日,财政部、发展改革委、海关总署、国家税务总局、(原)质检总局等11个部门共同公布了《跨境电子商务零售进口商品清单》(以下简称《正面清单》)。第一批清单共包括1,142个8位税号商品。此后,财政部、发展改革委、商务部、海关总署、国家税务总局、(原)质检总局等13个部委于2017年4月15日发布第二批跨境电商《正面清单》。第二批清单共151个8位税号商品。

② 《李克强主持召开国务院常务会议　部署加大力度落实就业优先政策等》,载中国政府网:http://www.gov.cn/premier/2019-07/31/content_5417636.htm,最后访问日期:2019年8月9日。

以外的,按以下要求执行:一是跨境电子商务零售进口商品清单中商品免于向海关提交许可证件;直购商品按照个人物品监管要求执行,网购保税商品“一线”进区时需按货物监管要求执行,“二线”出区时参照个人物品监管要求执行。二是依法需要执行首次进口许可批件、注册或备案要求的化妆品、婴幼儿配方奶粉、药品、医疗器械、特殊食品(包括保健食品、特殊医学用途配方食品等)等,按照国家相关法律法规的规定执行。

(3)地域范围

跨境电子商务零售进口商品政策适用于北京、天津、上海、唐山、呼和浩特、沈阳、大连、长春、哈尔滨、南京、苏州、无锡、杭州、宁波、义乌、合肥、福州、厦门、南昌、青岛、威海、郑州、武汉、长沙、广州、深圳、珠海、东莞、南宁、海口、重庆、成都、贵阳、昆明、西安、兰州、平潭 37 个城市(地区)的跨境电商零售进口业务。

3. 海关监管

通关监管方面的主要依据是《关于跨境电子商务零售进出口商品有关监管事宜的公告》(海关总署公告 2018 年第 194 号)。在企业管理方面的具体规则是《关于跨境电子商务企业海关注册登记管理有关事宜的公告》(海关总署公告 2018 年第 219 号);在数据管理方面的具体规则包括 2018 年 12 月发布的《关于实时获取跨境电子商务平台企业支付相关原始数据接入有关事宜的公告》(海关总署公告 2018 年第 179 号)和 2018 年 11 月发布的《关于实时获取跨境电子商务平台企业支付相关原始数据有关事宜的公告》(海关总署公告 2018 年第 165 号)。

(1)海关的职责范围

海关对跨境电商零售进口商品实施质量安全风险监测,在商品销售前按照法律法规实施必要的检疫,并视情发布风险警示。建立跨境电商零售进口商品重大质量安全风险应急处理机制,市场监管部门加大跨境电商零售进口商品召回监管力度,督促跨境电商企业和跨境电商平台消除已销售商品安全隐患,依法实施召回,海关责令相关企业对不合格或存在质量安全问题的商品采取风险削减措施,对尚未销售的按货物实施监管,并依法追究相关经营主体责任。对食品类跨境电商零售进口商品优化完善监管措施,做好质量安全风险防控。

海关对违反规定参与制造或传输虚假“三单”信息、为二次销售提供便利、未尽责审核订购人身份信息真实性等，导致出现个人身份信息或年度购买额度被盗用、进行二次销售及其他违反海关监管规定情况的企业依法进行处罚。

对涉嫌走私或违规的，由海关依法处理；构成犯罪的，依法追究刑事责任。对利用其他公民身份信息非法从事跨境电商零售进口业务的，海关按走私违规处理，并按违法利用公民信息的有关法律规定移交相关部门处理。

对不涉嫌走私违规、首次发现的，进行约谈或暂停业务责令整改；再次发现的，一定时期内不允许其从事跨境电商零售进口业务，并交由其他行业主管部门按规定实施查处。

（2）企业管理

①海关注册登记

跨境电子商务平台企业、物流企业、支付企业等参与跨境电子商务零售进口业务的企业，应当依据海关报关单位注册登记管理相关规定，向所在地海关办理注册登记；境外跨境电子商务企业应委托境内代理人（以下简称跨境电子商务企业境内代理人）向该代理人所在地海关办理注册登记。

跨境电子商务企业、物流企业等参与跨境电子商务零售出口业务的企业，应当向所在地海关办理信息登记；如需办理报关业务，向所在地海关办理注册登记。

物流企业应获得国家邮政管理部门颁发的《快递业务经营许可证》。直购进口模式下，物流企业应为邮政企业或者已向海关办理代理报关登记手续的进出境快件运营人。

支付企业为银行机构的，应具备银保监会或者原银监会颁发的《金融许可证》；支付企业为非银行支付机构的，应具备中国人民银行颁发的《支付业务许可证》，支付业务范围应当包括“互联网支付”。

②企业信用管理

参与跨境电子商务零售进出口业务并在海关注册登记的企业，纳入海关信用管理，海关根据信用等级实施差异化的通关管理措施。对认定为诚信企业的，依法实施通关便利；对认定为失信企业的，依法实施严格监管措施。[①] 将高

---

① 具体的海关企业信用管理的措施见《中华人民共和国海关企业信用管理办法》和《关于实施〈中华人民共和国海关企业信用管理办法〉有关事项的公告》（海关总署 2018 年第 178 号）等。

级认证企业信息和失信企业信息共享至全国信用信息共享平台,通过“信用中国”网站和国家企业信用信息公示系统向社会公示,并依照有关规定实施联合激励与联合惩戒。

(3)通关管理

①三单数据对碰

跨境电子商务零售进口商品申报前,跨境电子商务平台企业或跨境电子商务企业境内代理人、支付企业、物流企业应当分别通过国际贸易“单一窗口”或跨境电子商务通关服务平台向海关传输交易、支付、物流等电子信息,并对数据真实性承担相应责任。

直购进口模式下,邮政企业、进出境快件运营人可以接受跨境电子商务平台企业或跨境电子商务企业境内代理人、支付企业的委托,在承诺承担相应法律责任的前提下,向海关传输交易、支付等电子信息。

海关可通过三单(电商企业的电子交易订单、支付企业的支付单、物流企业的物流运单)数据对碰进行监管。

②进口“清单核放”

跨境电子商务零售商品进口时,跨境电子商务企业境内代理人或其委托的报关企业应提交《中华人民共和国海关跨境电子商务零售进出口商品申报清单》(以下简称《申报清单》),采取“清单核放”方式办理报关手续。

《申报清单》与《海关进(出)口货物报关单》具有同等法律效力。按照前述要求传输、提交的电子信息应施加电子签名。《申报清单》的修改或者撤销,参照海关《海关进(出)口货物报关单》修改或者撤销有关规定办理。除特殊情况外,《申报清单》《海关进(出)口货物报关单》应当采取通关无纸化作业方式进行申报。

对满足海关监管要求的企业,可以采取“先进区,后报关”的方式办理网购保税进口商品一线进境通关手续,入区域(中心)的网购保税进口商品须在14日内办理报关手续。

③退货

在跨境电子商务零售进口模式下,允许跨境电子商务企业境内代理人或其委托的报关企业申请退货,退回的商品应当符合二次销售要求并在海关放行之日起30日内以原状运抵原监管作业场所,相应税款不予征收,并调整个人年度交易累计金额。

对超过保质期或有效期、商品或包装损毁、不符合我国有关监管政策等不适合境内销售的跨境电子商务零售进口商品,以及海关责令退运的跨境电子商务零售进口商品,按照有关规定退运出境或销毁。

(4)场所管理

跨境电子商务零售进出口商品监管作业场所必须符合海关相关规定。跨境电子商务监管作业场所经营人、仓储企业应当建立符合海关监管要求的计算机管理系统,并按照海关要求交换电子数据。其中,开展跨境电子商务直购进口或一般出口业务的监管作业场所应按照快递类或者邮递类海关监管作业场所规范设置。

跨境电子商务网购保税进口业务应当在海关特殊监管区域或保税物流中心(B型)内开展。原则上不允许网购保税进口商品在海关特殊监管区域外开展"网购保税+线下自提"模式。

(5)检疫、查验和物流管理

对需在进境口岸实施的检疫及检疫处理工作,应在完成后方可运至跨境电子商务监管作业场所。

对于网购保税进口业务,一线入区时以报关单方式进行申报,海关可以采取视频监控、联网核查、实地巡查、库存核对等方式加强对网购保税进口商品的实货监管。

海关实施查验时,跨境电子商务企业或其代理人、跨境电子商务监管作业场所经营人、仓储企业,应当按照有关规定提供便利,配合海关查验。

跨境电子商务零售进出口商品可采用"跨境电商"模式进行转关。其中,跨境电子商务综合试验区所在地海关可将转关商品品名以总运单形式录入"跨境电子商务商品一批",并需随附转关商品详细电子清单。

网购保税进口商品可在海关特殊监管区域或保税物流中心(B型)间流转,按有关规定办理流转手续。以"网购保税进口"(监管方式代码1210)海关监管方式进境的商品,不得转入适用"网购保税进口A"(监管方式代码1239)的城市继续开展跨境电子商务零售进口业务。网购保税进口商品可在同一区域(中心)内的企业间流转。

(6)数据获取

为进一步规范跨境电子商务零售进口业务的监管工作,海关需要实时获取跨境电子商务平台企业支付相关原始数据。参与跨境电子商务零售进口业务的跨境电商平台企业应当向海关开放支付相关原始数据,供海关验核。企业开放数据包括订单号、商品名称、交易金额、币制、收款人相关信息、商品展示链接地址、支付交易流水号、验核机构、交易成功时间以及海关认为必要的其他数据。

涉嫌走私或违反海关监管规定的跨境电商企业、平台、境内服务商,应配合海关调查,开放交易生产数据(ERP 数据)或原始记录数据。

(7)各方义务与责任

从事跨境电子商务零售进出口业务的企业应向海关实时传输真实的业务相关电子数据和电子信息,并开放物流实时跟踪等信息共享接口,加强对海关风险防控方面的信息和数据支持,配合海关进行有效管理。

跨境电子商务企业及其代理人、跨境电子商务平台企业应建立商品质量安全等风险防控机制,加强对商品质量安全以及虚假交易、二次销售等非正常交易行为的监控,并采取相应处置措施。

跨境电子商务企业不得进出口涉及危害口岸公共卫生安全、生物安全、进出口食品和商品安全、侵犯知识产权的商品以及其他禁限商品,同时应当建立健全商品溯源机制并承担质量安全主体责任。鼓励跨境电子商务平台企业建立并完善进出口商品安全自律监管体系。

消费者(订购人)对于已购买的跨境电子商务零售进口商品不得再次销售。

开展跨境电子商务零售进口业务的跨境电子商务平台企业、跨境电子商务企业境内代理人,应对交易真实性和消费者(订购人)身份信息真实性进行审核,并承担相应责任;身份信息未经国家主管部门或其授权的机构认证的,订购人与支付人应当为同一人。

跨境电子商务平台企业、跨境电子商务企业或其代理人、物流企业、跨境电子商务监管作业场所经营人、仓储企业发现涉嫌违规或走私行为的,应当及时主动告知海关。

在海关注册登记的跨境电子商务企业及其境内代理人、跨境电子商务平台企业、支付企业、物流企业等应当接受海关稽核查。

(二)跨境电商的进口税制度

截至2019年8月,关于跨境电商进口税的主要依据是2018年11月29日发布的财政部、海关总署、国家税务总局《关于完善跨境电子商务零售进口税收政策的通知》。该通知中未尽事宜继续按照2016年3月24日发布、2016年4月8日开始实施的财关税〔2016〕18号文的有关规定执行。

1. 网购保税零售进口商品的综合税

(1)适用范围

适用范围为:所有通过与海关联网的电子商务交易平台交易,能够实现交易、支付、物流电子信息"三单"比对的跨境电子商务零售进口商品;未通过与海关联网的电子商务交易平台交易,但快递、邮政企业能够统一提供交易、支付、物流等电子信息,并承诺承担相应法律责任进境的跨境电子商务零售进口商品。

自2019年1月1日起,在税收制度方面,只有2018年版《正面清单》上的商品能够按照跨境电商零售进口的新税制来进口,清单之外商品仍执行一般贸易税收政策或行邮税政策。

(2)纳税义务人

跨境电子商务零售进口商品按照货物征收关税和进口环节增值税、消费税,购买跨境电子商务零售进口商品的个人作为纳税义务人。电子商务企业、电子商务交易平台企业或物流企业可作为代收代缴义务人。

(3)限值与税率

跨境电子商务零售进口商品的单次交易限值由2,000元人民币提高至5,000元人民币,年度交易限值由20,000元人民币提高至26,000元人民币。①

完税价格超过5,000元人民币单次交易限值但低于26,000元人民币年度交易限值,且订单下仅一件商品时,可以自跨境电商零售渠道进口,按照货物税率全额征收关税和进口环节增值税、消费税,交易额计入年度交易总额,但年度交易总额超过年度交易限值的,应按一般贸易管理。

在限值以内进口的跨境电子商务零售进口商品,关税税率暂设为0;进口环

---

① 原财关税〔2016〕18号文规定的限额为:跨境电子商务零售进口商品的单次交易限值为2,000元人民币,个人年度交易限值为20,000元人民币。

节增值税、消费税取消免征税额,按法定应纳税额的70%征收。

(4)完税价格

对跨境电子商务零售进口商品,海关按照国家关于跨境电子商务零售进口税收政策征收关税和进口环节增值税、消费税,完税价格为实际交易价格,包括商品零售价格、运费和保险费。对此,海关总署关税征管司、加贸司《关于明确跨境电商进口商品完税价格有关问题的通知》(2016年7月6日税管函〔2016〕73号)中规定了对优惠促销价格,以及运费、保险费的认定原则。

①对优惠促销价格的认定原则

优惠促销是电商常见的营销方式,常见的促销形式就有几十种甚至过百种。促销后部分商品的零售交易价格可能明显低于成本甚至接近零元,完税价格的认定难度较大。对此,各关应遵循以下原则对优惠促销价格进行认定:第一,按照实际交易价格原则,以订单价格为基础确定完税价格,订单价格原则上不能为零。第二,对直接打折、满减等优惠促销价格的认定应遵守公平、公开原则,即优惠促销应是适用于所有消费者,而非仅针对特定对象或特定人群,海关以订单价格为基础确定完税价格。第三,在订单支付中使用电商代金券、优惠券、积分等虚拟货币形式支付的"优惠减免金额",不应在完税价格中扣除,应以订单价格为基础确定完税价格。

②运费、保险费的认定原则

考虑到跨境电子商务零售进口商品的运费问题较为复杂,在直邮模式中,电商企业或快递企业向纳税义务人收取的运费通常是"门到门"费用,既包括"空港到空港"航空运费,还包括境外境内陆路运输费用,甚至一些其他费用,但电商企业或快递企业通常无法提供详细数据,无法准确拆分各段费用分别占"门到门"费用的比例。

在网购保税模式中,电商企业向物流企业支付的物流费用也同样存在全程运费的情况,既包括货物从境外到特殊监管区域及保税物流中心(B型)的运输费用,还包括从特殊监管区域及保税物流中心(B型)送交到消费者期间的运输费用,电商企业或物流企业同样难以提供详细数据。

此外,快递行业存在一些通行惯例。一是对不同客户实行不同的收费标准,即在统一收费标准基础上,按照客户使用快递服务的基数给予折扣,基数越大,折扣越低。二是快递行业与客户的费用结算通常是月结,并且是后置的,即费用结算晚于运输行为发生。这也意味着电商企业在向消费者收取运费时,尚不能准确确定实际运费金额(电商企业向快递企业支付的运费标准是基于其使用的快递服务基数)。因此,电商企业向纳税义务人收取的运费(名义运费)与相关商品实际发生的运费难以一一对应。

基于上述情况,在确定跨境电子商务零售进口商品的完税价格时将运费[网购保税模式指从特殊监管区域及保税物流中心(B 型)送交到消费者期间的运输费用]都计入。保险费也按照同样标准执行。

2. "直购进口"的进口税制度

在此模式下,按照跨境贸易电子商务监管方式,商品通过海关跨境电子商务专门监管场所入境,按照个人邮递物品征税。

四、我国的旅客行李物品监管与行邮税法律制度

2018 年 11 月 5 ~ 10 日首届进博会期间,参展企业达 3,617 家,首次亮相中国的展品多达 5,000 余件,超过 40 万名境内外采购商到会洽谈采购。同时,来自 16 个国家的元首首脑,11 个国家的王室代表、副元首首脑及 13 个国际组织的负责人齐聚上海,部级以上外方嘉宾超过 400 位。此外,还有 4,000 名中外记者与会报道。第二届进博会的规模比首届更大。

进博会期间,境外旅客通关过程中,由于身份的不同,行李物品的通关待遇也不同;而且这些境外旅客携带的可能不是行李物品,而是展品,甚至是货物。这些行李物品的监管不仅涉及安全准入、禁限规定、行邮税,而且还涉及人员及其所携宠物、行李物品的出入境检验检疫问题。因此,对旅客及其行李物品的监管是进博会期间的海关重要工作之一。

(一)中国海关法视角下的"货物"和"物品"

1. 概念区分

在海关法中,对"货物"和"物品"两者的区分已久。海关法从进出境商品的性质、用途以及海关监管原则的角度出发将其划分为三类:运输工具、货物和物品。《海关法》第 2 条规定:"中华人民共和国海关是国家的进出关境(以下简称进出境)监督管理机关。海关依照本法和其他有关法律、行政法规,监管进出

境的运输工具、货物、行李物品、邮递物品和其他物品(以下简称进出境运输工具、货物、物品),征收关税和其他税、费,查缉走私,并编制海关统计和办理其他海关业务。"

这种独特的划分标准决定了中国海关法所称的"货物"不同于其他行业中的"货物"。根据我国海关法领域习惯理解,"货物"一词主要是相对于"物品"而言。

物品的性质是"非贸易性"的,或说是非牟利性的"自用"范围,①即为自然人所有并且用途属于个人自用。② 物品的非牟利性与其进出境运输方式(携带还是邮寄)无关。

货物则为"贸易性"的(但政府间捐赠物资等除外),为国家或单位进行国际贸易的交付物。"货物"与"物品"的区分要考量商品性质、用途以及海关监管需要等综合因素,海关在实际监管中有一定的自由裁量权。③

因此,在此习惯理解下,"物品"具体是指个人以运输、携带等方式进出境的行李物品、邮寄进出境的物品,包括货币、金银等。超出自用、合理数量的,视为货物。④ 从该条款可知,除特殊类型旅客的物品或特殊物品外,我国《海关法》根据运输方式的不同,将物品分为"(携带或分运的)行李"与邮递物品。(见图1)

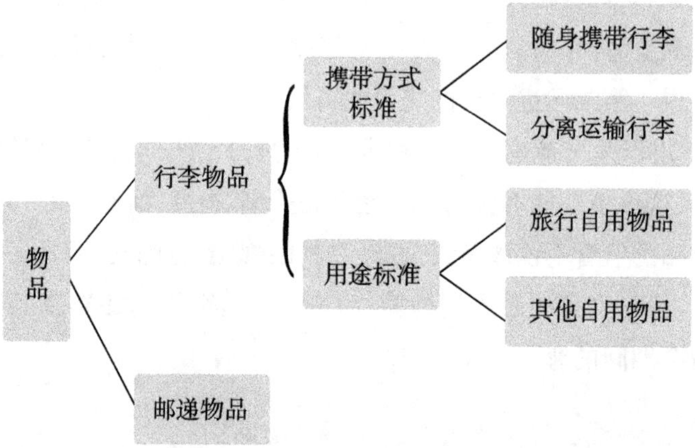

图1　海关法框架下的"物品"分类

---

① 孟杨:《海关法律概论》,中国海关出版社2008年版,第73页。

② "自用",指旅客或者收件人本人自用、馈赠亲友而非为出售或者出租(《海关行政处罚实施条例》第64条)。

③ 孟杨:《海关法律概论》,中国海关出版社2008年版,第61页。

④ 《中华人民共和国海关行政处罚实施条例》(国务院令第420号)第64条。

邮递物品,是指通过邮寄方式进出境的物品,包括包裹、小包邮件和印刷品。[①] 由于实体首届世博会展期为 6 天,大部分参展人员的物品一般不会使用邮递进出境的方式。因此,本书中对邮递物品的进出境海关监管不展开深入阐述。

2. 区分概念的目的

货物和物品在海关监管方式和税负上都存在明显区别:

(1)监管要求与申报手续不同

海关对进出境货物监管的重点是"税"(进口环节税)、"证"(贸易管制)与"公共安全与健康"(检验检疫)。物品监管一般不涉及证件的监管。海关对物品监管的重点是如何以"自用与合理数量"原则认定物品及征税的问题。在申报手续上,总体而言,物品申报相对于货物申报要简要得多。[②]

(2)税负不同

货物的进口税收适用《进出口税则》,按照法定完税价格计算方法和原产地规则来最终确定税率和应纳税款。物品则是按照专门适用于旅客的税率表和完税价格表来征收行邮税。

(二)中国海关法视角下的"旅客"

1. 区分不同种类"旅客"的目的

对于旅客携带或分运(以下简称携运)物品,根据旅客身份与居留时间的不同,对其所携运物品的通关验放标准和行邮税负是不同的。例如,短期旅客携带进出境的行李物品应以旅行需用物品为限。过境旅客未经海关批准,不得将物品留在境内。

2. 旅客的具体类别

我国《海关对进出境旅客行李物品监管办法》(2017 年修改)(海关总署令第 235 号)第 27 条对"旅客"的范围解释为:进出境的居民或非居民。[③] 进而又对居民标准下的"居民"和"非居民"旅客,居留时间标准下的"短期""长期"

---

① 海关总署监管司:《中国海关通关指南》,中国海关出版社 2011 年版,第 272 页。

② 孟杨:《海关法律概论》,中国海关出版社 2008 年版,第 74 页。

③ 《海关对进出境旅客行李物品监管办法》(2017 年修改)第 27 条。

“定居”“过境”旅客进行了定义。

《海关对中国籍旅客进出境行李物品的管理规定》(2017 年修改)(海关总署令第 235 号)第 2 条进一步又对“中国籍旅客”细分为“中国籍居民旅客”和“中国非居民旅客”。

因此,我国《海关法》将“旅客”按照“是否是居民”“国籍”以及在境内居留时间长短的标准,进行了细分,并分别对其中的部分种类制定了执法依据与具体的通关要求。(见图 2)

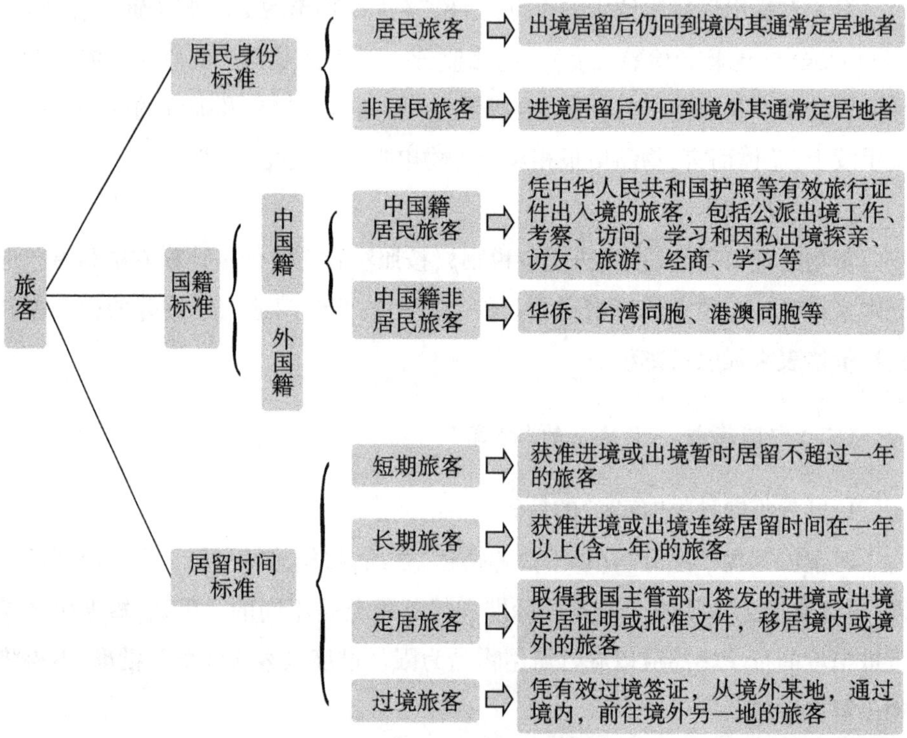

图 2　进出境旅客分类及其说明

从理论上说,上述旅客分类标准中的两个或三个可以结合使用。第一,可将“居民”标准和“居留时间”标准结合使用,可以形成“居民短期旅客”或“非居民长期旅客”,等等。例如,《海关对进出境旅客行李物品监管办法》第 17 条规定:“短期旅客中的居民和非居民中的中国籍人携带进境属于《分类表》第三类物品,海关按照规定的限值、限量予以征税或免税放行。”第 18 条规定:“长期旅客中的非居民进境后，在规定期限内报运进境其居留期间自用物品或安家物品，海关凭我国政府主管部门签发的长期居留证件……办理通关手续。”第二，可将“国籍”“居民”“居留时间”标准结合使用，可以形成“中国籍非居民短期旅客”“中国籍非居民定居旅客”“外国籍非居民长期旅客”等（见图3）。例如，《海关对进出境旅客旅行自用物品的管理规定》第6条规定：“中国籍居民、中国籍或外国籍非居民长期旅客携带本规定第三条之物品出境，如需复带进境，应在本次出境时，主动报请海关验核。复带进境时，海关验凭本次出境的有关单、证放行。”

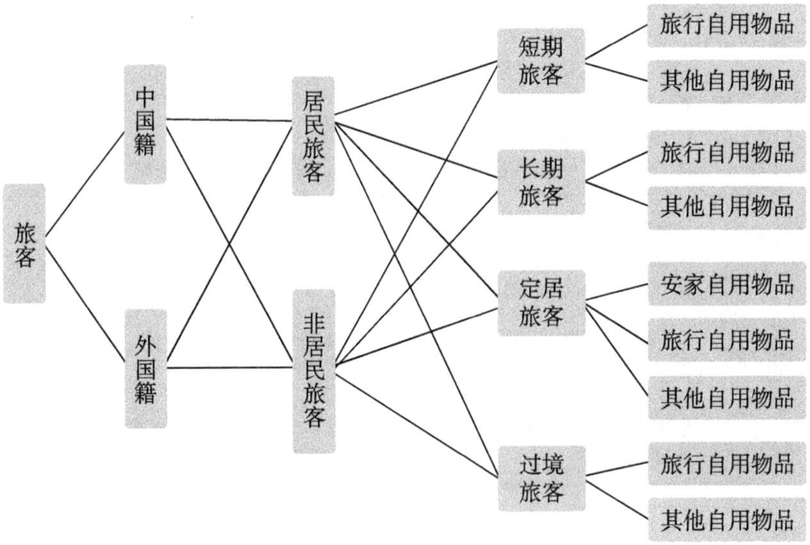

图3　不同种类旅客的不同物品

3. 不同种类旅客的不同物品的不同通关依据

由于旅客有不同的种类，不同种类的旅客也会携运不同种类物品。海关对不同物品的监管要求与验放标准不同。因此，海关针对部分不同种类旅客的不同物品有不同通关依据（见表7）。

此外，有一些特殊类型的旅客，如回国的高层次留学人才和来华工作的海外科技专家，外国驻中国使馆人员等，其进出境物品则另有规定。例如，对外国驻中国使馆人员适用《关于外国驻中国使馆和使馆人员进出境物品的规定》（2011年修订）。

表7 各类旅客行李物品监管依据

<table>
<tr><th>物品类型</th><th colspan="2">监管依据</th><th>发布</th></tr>
<tr><td rowspan="4">综合性</td><td colspan="2">《海关对进出境旅客行李物品监管办法》(2017 年修改)(海关总署令第 235 号)
附件:《旅客进出境行李物品分类表》</td><td>2017 年 12 月 20 日</td></tr>
<tr><td colspan="2">《关于在全国各对外开放口岸实行新的进出境旅客申报制度海关总署公告》(2007 年第 72 号)</td><td>2007 年 12 月 11 日</td></tr>
<tr><td>《中华人民共和国禁止进出境物品表》</td><td rowspan="2">海关总署发布</td><td rowspan="2">1993 年 2 月 26 日发布
2018 年 11 月 1 日更新</td></tr>
<tr><td>《中华人民共和国限制进出境物品表》</td></tr>
<tr><td>中国籍旅客的行李物品</td><td colspan="2">《海关对中国籍旅客进出境行李物品的管理规定》(2017 年修改)(海关总署令第 235 号)
附件 1:《中国籍旅客带进物品限量表》
附件 2:《定居旅客应税自用物品及安家物品清单》</td><td>2017 年 12 月 20 日</td></tr>
<tr><td>非居民长期旅客自用物品</td><td colspan="2">《海关对非居民长期旅客进出境自用物品监管办法》(2018 年修正)(海关总署第 240 号令)
附件:《非居民长期旅客自用物品目录》</td><td>2018 年 5 月 29 日</td></tr>
<tr><td>进境居民旅客</td><td colspan="2">《关于进境旅客所携行李物品验放标准有关事宜》(海关总署公告 2010 年第 54 号)</td><td>2010 年 8 月 19 日</td></tr>
<tr><td>旅行自用物品</td><td colspan="2">《海关对进出境旅客旅行自用物品的管理规定》(海关总署令第 35 号)</td><td>1992 年 9 月 10 日</td></tr>
</table>

(三)通关管理与申报要求

海关根据《海关对进出境旅客行李物品监管办法》(2017 年修改)(海关总署令第 235 号)、《海关对中国籍旅客进出境行李物品的管理规定》(2017 年修改)(海关总署令第 235 号)、《关于进境旅客所携行李物品验放标准有关事宜》(海关总署公告 2010 年第 54 号)、《关于在全国各对外开放口岸实行新的进出境旅客申报制度》(海关总署公告 2007 年第 72 号),以及《旅客进出境行李物品分类表》《限制进出境物品表》《禁止进出境物品表》等一系列法律法规与规范性文件进行进出境物品通关管理。

1. 海关申报与红绿通道

进出境旅客必须将所带的全部行李物品交海关查验。在交验前,应填写

“旅客行李申报单”或海关规定的其他申报单证向海关申报；或按海关规定的申报方式如实向海关申报。

旅客经由实施“红绿通道”验放制度的海关进出境，应按照海关公布的选择“红绿通道”的规定，[①]选择通道，办理行李物品进境或出境手续。

2. 验放标准

（1）可以进出境的三类旅客行李物品

除禁限类物品外，旅客行李物品，应以自用合理数量为限，超出自用合理数量范围的，不准进境或出境。旅客行李物品，经海关审核，按《旅客进出境行李物品分类表》规定的范围验放。《旅客进出境行李物品分类表》将可以进出境的旅客行李物品范围三类：

第一类物品：衣料、衣着、鞋、帽、工艺美术品和价值人民币 1,000 元以下（含 1,000 元）的其他生活用品；

第二类物品：烟草制品，酒精饮料；

第三类物品：价值人民币 1,000 元以上、5,000 元以下（含 5,000 元）的生活用品。

（2）三类行李物品的验放标准

①进境各类旅客一般验放标准

对于上述三类进出境物品的合理数量和准许各类旅客进出境物品的具体限值、限量及征免税措施的一般依据是《关于进境旅客所携行李物品验放标准有关事宜》（海关总署公告 2010 年第 54 号）。

进境居民旅客携带在境外获取的个人自用进境物品，总值在 5,000 元人民币以内（含 5,000 元）的；非居民旅客携带拟留在中国境内的个人自用进境物品，总值在 2,000 元人民币以内（含 2,000 元）的，海关予以免税放行，单一品种限自用、合理数量，但烟草制品、酒精制品以及国家规定应当征税的 20 种商品等另按有关规定办理（具体见本部分“行邮税”的内容）。

---

① 进出境旅客没有携带应向海关申报物品的，无须填写《中华人民共和国海关进出境旅客行李物品申报单》，选择“无申报通道”（又称“绿色通道”）通关。除海关免于监管的人员以及随同成人旅行的 16 周岁以下旅客以外，进出境旅客携带有应向海关申报物品的，须填写《海关进出境旅客行李物品申报单》，向海关书面申报，并选择“申报通道”（又称“红色通道”）通关。参见《关于在全国各对外开放口岸实行新的进出境旅客申报制度》（海关总署公告 2007 年第 72 号）。

进境居民旅客携带超出5,000元人民币的个人自用进境物品,经海关审核确属自用的;进境非居民旅客携带拟留在中国境内的个人自用进境物品,超出人民币2,000元的,海关仅对超出部分的个人自用进境物品征税,对不可分割的单件物品,全额征税。

旅客以分离运输方式运进行李物品,应当在进境时向海关申报。经海关核准后,自旅客进境之日起6个月内(含6个月,下同)运进。海关办理验放手续时,连同已经放行的行李物品合并计算。

②中国籍旅客带进物品的特定验放标准

我国海关对"中国籍旅客携运进境的行李物品"具有针对性的具体限量规定(见表8),即《海关对中国籍旅客进出境行李物品的管理规定》。该规定适用于凭中华人民共和国护照等有效旅行证件出入境的旅客,包括公派出境工作、考察、访问、学习和因私出境探亲、访友、旅游、经商、学习等中国籍居民旅客和华侨、台湾同胞、港澳同胞等中国籍非居民旅客。

表8 中国籍旅客带进物品限量①

类别	品种	限量
第一类物品	衣料、衣着、鞋、帽、工艺美术品和价值人民币1,000元以下(含1,000元)的其他生活用品	自用合理数量范围内免税,其中价值人民币800元以上,1,000元以下的物品每种限一件
第二类物品	烟草制品 酒精饮料	(1)我国香港、澳门地区居民及因私往来香港、澳门地区的内地居民,免税香烟200支,或雪茄50支,或烟丝250克;免税12度以上酒精饮料限1瓶(0.75升以下) (2)其他旅客,免税香烟400支,或雪茄100支,或烟丝500克;免税12度以上酒精饮料限2瓶(1.5升以下)
第三类物品	价值人民币1,000元以上,5,000元以下(含5,000元)的生活用品	(1)驻境外的外交机构人员、我国出国留学人员和访问学者、赴外劳务人员和援外人员,连续在外每满180天(其中留学人员和访问学者物品验放时间从注册入学之日起算至毕业结业之日止),远洋船员在外每满120天任选其中1件免税 (2)其他旅客每公历年度内进境可任选其中1件征税

① 《海关对中国籍旅客进出境行李物品的管理规定》(1996年8月10日海关总署令第58号发布,根据2017年12月20日海关总署令第235号公布的《海关总署关于修改部分规章的决定》修改)。

中国籍旅客携运进境物品,超出规定免税限量仍属自用的,经海关核准可征税放行。中国籍旅客进出境行李物品,超出自用合理数量及规定的限量、限值或品种范围的,除另有规定者外,海关不予放行。除本人声明放弃外,应在3个月内由本人或其代理人向海关办理退运手续。

3. 暂时免税进出境的旅行自用物品

(1)依据及其适用范围

在旅客携带进出境的行李物品中,一些物品是为了旅行的目的所携带的自用物品。针对此类物品具有专门规定,即《海关对进出境旅客旅行自用物品的管理规定》。该规定于1992年10月15日海关总署令第35号发布,自1992年10月15日起实施,适用至今。

该规定中所称的"进出境旅客旅行自用物品",系指本次旅行途中海关准予旅客随身携带的暂时免税进境或者复带进境的在境内、外使用的自用物品。具体范围是:第一,照相机、便携式收录音机、小型摄影机、手提式摄录机、手提式文字处理机;第二,经海关审核批准的其他物品。

(2)通关管理

经海关核准暂时进出境的旅行自用物品,在旅客行李物品监管时限内,由旅客复带出境或进境。海关依照规定凭担保准予暂时免税放行的其他物品,应由旅客在规定期限内,办结进出境手续或将原物复带出境或进境。

进境旅客(包括持有前往国家或地区签发的再入境签证的中国籍居民旅客)携带规定范围内的物品,每种限一件。旅客应主动向海关申报,海关方可准予暂时免税放行。

海关准予暂时免税的本次进境物品,须由旅客在回程时复带出境。由于特殊原因不能在本次回程时复带出境的,应事先报请出境地海关办结有关手续。

中国籍居民、中国籍或外国籍非居民长期旅客携带上述两类规定范围内的物品出境,如需复带进境,应在本次出境时,主动报请海关验核。复带进境时,海关验凭本次出境的有关单、证放行。

(四)行邮税

行邮税是行李和邮递物品进口税的简称,是海关对进境旅客行李物品和邮递物品征收的进口税,其中包括关税以及进口环节增值税、消费税。行邮税的征税对象是进境物品,具体指旅客行李物品、个人邮递物品及其他个人自用物品。携有应税个人自用物品的进境旅客及运输工具服务人员、进口邮递物品的收件人,以及以其他方式进口应税个人自用物品的收件人是行邮税的纳税义务人。

行邮税的意义不仅在于其适用于旅客的行李物品,也适用于邮递进境的物品。因此,在当前的跨境电商的"直购进口"模式下,大量商品通过邮递物品进境,其税负也是参照行邮税予以征收的。

1. 征税依据

对于准许进境物品,海关征收行邮税的法律依据是《关税条例》《海关关于入境旅客行李物品和个人邮递物品征收进口税办法》等法规规章,以及《进境物品归类表》和《进境物品完税价格表》等规范性文件(见表9)。

表9 行邮税的海关征税依据

序号	征税依据	发布部门	发布日期
1	《进出口关税条例》(2017 年修订)(国务院令第 676 号)	国务院	2017 年 3 月 1 日
2	海关总署《关于入境旅客行李物品和个人邮递物品征收进口税办法》(海关总署令第 47 号)	海关总署	1994 年 7 月 1 日
3	国务院关税税则委员会《关于调整进境物品进口税有关问题的通知》(税委会〔2016〕2 号) 附件:《中华人民共和国进境物品进口税率表》	国务院关税税则委员会	2016 年 3 月 16 日
4	《关于〈中华人民共和国进境物品归类表〉和〈中华人民共和国进境物品完税价格表〉的公告》(海关总署公告 2016 年第 25 号) 附件 1:《中华人民共和国进境物品归类表》 附件 2:《中华人民共和国进境物品完税价格表》	海关总署	2016 年 4 月 6 日
5	国务院关税税则委员会《关于调整进境物品进口税部分商品范围的通知》(税委会〔2016〕26 号)	国务院关税税则委员会	2016 年 9 月 30 日
6	海关总署办公厅《关于转发〈国务院关税税则委员会关于调整进境物品进口税部分商品范围的通知〉的通知》(署办税函〔2016〕31 号)	海关总署	2016 年 9 月 30 日
7	《关于进口化妆品消费税政策调整执行事宜的公告》(海关总署公告 2016 年第 55 号)	海关总署	2016 年 9 月 30 日
8	国务院关税税则委员会《关于调整进境物品进口税有关问题的通知》(税委会〔2018〕49 号)	国务院关税税则委员会	2018 年 9 月 30 日

续表

序号	征税依据	发布部门	发布日期
9	《关于〈中华人民共和国进境物品归类表〉和〈中华人民共和国进境物品完税价格表〉的公告》(海关总署公告 2018 年第 140 号)	海关总署	2018 年 10 月 25 日
10	《关于调整〈中华人民共和国进境物品归类表〉和〈中华人民共和国进境物品完税价格表〉的公告》(海关总署公告 2019 年第 63 号)	海关总署	2019 年 4 月 8 日

2. 与 2016 年跨境电商“四八新政”同时发布的行邮税率调整

为了配合跨境电商“四八新政”，在发布财关税〔2016〕18 号文的前几天，国务院关税税则委员会在财政部官网上发布了《关于调整进境物品进口税有关问题的通知》(税委会〔2016〕2 号)对现行《中华人民共和国进境物品进口税率表》进行调整，将原本四个档位的 10%、20%、30% 及 50% 调整为 15%、30%、60%(见表 10)。数日后，海关总署紧接着公布了《关于〈中华人民共和国进境物品归类表〉和〈中华人民共和国进境物品完税价格表〉的公告》(海关总署公告 2016 年第 25 号)，从而具体落实调整后的行邮税征收事务。

虽然部分商品的跨境电商“四八新政”的综合税税率要高于原来所适用的行邮税率，但一般而言，调整后的行邮税率高于跨境电商“四八新政”的综合税税率，从而起到了促进跨境电商，尤其是网购保税进口模式的跨境电商的发展。

表 10　2016 年颁布的进境物品进口税率①

税号	物品名称	税率(%)
1	书报、刊物、教育用影视资料；计算机、视频摄录一体机、数字照相机等信息技术产品；食品、饮料；金银；家具；玩具，游戏品、节日或其他娱乐用品	15
2	运动用品(不含高尔夫球及球具)、钓鱼用品；纺织品及其制成品；电视摄像机及其他电器用具；自行车；税目 1、税目 3 中未包含的其他商品	30
3	烟、酒；贵重首饰及珠宝玉石；高尔夫球及球具；高档手表；高档化妆品	60

① 国务院关税税则委员会《关于调整进境物品进口税有关问题的通知》(税委会〔2016〕2 号)，国务院关税税则委员会《关于调整进境物品进口税部分商品范围的通知》(税委会〔2016〕26 号)。

3. 当前经贸形势下行邮税率的两次下调

(1)第一次下调

为了应对当前错综复杂的国内外形势,保持经济平稳健康发展,要在持续扩大内需的同时,实施更加积极主动的开放战略,经国务院批准,国务院关税税则委员会于2018年9月30日发布了对进境物品进口税税目税率的调整。将药品列入进境物品进口税税目1,适用15%的税率。其中,对按国家规定减按3%征收进口环节增值税的进口抗癌药品,按货物税率征税。将进境物品进口税税目2、税目3的税率分别调整为25%、50%。新调整后的税率自2018年11月1日起实施。

海关总署根据国务院关税税则委员会《关于调整进境物品进口税有关问题的通知》(税委会〔2018〕49号),海关总署于2018年10月25日决定对2016年第25号公告公布的《中华人民共和国进境物品归类表》及《中华人民共和国进境物品完税价格表》进行相应调整,归类原则和完税价格确定原则不变。新的《中华人民共和国进境物品归类表》及《中华人民共和国进境物品完税价格表》自2018年11月1日起执行(见表11)。[①]

表11 2018年颁布的进境物品进口税率[②]

税号	物品名称	税率(%)
1	书报、刊物、教育用影视资料;计算机、视频摄录一体机、数字照相机等信息技术产品;食品、饮料;金银;家具;玩具,游戏品、节日或其他娱乐用品	15
2	运动用品(不含高尔夫球及球具)、钓鱼用品;纺织品及其制成品;电视摄像机及其他电器用具;自行车;税目1、税目3中未包含的其他商品	25
3	烟、酒;贵重首饰及珠宝玉石;高尔夫球及球具;高档手表;高档化妆品	50

(2)第二次下调——当前行邮税率

考虑到便民惠民以及维持进境物品与进口同类货物的税负公平,[③]2019年

---

① 《关于〈中华人民共和国进境物品归类表〉和〈中华人民共和国进境物品完税价格表〉的公告》(海关总署公告2018年第140号)。

② 国务院关税税则委员会《关于调整进境物品进口税有关问题的通知》(税委会〔2018〕49号)。

③ 《从4月9日起开始调降进境物品进口税税率》,载中国政府网:http://www.gov.cn/xinwen/2019-04/09/content_5380776.htm,最后访问日期:2019年8月8日。

4 月 8 日国务院关税税则委员会发布了《关于调整进境物品进口税有关问题的通知》(税委会〔2019〕17 号),继续下调行邮税税率。新的调整自 2019 年 4 月 9 日起实施(见表 12)。

表 12　2019 年颁布的进境物品进口税率

税号	物品名称	税率(%)
1	书报、刊物、教育用影视资料;计算机、视频摄录一体机、数字照相机等信息技术产品;食品、饮料;金银;家具;玩具,游戏品、节日或其他娱乐用品;药品[注1]	13
2	运动用品(不含高尔夫球及球具)、钓鱼用品;纺织品及其制成品;电视摄像机及其他电器用具;自行车;税目 1、3 中未包含的其他商品	20
3[注2]	烟、酒;贵重首饰及珠宝玉石;高尔夫球及球具;高档手表;高档化妆品	50

表 12 第一行商品中的"药品"中,对国家规定减按 3% 征收进口环节增值税的进口药品,按照货物税率征税(注 1)。第三行所列商品的具体范围与消费税征收范围一致(注 2)。

五、进博会海关措施与现有基础法律制度的对比分析

(一)进博会通关规则与便利措施的具体内容

为保障中国国际进口博览会顺利举办,海关在首届进博会前发布了《海关支持 2018 年首届中国国际进口博览会便利措施》与《2018 年首届中国国际进口博览会海关通关须知》。海关总署在总结固化首届中国国际进口博览会便利化措施的基础上,2019 年 7 月 9 日制定发布了《海关支持 2019 年第二届中国国际进口博览会便利措施》和《2019 年第二届中国国际进口博览会海关通关须知》①(前述两届进博会海关所发布的两份主要文件,以下简称《海关支持进博会便利措施》和《进博会海关通关须知》)。进博会的海关措施,主要涉及以下公共安全与健康、暂时进出境、保税展示交易、物品通关等方面。

1. 保障公共健康与安全基础上提供最大可能的便利

《进博会海关通关须知》规定了展览品、个人物品与伴侣动物的检疫要求。同时公布了两份清单,划定了我国的准入的明确界限,坚守了生态环境安全、公

① 孙霞云:《海关总署推出 13 条便利措施》,载《中国国门时报》2019 年 7 月 11 日,第 1 版。

共卫生安全、食品安全与质量安全。这是各国的共同底线。即使在会展通关制度再便利再发达的国家,这点也没有改变过。

在保障公共健康与安全的同时,我国海关在保障安全的基础上,尽力给予了最大可能的便利,包括:第一,简化参展手续,免予验核食品标签(首届便利措施,第二届并未列入)。第二,就近开展验核,提升参展便利化水平。对涉及检验检疫行政审批事项的进口博览会进境动植物及其产品,一律委托上海海关及相关海关就近就地办理;按照"便利可操作"原则,授权上海海关对展区内销售的进口水产品、乳制品、燕窝境外生产企业行使受理和审查权,并免于境外实地评审,审查通过后海关总署发放临时注册批件(临时注册批件仅限于展会期间及展区内使用)。第三,简化审批手续,方便特殊物品(个人携带自用且仅限于预防或者治疗疾病用的特殊物品)进境。第四,方便伴侣动物放行。

2. 提高暂时进出境制度的便利化与灵活性

(1)暂时进出境可以单一窗口形式完成全流程手续

①业务内容

中国(上海)国际贸易单一窗口(以下简称上海单一窗口)在筹备首届进博会之前并无暂准进出境的服务功能。展品物资的暂准进出境使用有纸申报的方式。对此,进博会的保障工作任务中要求,上海单一窗口要提供进口博览会展品进出境全流程业务办理模块,实现展品备案、展品通关、展中监管、展品核销等全流程服务。①

为此,各相关单位全力投入,完成全流程业务办理模块的技术开发和系统对接联调,至 2018 年 7 月,上海单一窗口的展品进出境全流程业务已上线,并将在展品进出境全流程业务办理功能基础上,设立进口博览会服务专区,为企业提供业务办理、状态查询、报表统计、大数据分析等综合服务。② 至 2019 年 8

---

① 《上海市决战中国国际进口博览会 200 天行动计划》在"统筹协调口岸各方,确保客商展品出入境便利顺畅"领域中的重点工作之一就是"在国际贸易'单一窗口'实行进口博览会专项模块服务"。因此:第一,《首届进博会通关须知》规定:国家会展中心通过"单一窗口"和"互联网 + 海关"提前完成进口博览会信息海关备案,采取"一次备案、分批提交清单"的方式办理海关手续,确保进口博览会物资抵达口岸后快速通关。第二,《首届进博会海关便利措施》进一步说明:(海关)依托信息化管理系统,提供全流程服务。通过"单一窗口"和"互联网 + 海关"实现进口博览会信息一次备案,为进口博览会提供展品备案、展品通关、展中监管、展品核销等全流程服务。

② 李晔:《把进博会"365 效应"发挥到最大》,载《解放日报》2018 年 8 月 27 日,第 2 版。

月，进博会单一窗口的功能包括会展备案、行政许可、物资证明函、清单申报、巡展转入清单、核销清单等模块。这些主要服务功能属于暂准进出境业务的全流程，涵盖了暂准进出境程序的主要步骤与手续。其他将进一步拓展功能不是暂准进出境通关流程中必需的手续，而是辅助性功能。

②使用主体

进口博览会暂时进境货物采用通关一体化模式，由国家会展中心或其委托的主场运输服务商在上海海关办理申报手续。也就是说，上海国际展览运输有限公司、中远海运航空货运代理有限公司、中国外运华东有限公司、上海依佩克国际运输有限公司、上海欣越国际货物运输代理有限公司作为进博会的指定主场运输服务商，是单一窗口中展品进出境全流程业务的最主要的使用者。①

(2)展品一次备案、分批提交清单

两届《进博会通关须知》规定："国家会展中心通过'单一窗口'和'互联网+海关'提前完成进口博览会信息海关备案，采取'一次备案、分批提交清单'的方式办理海关手续"，即向海关提交会展备案和展品清单的主体是"国家会展中心"或其代理人。上千家参展商的展品不会同时在较短的时间内同时确定好清单，即使同一参展商的展品也不可能一次确定不再改变，也会出现陆续有展品需要更换或补充等情况。因此，国家会展中心将会展文件与信息在海关进行一次备案后，分批提交清单使进博会物资能够灵活便利通关。

(3)设置专门机构与通道，优先办理手续

第一，统筹监管资源，成立专门机构。从第二届进博会开始，统筹上海海关国际会展监管资源，专门成立上海会展中心海关，做好进口博览会监管服务保障工作。

第二，设置专门通道，优先办理手续。在主要口岸(不仅是上海口岸)为进口博览会设置贵宾礼遇通道、进境展览品专用通道和专用窗口，优先办理申报、查验、抽样、检测等海关手续，实行即查即放。

---

① 第二届中国国际进口博览会承办单位指定了5家主场运输服务商，提供展品在中国境内的运输服务，包括处理相关文件、展品清关、运输、仓储和现场服务等。参见《参展手册 展品运输》，载中国国际进口博览会网：https://www.ciie.org/resource/upload/zbh/201907/1918010702c9.pdf，最后访问日期：2019年8月8日。

(4)整体通关流程便利化

第一,统一担保。办展方统一提供税款总担保,减轻境外参展企业负担。

第二,申报与验放的全通模式。进口博览会暂时进境货物采用通关一体化模式,由国家会展中心或其委托的主场运输服务商在上海海关办理申报手续,口岸海关实施验放。

第三,现场查验。进口博览会进境展览品可运至展馆现场接受查检。对查检正常的展览品,由实施查检作业的海关办理放行手续。

第四,实地监管与服务。进口博览会举办期间海关依法派员实地监管,派员入驻国家会展中心(上海)的综合服务区,提供相关咨询服务。

第五,延长 ATA 单证册项下展品暂准进境期限。海关签注 ATA 单证册项下暂时进境货物的复运出境期限与单证册有效期一致(在单证册有效期内由原来的 6 个月延长至 1 年)。

(5)增加展品展后处置的灵活性的核销结案措施

非 ATA 单证册项下暂时进境展品,会展结束后转入海关特殊监管区域和保税监管场所,可予以核销结案。

这一措施的出台,主要是考虑到很多参展商有计划将进境展览品继续留在中国境内进行保税展示。按照首届进博会之前的海关规定,进境展览品在展会结束后原则上应复运出境,即使这些展览品希望继续在中国境内通过保税展示寻觅买家,也必须实际出境"回家"一趟,办结相关手续后才能再次申报进境。现在,如进博会闭幕后,希望留在中国境内开展保税展示、继续寻找买家的展览品,可以结转到海关特殊监管区域和保税监管场所,无须实际出境"回家"即可办理暂时进出口程序的结案手续,商品性质就从展览品转化为了保税货物。①因此,进博会该措施的出台免除了展品必须在展后复出境的手续与成本负担,极大地增加了展品展后处置的灵活性。进博会通关规则与便利措施构成见图 4。

① 吴宇、陈定:《中国国际进口博览会三项海关政策实现突破》,载中国政府网:http://www.gov.cn/guowuyuan/2018-08/07/content_5312369.htm,最后访问日期:2019 年 8 月 8 日。

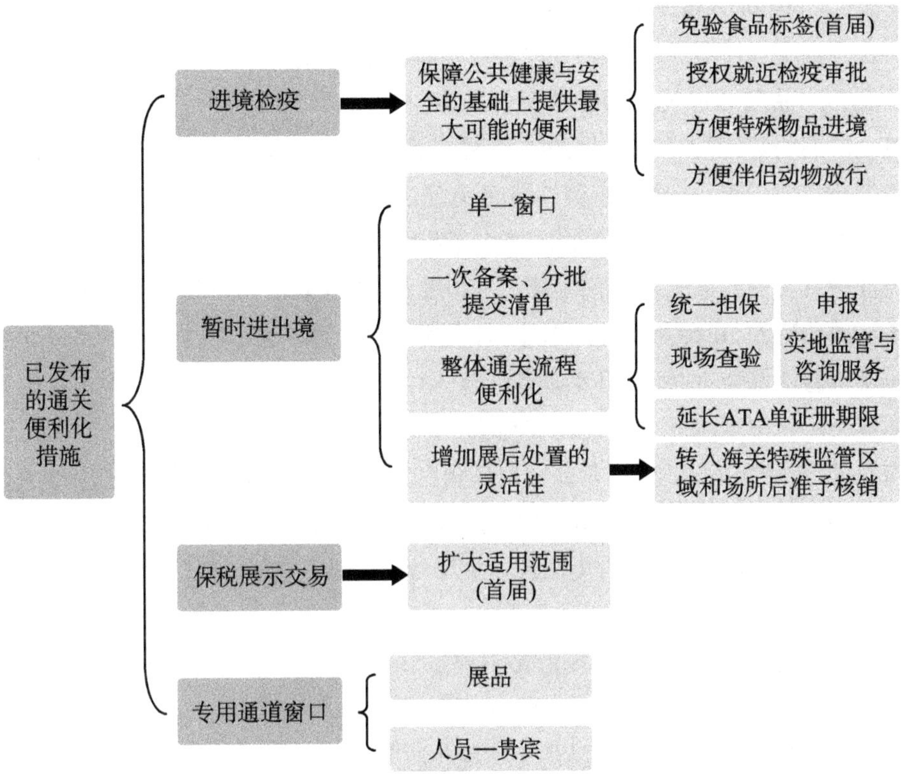

图4 进博会通关规则与便利措施构成

3.类似于跨境电商零售进口的进博会展品进口税收政策

(1)会展现行的一般税收优惠模式

①展会期间的税收管理模式

根据《关税条例》及相关规定,一般情况下,某一届会展中享受税收优惠的主要有:外国政府国际组织无偿捐赠的物资、合理数量范围内的印刷品和音像制品、境外参展方在境内进行展馆建设布展所必须进口的建筑装饰材料、合理数量的展示用工艺品和食品、合理数量的展览用品、合理数量的个人自用物品。展览品属于暂准进境,享受税收便利待遇,展会期间原则上不得出售,展会结束后复运出境。展会结束后,展览品及超出合理数量的展示用工艺品和食品、展览用品如需留购,需要经海关许可,由境内留购人向海关办理一般进口手续,照章纳税,不享受税收减免的优惠。特定情况下,以国务院决定的形式,赋予某些展会展览品留购中税收优惠。例如,2011 年 11 月 29 日,海关总署发布《关于

"十二五"期间中国—东盟博览会留购展览品免征进口关税的通知》,规定在2011年1月1日至2015年12月31日期间,除国家禁止进口的商品、濒危动植物及其产品和国家规定不予减免税的20种商品及汽车除外,对中国—东盟博览会展期内销售的合理数量的进口展览品免征进口关税(免税清单参见附件一:"十二五"期间中国—东盟博览会免征进口关税的留购展览品清单)。2016年4月18日,财政部发布《关于"十三五"期间中西部地区国际性展会留购展品免征进口关税的通知》,除国家禁止进口商品、濒危动植物及其产品和国家规定不予减免税的20种商品及汽车外,对中国—东盟博览会、中国—吉林·东北亚投资贸易博览会、中国—俄罗斯博览会、中国—阿拉伯国家博览会、中国—南亚博览会暨中国昆明进出口商品交易会、中国(青海)藏毯国际展览会、中国(湖南)国际矿物宝石博览会,在展期内销售的合理数量的进口展品免征进口关税[参见附件二:中西部地区国际性展会免征进口关税的留购展品清单(一)、附件三:中西部地区国际性展会免征进口关税的留购展品清单(二)]。

②展会结束后税收管理模式

展会结束后,超出免税限额又不能退运出境的,以及免税清单以外的展览品在展览结束后未退运出境的,按照国家有关规定照章征税。

(2)针对进博会进口展品的专项税收政策

在首届进博会举办前夕,2018年10月31日,财政部发布了《关于首届中国国际进口博览会展期内销售的进口展品税收优惠政策的通知》(财关税〔2018〕43号),作为对首届进口博览会的一次性支持政策。

①对展品提供类似于跨境电商零售商品税的待遇

对2018年11月5日至11月10日举办的首届进口博览会展期内销售的合理数量的进口展品(不包括国家禁止进口商品、濒危动植物及其产品、国家规定不予减免税的20种商品和汽车)免征进口关税,进口环节增值税、消费税按应纳税额的70%征收。上述税收优惠政策是作为支持首届进口博览会的一次性支持政策。

②设定了享惠企业、商品范围与限额

对列入附件《首届中国国际进口博览会享受税收优惠政策的展品清单》中的31家参展企业享受上述税收优惠政策的销售限额不超过该清单列表中规定的各自额度(根据展品种类和价值的不同)。其他参展企业享受税收优惠政策的销售限额不超过2万美元,具体企业名单由进口博览会承办单位中国国际进口博览局、国家会展中心(上海)有限责任公司确定。

对超出享受税收优惠政策的销售限额又不退运出境的展品,按照国家有关规定照章征税。

对于第二届进博会,我国尚未公布税收政策措施。应当注意的是,首届进博会进口展品的税收政策是一次性的,并不能延续到第二届进博会展品。

(二)进博会海关措施与相应现有基础法律制度的来源与内容对比

1. 两者的来源与内容对比

(1)公共安全与健康领域的措施

①进博会中的海关措施

公共安全与健康是各国都不能放弃的底线,因为威胁公共安全与健康的任何病虫害等一旦入境,可能会产生严重影响。因此,进出境检验检疫与准入要求是国际惯例,无论是何种通关方式,无论是展品的暂时进出境还是一般进出口,或是进入自贸区,只要进入国境,都必须遵守入境检疫要求。

因此,针对进博会,海关总署颁布了《禁止清单》[①]《限制清单》两项清单,以及需进境审批展品及授权就近审批,加强准入谈判以扩大进口展品种类,《限制清单》预包装食品免验标签(首届适用),方便特定特殊物品进境,方便伴侣动物放行五项要求和便利措施。第二届进博会的《禁止清单》从首届规定的4项缩减到3项,将原在首届进博会中列入《禁止清单》的第四类“危险化学品”移入了《限制清单》。

②现行海关制度来源

2015年7月27日,(原)质检总局《关于做好重要展会检验检疫工作的意见》(国质检通〔2015〕341号)以部门政策的方式规定了“简化展品审批备案手续”“预包装食品化妆品免予加贴中文标签”的制度。同一时期,2015年6月10日,(原)上海出入境检验检疫局《关于支持上海国际会展产业发展若干意见的公告》(2015年第5号)中也对上述支持会展措施进行了落实。此后,在2017年12月5日发布的(原)质检总局《关于复制推广自由贸易试验区第三批改革试点经验的公告》(2017年第105号)这一具有普遍适用效力的规范性文件的附件2《出入境展品检验检疫监督管理工作规范》中制定了具体条款。其中第8

---

① 王甲铸:《第二届进博会倒计时100天　这些支持政策给展商吃“定心丸”》,载央视网:http://news.cctv.com/2019/07/26/ARTI5ONbirL3hC2nm47TyeN6190726.shtml,最后访问日期:2019年8月5日。

条规定了下放由直属检验检疫部门检疫审批或免于审批的条件;第 15 条规定了预包装食品化妆品免予加贴中文标签。

同时,列入进博会《禁止清单》中的几类物品也是我国一贯坚守的底线。在我国检验检疫多种入境程序的管理文件中都提到了这几类物品禁止入境,如质检总局《关于加强跨境电子商务进出口消费品检验监管工作的指导意见》(国质检检〔2015〕250 号)中对于"禁止入境类"消费品的规定;2015 年 5 月 13 日,国家质检总局发布的《关于进一步发挥检验检疫职能作用促进跨境电子商务发展的意见》中关于"跨境电子商务清单管理"中关于"禁止以跨境电子商务形式入境"商品的表述也与进博会《禁止清单》的表述是基本一致。

(2)以现行暂时进出境制度为基础的展品通关措施

进博会的便利措施较多地体现在暂时进出境领域,具体包括"办展方《进博会进境物资证明函》与统一提供税款总担保""通过跨境贸易管理大数据平台(包括单一窗口),对进博会展商、展品信息实施全流程服务""一次备案、分批提交清单""现场查验""实地监管与服务""延长 ATA 单证册项下展品暂准进境期限"等。同时,进博会便利措施还表现在专设上海会展中心海关和在行李物品通关贵宾专用通道等方面。

上述进博会展品的便利通关措施基本上是建立上我国当前的暂时进出境制度和《伊斯坦布尔公约》的基础上。对于专门的海关和通道的设置以及单一窗口的应用,则属于专项设施,没有改变制度本身。

(3)展品展后取向制度

对于展品的后续处置,海关设计了"展后货物可结转到海关特殊监管区域或场所予以核销"和"保税展示交易"两种措施。

进博会采取"展后货物可结转到海关特殊监管区域或场所予以核销"的措施确实是制度创新,突破了原暂时进出境展品展后或复出境,或内销征税而结关的传统框架。

"保税展示交易"政策起源于上海自贸区,始于《关于在中国(上海)自由贸易试验区开展保税展示交易业务的公告》(上海海关公告 2014 年第 9 号)。其是指经海关注册登记的海关特殊监管区域内企业,可以将海关特殊监管区域内保税货物凭保后运至区域外进行展示和销售。保税展示交易政策极大地简化了办展手续。办展企业可以先把货物进口至综保区,待展期临近时再办理展示交易的手续。因为有些展品涉及的关税等进口环节税非常高,有了保税展示交易政策,办展企业只需要提供担保就能保税展示，可以大大减轻办展企业资金周转上的压力。①

(4)首届进博会的税收政策与跨境电商零售进口商品税政策类似

根据《关于首届中国国际进口博览会展期内销售的进口展品税收优惠政策的通知》(财关税〔2018〕43号)的规定，对2018年11月5～10日举办的首届进口博览会展期内销售的合理数量的进口展品(不包括国家禁止进口商品、濒危动植物及其产品、国家规定不予减免税的20种商品和汽车)免征进口关税，进口环节增值税、消费税按应纳税额的70%征收。这一政策与政策颁布之前已经存在的2016年财政部、海关总署、国家税务总局《关于跨境电子商务零售进口税收政策的通知》(财关税〔2016〕18号)(四八新政)的内容类似。②

一是基本征税幅度相同。首届进博会的税收措施与跨境电商零售进口商品税政策都采取了免征进口关税，进口环节增值税、消费税按应纳税额的70%征收。

二是都设置了交易限额。《关于首届中国国际进口博览会展期内销售的进口展品税收优惠政策的通知》根据不同企业设置了两类限额，即其附件所列参展企业享受上述税收优惠政策的销售限额不超过列表额度。其他参展企业享受税收优惠政策的销售限额不超过2万美元。跨境电商零售进口商品税规定了单次交易限值5,000元，年度交易限值26,000元。

三是都实施清单管理。不同的是：首届进博会的税收政策采取了不同企业的商品对应不同限额的正面清单方式。跨境电商零售进口商品税政策采取的商品范围正面清单方式。

由此可见，对进博会进口展品的政策并没有沿用以往对于暂时进出境海关程序下的税收政策，而是跨领域借鉴了跨境电商进口零售商品综合税的模式。

表13中以《首届进博会通关须知》和《海关支持首届进博会便利措施》为基础，将两项文件与其相应的现有制度和经验来源进行的对比(由于两届进博会的海关措施相近，因此，表13中以第二届进博会海关措施为基础进行对比，首届与第二届措施不同之处将予以列明)。

---

① 姜艳秋、王新源：《"保税展示交易"促成"达利的盛宴"》，载海关总署网：http://www.customs.gov.cn/customs/xwfb34/302425/367904/index.html，最后访问日期：2019年8月8日。

② 财政部、海关总署、国家税务总局于2018年11月29日发布的《关于完善跨境电子商务零售进口税收政策的通知》(财关税〔2018〕49号)只是提高了单次交易限值和年度交易限值，明确了"完税价格超过5,000元单次交易限值但低于26,000元年度交易限值"的税率处理，而并未改变财关税〔2016〕18号文中规定的跨境电商进口零售商品税的征税基本规则。

表 13　进博会通关规则和便利措施与其现有海关制度依据与来源的对比

海关事务领域	进博会的海关措施	现有海关制度与经验的来源
公众安全与健康(进出境检验检疫)		
免予验核食品标签(首届进博会适用)	《首届进博会便利措施》(此措施在第二届进博会的文件中取消) 简化参展手续,免予验核食品标签。《2018 年首届中国国际进口博览会检验检疫限制清单》中有检疫准入要求但未获准入的食品、农产品,经风险评估没有疫情疫病传播风险的允许参展。进口博览会期间品尝、散发的预包装食品,在境外参展商作出统一标识的情况下,可免予加贴中文标签。对免予加贴中文标签的预包装食品,应在展览品旁以中文注明品名、保质期、禁忌、食用(使用)方法等事项	(原)国家质检总局《关于做好重要展会检验检疫工作的意见》(国质检通〔2015〕341 号) 三、(四)对入境预包装食品、化妆品等展品,免予加贴中文标签和抽样检验,对其收发货人可免予备案。对展会期间少量试用、品尝、馈赠的入境预包装食品、化妆品,视审核和验证情况抽取样品(可展前提供)检验,并可免予加贴中文标签;对样品已经检验合格并在展会现场少量试销的,经所在地直属局批准,免予加贴中文标签。对于免予加贴中文标签的进口食品化妆品,但须在展品旁以中文注明品名、禁忌、食用(使用)方法等事项。 (原)质检总局《关于复制推广自由贸易试验区第三批改革试点经验的公告》(2017 年第 105 号)附件 2:《出入境展品检验检疫监督管理工作规范》 第十六条　仅供展览的入境预包装食品、化妆品,免予抽样检验,免予加贴中文标签;对展会期间少量试用、品尝、馈赠的入境预包装食品、化妆品,根据食品安全风险评估情况,可在展前抽取样品检验,并可免予加贴中文标签;对样品已经检验合格并在展会现场少量试销的,免予加贴中文标签。对于免予加贴中文标签的进口食品化妆品,应在展品旁以中文注明品名、保质期、禁忌、食用(使用)方法等事项

续表

海关事务领域	进博会的海关措施	现有海关制度与经验的来源
授权检验检疫就近开展验核	《第二届进博会通关须知》 入境动植物及其产品、特殊物品等展览品需办理检疫审批的（“需审批进境的动植物及其产品、特殊物品”清单），入境前参展商应当提出申请，经海关审批同意后方可入境。 《海关支持第二届进博会便利措施》 就近开展验核，提升参展便利化水平。对涉及检验检疫行政审批事项的进口博览会进境动植物及其产品，一律委托上海海关及相关海关就近就地办理；按照“便利可操作”原则，授权上海海关对展区内销售的进口水产品、乳制品、燕窝境外生产企业行使受理和审查权，并免予境外实地评审，审查通过后海关总署发放临时注册批件（临时注册批件仅限于展会期间及展区内使用）	（原）质检总局《关于复制推广自由贸易试验区第三批改革试点经验的公告》（2017 年第 105 号）附件 2：《出入境展品检验检疫监督管理工作规范》 第八条　入境动植物及其产品、动植物源性食品、特殊物品等展品需办理检疫审批的，由国家质检总局或其授权的直属检验检疫局办理检疫审批手续
方便伴侣动物放行	《第二届进博会便利措施》 简化检疫手续，方便伴侣动物放行。进口博览会期间，参会代表每人可携带 1 只伴侣动物（犬或猫）进境。其中来自非狂犬病发生国家或地区的，海关凭检疫证书、疫苗接种证书和电子芯片，经口岸现场检疫合格后免予隔离检疫，直接放行；没有疫苗接种证书的，经携带人申请，可以在接种狂犬疫苗后海关予以放行。来自狂犬病发生国家或地区的，海关凭检疫证书、疫苗接种证书、电子芯片和世界动物卫生组织认可的实验室出具的狂犬病抗体检测报告（狂犬病抗体滴度须大于 0.5IU/ml），经现场检疫合格后免予隔离，直接放行	《出入境人员携带物检疫管理办法（2018 年第三次修正）》（海关总署第 240 号令） 第 17 条　携带入境的活动物仅限犬或者猫（以下称“宠物”），并且每人每次限带 1 只。 携带宠物入境的，携带人应当向海关提供输出国家或者地区官方动物检疫机构出具的有效检疫证书和疫苗接种证书。宠物应当具有芯片或者其他有效身份证明

续表

海关事务领域	进博会的海关措施	现有海关制度与经验的来源
暂时进出境		
《进境物资证明函》与统一提供税款总担保	《第二届进博会便利措施》 办展方统一提供税款总担保，减轻境外参展企业负担。对进口博览会暂时进境展览品，由国家会展中心（上海）有限责任公司向上海海关提供银行保函办理税款总担保。境外参展商或其委托的主场运输服务商持国家会展中心（上海）有限责任公司出具的《2019 年第二届中国国际进口博览会进境物资证明函》和《2019 年第二届中国国际进口博览会进境物资清单》，免予逐票向海关提交税款担保	《中国 2010 年上海世博会物资通关须知》 在提供有效担保的前提下，海关验核世博局有关部门出具的《中国 2010 年上海世博会进境物资证明函》办理通关手续。 世博会进境的展品，经上海海关批准并验核《证明函》后，可以免予提交担保。……世博会暂时进境的技术设备、安保设备、通信设备、电视转播和新闻报道设备等其他物资，海关凭保证金或银行保函及《证明函》办理通关手续。 进出境世博会物资需要提交担保的，由世博局提供税款总担保
暂时进出境程序的智能化监管服务新模式	《第二届进博会通关须知》 进口博览会备案。国家会展中心通过“单一窗口”和“互联网 + 海关”提前完成进口博览会信息海关备案，采取“一次备案、分批提交清单”的方式办理海关手续，确保进口博览会物资抵达口岸后快速通关。 《第二届进博会便利措施》 通过跨境贸易管理大数据平台对进口博览会参展商、展览品信息实施全流程监管服务，打造数字化、智能化、便利化、集约化的进口博览会全流程监管服务新模式	国务院口岸工作部际联席会议办公室《关于印发〈国家口岸管理办公室关于国际贸易“单一窗口”建设的框架意见〉的通知》（署岸函〔2016〕498 号） 二、建设目标 通过持续优化整合使“单一窗口”功能范围覆盖到国际贸易链条各主要环节，逐步成为企业面对口岸管理相关部门的主要接入服务平台

续表

海关事务领域	进博会的海关措施	现有海关制度与经验的来源
进境申报的通关一体化模式	《第二届进博会通关须知》 进境物资申报。进口博览会暂时进境货物采用通关一体化模式,由国家会展中心或其委托的主场运输服务商在上海海关办理申报手续,口岸海关实施验放。其他贸易方式进境的进口博览会物资,境外参展方或其代理人按照现行规定办理海关手续	《海关全面深化改革总体方案》 《关于推进全国海关通关一体化改革的公告》(海关总署公告 2017 年第 25 号)①
ATA 单证册项下货物,由主管地海关审核并签注	《第二届进博会通关须知》 对于 ATA 单证册项下进口博览会暂时进境货物,由主管地海关进行审核并签注,复运出境期限与单证册有效期相同	《海关暂时进出境货物管理办法》 第 7 条　ATA 单证册持证人、非 ATA 单证册项下暂时进出境货物收发货人(以下简称"持证人、收发货人")可以在申报前向主管地海关提交《暂时进出境货物确认申请书》,申请对有关货物是否属于暂时进出境货物进行审核确认,并且办理相关手续,也可以在申报环节直接向主管地海关办理暂时进出境货物的有关手续
现场查验、放行与实地监管	《第二届进博会通关须知》 展览品查检与放行。进口博览会进境展览品按规定接受查验、检验、检疫等。因特殊情况需在展馆现场查检的展览品,由国家会展中心或其委托的主场运输服务商提出申请,经海关审核同意,可运至展馆现场接受查检。国家会展中心应当提供必要的办公场所、查检设施等。对查检正常的展览品,由实施查检作业的海关办理放行手续 《第二届进博会通关须知》 展中监管。进口博览会举办期间海关依法派员实地监管。国家会展中心、主场运输服务商以及参展商应当遵守海关对展览品展示、销售的管理规定,配合海关做好监管工作	《中国 2010 年上海世博会物资通关须知》 世博会期间,海关将派员在世博园区内驻场监管,办理海关手续。 《海关暂时进出境货物管理办法》 第 17 条第 2 款　对于申请海关派员监管的境内展览会,办展人、参展人应当在展览品进境前向主管地海关提交有关材料,办理海关手续。 第 21 条　海关派员进驻展览场所的,经主管地海关同意,展览会办展人可以就参展的展览品免予向海关提交担保。 展览会办展人应当提供必要的办公条件,配合海关工作人员执行公务

① 《全国是一关　一关通天下　海关通关一体化全国实施》,载海关总署网:http://www.customs.gov.cn/customs/302249/302425/712632/index.html,最后访问日期:2019 年 8 月 7 日。

续表

海关事务领域	进博会的海关措施	现有海关制度与经验的来源
合理消耗的展览用品免征进口税收	《第二届进博会通关须知》 展览用品消耗。国家会展中心应当督促参展商提前将预计的消耗,以书面形式报告上海海关,并明确展览用品拟使用方式(试用、品尝、散发)和数量(应在合理范围内,与活动规模相匹配)。对于拟试用、品尝、散发的展览用品,相关参展商应当提供符合要求的合格证明(参展国官方证书或者第三方检测报告或者参展方自验合格报告)以及国家会展中心出具的情况说明。 下列进口博览会进境展览用品,海关根据实际情况对其数量和总值进行核定,在合理范围内的,按照相关规定免征关税和进口环节增值税、消费税: 1. 在展览活动中的小件样品(酒精饮料、烟草制品及燃料除外),包括原装进口的或者在展览期间用进口的散装原料制成的食品或者饮料的样品。 此类货物,应当符合以下条件: (1)由参展方免费提供并在展览期间专供免费分送给观众使用或者消费的; (2)单价较低,作广告样品用的; (3)不适用于商业用途,并且单位容量明显小于最小零售包装容量的; (4)食品及饮料的样品虽未按照本款第(3)项规定的包装分发,但确实在活动中消耗掉的。 2. 为展出的机器或者器件进行操作示范被消耗或者损坏的物料。 3. 布置、装饰临时展台消耗的低值货物。 4. 展览期间免费向观众散发的有关宣传品。 5. 供展览会使用的档案、表格及其他文件。 第1点所列展览用品超出限量进口的,超出部分应当依法征税;第2点、第3点、第4点所列展览用品,未使用或者未被消耗完的,应当复运出境,不复运出境的,应当按照规定办理进口手续	《海关暂时进出境货物管理办法》 第19条　下列在境内展览会期间供消耗、散发的用品(以下简称“展览用品”),由海关根据展览会的性质、参展商的规模、观众人数等情况,对其数量和总值进行核定,在合理范围内的,按照有关规定免征进口关税和进口环节税: (一)在展览活动中的小件样品,包括原装进口的或者在展览期间用进口的散装原料制成的食品或者饮料的样品; (二)为展出的机器或者器件进行操作示范被消耗或者损坏的物料; (三)布置、装饰临时展台消耗的低值货物; (四)展览期间免费向观众散发的有关宣传品; (五)供展览会使用的档案、表格以及其他文件。 前款第(一)项所列货物,应当符合以下条件: (一)由参展人免费提供并且在展览期间专供免费分送给观众使用或者消费的; (二)单价较低,作广告样品用的; (三)不适用于商业用途,并且单位容量明显小于最小零售包装容量的; (四)食品以及饮料的样品虽未按照本款第(三)项规定的包装分发,但是确实在活动中消耗掉的。 第20条　展览用品中的酒精饮料、烟草制品以及燃料不适用有关免税的规定。 本办法第十九条第一款第(一)项所列展览用品超出限量进口的,超出部分应当依法征税;第一款第(二)项、第(三)项、第(四)项所列展览用品,未使用或者未被消耗完的,应当复运出境,不复运出境的,应当按照规定办理进口手续

续表

海关事务领域	进博会的海关措施	现有海关制度与经验的来源
展品展后内销(进口)	《首届进博会通关须知》 展中销售。 对于在博览会期间销售的展览品,国家会展中心应当在销售前或博览会结束后,按照海关相关规定统一办理进口手续。涉及许可证件管理的,应当在销售前办理相关许可证件。 《第二届进博会通关须知》 展后留购(进口)。 对于展后留购的展览品,国家会展中心或其委托的主场运输服务商应当按照海关相关规定统一办理进口手续。涉及许可证件管理的,应当办理相关许可证件	《海关法》 第24条　进口货物的收货人、出口货物的发货人应当向海关如实申报,交验进出口许可证件和有关单证。国家限制进出口的货物,没有进出口许可证件的,不予放行,具体处理办法由国务院规定。 《关税条例》 第42条第2款　暂准进境货物在规定的期限内未复运出境的,或者暂准出境货物在规定的期限内未复运进境的,海关应当依法征收关税。 (原)《中华人民共和国海关暂时进出境货物监管操作规程(试行)》(署监发〔2011〕244号) 第26条　收发货人或其代理人在办理货物进出口手续时,主管地海关应当审核本规程第25条所列单据。进出口货物涉及许可证件管理的,海关按照规定要求收发货人或代理人提交许可证件。 《上海世博会特殊规章第7号:有关货物的通关、运输和处理》 第23条　转为正式进口的货物:1. 对世博会结束后毁坏、丢失、被窃等不再复运出境的暂时进境货物,官方参展者应向海关出示符合法律和法规的证明,经批准后向海关和检验检疫部门申报,接受检验检疫部门的检验检疫,接受海关查验,按一般贸易方式办理进口手续。 2. 对世博会结束后留购的暂时进境货物,官方参展者应在世博会结束30日前向中国海关提出申请,经批准后向海关和检验检疫部门申报,办理进口手续。属于许可证件管理的,还应按照有关规定向海关提交相关许可证件

续表

海关事务领域	进博会的海关措施	现有海关制度与经验的来源
复运出境及其暂时进境期限	《第二届进博会通关须知》 暂时进境的进口博览会展览品应当在海关规定期限内复运出境	《海关法》 第 31 条　按照法律、行政法规、国务院或者海关总署规定暂时进口或者暂时出口的货物,应当在 6 个月内复运出境或者复运进境;需要延长复运出境或者复运进境期限的,应当根据海关总署的规定办理延期手续。 《海关暂时进出境货物管理办法》 第 10 条　暂时进出境货物应当在进出境之日起 6 个月内复运出境或者复运进境
与其他海关程序衔接	《第二届进博会通关须知》 非 ATA 单证册项下暂时进境进口博览会展览品,在进口博览会结束后转入海关特殊监管区域和保税监管场所的(参展汽车应当转入可开展保税仓储业务的海关特殊监管区域和保税监管场所),办理海关相关手续后予以核销结案。① 《第二届进博会便利措施》 简化出境手续,便利展览品展后处置 进口博览会暂时进境展览品(ATA 单证册项下暂时进境展览品除外)在进口博览会结束后,结转到海关特殊监管区域和保税监管场所的(参展汽车应当转入可开展保税仓储业务的海关特殊监管区域和保税监管场所),准予核销结案	无

① 上海海关还专门制定了《展览品结转为保税货物操作规范》。参见刘昕:《进博会海关监管服务“全方位”》,载海关总署网:http://www.customs.gov.cn/customs/xwfb34/302413/302415/2074654/2074657/2077078/index.html,最后访问日期:2019 年 8 月 8 日。

续表

海关事务领域	进博会的海关措施	现有海关制度与经验的来源
延长 ATA 单证册项下展览品暂时进境期限	《首届进博会通关须知》 对于 ATA 单证册项下进口博览会暂时进境货物，由主管地海关进行审核并签注，复运出境期限与单证册有效期相同。 《首届进博会便利措施》 延长 ATA 单证册项下展览品暂时进境期限，准予延期复运出境。将海关签注 ATA 单证册项下进口博览会暂时进境展览品的首次进境期限，在单证册有效期内由目前的 6 个月延长至 1 年。 《第二届进博会便利措施》 固化监管措施，延长 ATA 单证册项下展览品暂时进境期限 固化并推广 2018 年首届进口博览会监管服务保障的有益经验，海关签注 ATA 单证册项下暂时进境货物的复运出境期限与单证册有效期一致	《中国 2010 年上海世博会物资通关须知》 经上海海关批准，暂时进境的世博会物资应当在首次入境后 1 年内复运出境。对确需延期复运出境的，经向上海海关申请并获得批准后，可以延期出境，但最迟应于 2011 年 5 月 31 日前复运出境（上海世博会结束的 7 个月内） Istanbul Convention Annex B. 1. Concerning Goods for Display or Use at Exhibitions, Fairs, Meetings or Similar Events Article 4 1. The period for the re-exportation of goods imported for display or use at exhibitions, fairs, meetings or similar events shall be at least six months from the date of temporary admission. 2. Notwithstanding the provisions of paragraph 1 of this Article the Customs authorities shall allow such goods which are to be displayed or used at a subsequent event to remain within the territory of temporary admission, subject to compliance with such conditions as may be required by the laws and regulations of that territory and provided that the goods are re-exported within one year of the date of temporary admission
展览品延期	《第二届进博会通关须知》 展览品延期。暂时进境进口博览会展览品确需延期复运出境的，应当按规定向上海海关办理延期手续	《海关暂时进出境货物管理办法》 第 10 条第 2 款　因特殊情况需要延长期限的，持证人、收发货人应向主管地海关办理延期手续，延期最多不超过 3 次，每次延长期限不超过 6 个月。延长期届满应当复运出境、复运进境或者办理进出口手续

续表

海关事务领域	进博会的海关措施	现有海关制度与经验的来源
保税展示交易		
支持保税交易展示	《第二届进博会通关须知》与《第二届进博会便利措施》 保税展示交易。 进口博览会保税展示交易是指经海关注册登记的海关特殊监管区域或保税物流中心(B 型)(以下简称区域中心)内企业,将保税货物提交担保后,运至区域中心外进口博览会展馆或常年展示馆进行展示和销售的经营活动	《关于在中国(上海)自由贸易试验区开展保税展示交易业务的公告》(上海海关公告 2014 年第 9 号) 一、保税展示交易是指经海关注册登记的试验区内企业(以下简称区内企业)在试验区内或者区外开展保税展示交易的经营活动。 四、区内企业需要在试验区规划面积以内、围网以外的综合办公区(以下简称综合办公区)专用的展示场所及区外其他场所开展出区保税展示交易的,应当提供足额税款担保
扩大适用范围	《首届进博会通关须知》 进口博览会展会期间,经海关批准的保税仓库可以参照区域中心开展保税展示交易业务	无
人员与个人物品通关监管		
个人物品通关监管	《首届进博会通关须知》 个人物品。个人携带一般生活物品进境,应当遵循“自用、合理数量”原则。海关按规定对免税范围内的个人物品予以免税放行,对超出免税范围的物品予以征税放行。超出“自用、合理数量”范围的,按照相关规定办理通关手续。个人通过分运行李方式进境的个人物品,应当由本人在入境时向海关申报。分运行李运抵后,应当由本人或其代理人向海关提交书面申请,凭有效身份证件、有关申报单证及物品清单等向进境地海关办理手续。以分运行李方式出境的个人物品,应由本人或其代理人在出境前凭有效出境证件向出境地海关提出申请并按规定办结海关手续。海关按规定对免税范围内的个人物品予以免税放行。超出“自用、合理数量”范围的,按照相关规定办理通关手续	《海关对进出境旅客行李物品监管办法(2017 年修改)》(海关总署令第 235 号) 第 6 条　旅客行李物品,应以自用合理数量为限,超出自用合理数量范围的,不准进境或出境。旅客行李物品,经海关审核,按本办法附件《旅客进出境行李物品分类表》(以下简称《分类表》)规定的范围验放。进出境物品的合理数量和准许各类旅客进出境物品的具体限值、限量及征免税规定,另行制定。 第 8 条　旅客以分离运输方式运进行李物品,应当在进境时向海关申报。经海关核准后,自旅客进境之日起六个月内(含 6 个月,下同)运进。海关办理验放手续时,连同已经放行的行李物品合并计算

续表

海关事务领域	进博会的海关措施	现有海关制度与经验的来源
		以分离运输方式运出的行李物品,应由物品所有人凭有效的出境证件在出境前办妥海关手续。 第 17 条　短期旅客携带进出境的行李物品应以旅行需用物品为限。 短期旅客中的居民和非居民中的中国籍人携带进境属于《分类表》第三类物品,海关按照规定的限值、限量予以征税或免税放行
行邮税免税限值	《首届进博会通关须知》 个人寄自或寄往港、澳、台地区的物品,每次限值为 800 元人民币;寄自或寄往其他国家和地区的物品,每次限值为 1,000 元人民币。个人邮寄进出境物品超出规定限值的,应当办理退运手续或者按照货物规定办理通关手续。但邮包内仅有一件物品且不可分割的,虽超出规定限值,经海关审核确属个人自用的,可以按照个人物品规定办理通关手续。个人邮寄进境物品,海关依法征收进口税,但应征进口税税额在 50 元人民币(含 50 元)以下的,海关予以免征。邮运进出口的商业性邮件,应当按照货物规定办理通关手续	《关于调整进出境个人邮递物品管理措施有关事宜》(海关总署公告 2010 年第 43 号) 一、个人邮寄进境物品,海关依法征收进口税,但应征进口税税额在 50 元人民币(含 50 元)以下的,海关予以免征。 二、个人寄自或寄往港、澳、台地区的物品,每次限值为 800 元人民币;寄自或寄往其他国家和地区的物品,每次限值为 1,000 元人民币。 三、个人邮寄进出境物品超出规定限值的,应办理退运手续或者按照货物规定办理通关手续。但邮包内仅有一件物品且不可分割的,虽超出规定限值,经海关审核确属个人自用的,可以按照个人物品规定办理通关手续

续表

海关事务领域	进博会的海关措施	现有海关制度与经验的来源
专业设备通关监管		
境外记者采访器材	《第二届进博会通关须知》 进口博览会暂时进境的境外记者采访器材，海关按照海关总署公告2008年第104号、2009年第19号、2009年第31号的有关规定办理通关手续	《中国2010年上海世博会物资通关须知》 世博会暂时进境的境外记者采访器材，海关按海关总署公告2008年第104号、2009年第19号、2009年第31号的有关规定办理通关手续。 《关于海关办理外国常驻新闻机构、外国记者采访器材进出境手续的公告》（海关总署公告2008年第104号） 《关于香港和澳门新闻机构在内地常驻记者站、香港和澳门记者办理采访器材进出境手续的公告》（海关总署公告2009年第19号） 《关于台湾记者采访器材进出境海关手续海关总署公告》（2009年第31号）

2. 进博会海关措施与相应现有基础法律制度对比后的分析

(1)对比结论:进博会海关措施是以现行法律制度为依据并吸收世博经验而成

经前文及表 13 的对比可知,从实质上说,《进博会通关须知》和《进博会海关便利措施》基本上是以我国现行海关法律制度为依据,并吸收了 2010 年世博会便利化措施的经验的基础上制定的。

例如,国家会展中心统一提供税款总担保及其《首届进博会进境物资清单》的做法与《世博会物资证明函》及世博局税款总担保类似。2009 年 7 月 2 日发布的《中国 2010 年上海世博会物资通关须知》(以下简称《2010 年世博会通关须知》)规定了由世博局出具《中国 2010 年上海世博会进境物资证明函》(以下简称《2010 年世博会物资证明函》),并规定经上海海关批准并验核《2010 年世博会物资证明函》后,可以免予提交担保。世博会相关其他物资,海关凭保证金或银行保函及《世博会物资证明函》办理通关手续。进出境世博会物资需要提交担保的,由世博局提供税款总担保。

再如,《进博会通关须知》和《进博会海关便利措施》规定了延长 ATA 单证册项下展览品暂时进境期限,准予延期复运出境。将海关签注 ATA 单证册项下进口博览会暂时进境展览品的首次进境期限,在单证册有效期内由目前的 6 个月延长至 1 年。在这一方面,《2010 年世博会通关须知》中规定,经上海海关批准,暂时进境的世博会物资应当在首次入境后一年内复运出境。对确需延期复运出境的,经向上海海关申请并获得批准后,可以延期出境,但最迟应于 2011 年 5 月 31 日前复运出境(上海世博会结束的 7 个月内)。同时,我国于 1998 年加入《伊斯坦布尔公约》并接受了该公约的主约和附约 A 与附约 B. 1。《伊斯坦布尔公约》附约 B. 1《关于在展览会、交易会、会议以及类似活动陈列或使用的货物的附约》第 4 条规定:(1)在展览会、交易会、会议或类似活动中展出或使用的暂准进境货物的复出境期限应至少为字暂准进境之日起的 6 个月。(2)尽管有本条第 1 款的规定,但在符合该暂准进境地的有关法律法规的条件下,海关应准许此类货物在使用完毕后继续停留在暂准进境地境内供另一活动中的展出或使用,并应在自暂准进口之日起的 1 年内复出境。因此,此项进博会措施是存在 2010 年世博会在先实践和我国参加的国际公约的制度基础的。

之所以进博会通关规则和便利措施基本是以现行制度为依据并吸收世博

经验的基础上制定的,是因为海关是边境执法机关,其受到一系列的行政法律法规的约束,其规则制定权有限,不可能在没有现有制度依据的情况下,凭空突破法律。

(2)海关措施中的实质性创新点及其意义

①新闻媒体中所称的进博会海关措施的“突破”之处

新闻媒体中对进博会通关规则和便利措施方面较为权威的宣传或评价主要体现于《海关创新监管手段全力保障》[①]《助力中国国际进口博览会,三项海关政策实现突破》[②]等文章中提出,在《首届进博会通关须知》和《海关支持首届进博会便利措施》中,有三项海关政策实现“突破”,主要包括:一是经海关总署批准同意,ATA 单证册项下进口博览会暂时进境展览品的首次进境期限,单证册有效期由 6 个月延长至 1 年。二是首届进口博览会 11 月中旬闭幕后,相关参展展览品结转到海关特殊监管区域和保税监管场所,海关准予核销结案。三是为了方便参展进口博览会的相关食品企业进行市场推广,海关规定相关预包装食品可免于加贴中文标签,但参展商必须在展览品旁以中文注明品名、保质期、食用禁忌和食用方法等信息,方便进口博览会观众根据个人情况作出选择判断。第二届进博会海关措施中维持固化了前两项措施,但取消了第三项。

即使新闻媒体称存在三项突破,但海关实际上是不可能突破现有立法而凭空给予进博会展品物资以某些完全不同的待遇,否则便是违法。新闻所称的第一项、第三项突破是已经有在先实践和我国已经加入的国际规则的基础上制定的。

值得注意的是,新闻所称的第二项突破虽然是现有的制度框架下所设计的,但确是以往未曾触及的一项创新。

②海关措施中的实质性创新点及其意义

在我国现有海关法律制度允许的框架下,海关已经尽可能地发挥了制度的灵活性,其创新性亮点如下:

一是暂时进出境的单一窗口全流程服务功能上线及其意义。

---

① 刘昕:《海关创新监管手段全力保障》,载《国际商报》2018 年 8 月 13 日,第 3 版。

② 吴宇、陈定:《中国国际进口博览会三项海关政策实现突破》,载中国政府网:http://www.gov.cn/guowuyuan/2018-08/07/content_5312369.htm,最后访问日期:2019 年 8 月 8 日。

即使在上海的国际贸易单一窗口早在2013年年底就开始开发建设，至今已经进入了3.0版本，但在2018年7月前本不具有暂时进出境程序的功能。首届进博会促成了该功能的实现，实现了通过“单一窗口”和“互联网+海关”实现进口博览会信息一次备案，为进口博览会提供展品备案、展品通关、展中监管、展品核销等全流程服务。这使上海单一窗口可以适用的通关流程更加多元化，不仅符合了国际上先进的单一窗口的做法，也进一步符合了国务院口岸工作部际联席会议于2016年10月14日发布的《关于国际贸易“单一窗口”建设的框架意见》的通知（署岸函〔2016〕498号）中“全覆盖”的要求。

二是暂时进境货物可结转到海关特殊监管区域或场所而予以核销的措施及其意义。

《海关支持首届进博会便利措施》表述为：“进口博览会暂时进境展览品（ATA单证册项下暂时进境展览品除外）在进口博览会结束后，结转到海关特殊监管区域和保税监管场所的（参展汽车应当转入可开展保税仓储业务的海关特殊监管区域和保税监管场所），准予核销结案。”并指出这一便利措施简化了出境手续，便利了展览品展后处置。实际上，这一措施具有实践和法理上的双重意义。

第一重是实践意义。展品物资在展后并不需要实际出口，而是结转到海关特殊监管区域或场所就可以核销，从而为展品展后在我国境内考虑多种处置或用途提供的制度支持。这一措施看似一个小的灵活处理，实质上极大地支持了我国国际会展业及其相关产业的发展。因为这些产业的标的（展品物资）将可能在国内的会展、活动中多次使用且服务于不同的商业目的。

第二重是法理意义。该进博会措施的公布，从法理上厘清了某一具体海关程序的启动与结束并不需要货物物品在实际上跨越关境或完成进出口税费手续。具体到展品物资在暂时进出口程序和其他程序的转换衔接，并不需要货物实际复出口后再度按照另一个程序申报入境。当前通过“核销结案”措施就可以使展品完成当前的暂时进出口程序而进入下一个程序，将实际货物的流动与所处地点与其所适用的海关程序相分离，从而开启了暂准进境制度与其他多种通关制度的转换与衔接的实际操作，推动着我国的暂准进境制度朝着更为现代化的方向发展。

六、进博会海关法律制度仍需进一步回应的诉求与问题

通过上述分析,当前公布的进博会海关措施解决了通关需求中迫在眉睫的问题,尤其是在解决暂时进出口制度对于现代复合型多功能的国际会展的"瓶颈"方面,在制度允许的范围内做出最大努力。但不一般的进博会对海关制度便利化与灵活性的诉求各式各样,利益的诉求也多种多样,有关详细阐述参见本书第二章。在复合式国际会展业的发展形势下,仍有一些关键的需求并未得到解决。提炼其中主要诉求如下:

(一)实现暂准进境制度与其他海关法律制度之间的双向灵活衔接转换

1. 制度与程序之间的衔接转换

根据现代会展中展品的多种用途的可能性,暂准进境制度与其他海关制度之间能够灵活的衔接转换。尤其是根据展品的后续用途(如巡展、内销等),展品能够从暂准进境制度能够较为简便顺畅地转换到其他海关制度项下。虽然"暂时进境货物可结转到海关特殊监管区域或场所而予以核销"的措施可以实现货物暂时进境程序和特殊区域的保税程序之间的转换,但是现代会展中展品的多种用途,需要暂准进境制度与更多的其他海关制度之间的双向灵活衔接转换。

2. 电子化应用程序和单一窗口具有不同海关程序间衔接转化的功能

考虑到通关无纸化作业,有关的通关电子化程序和单一窗口的设计功能也应能够体现和实现暂准进境程序和其他海关程序之间的衔接转换。否则,将会出现应用程序或电子化限制法律制度目标实现的情况。

(二)现有保税展示交易制度仍存在的"瓶颈"

为支持办好中国国际进口博览会,服务"一带一路"倡议、扩大开放等国家战略,海关出台了一系列便利化措施。在保税展示交易方面:一是简化出境手续,便利展览品展后处置。进口博览会暂时进境展览品(ATA 单证册项下暂时进境展览品除外)在进口博览会结束后,结转到海关特殊监管区域和保税监管场所的(参展汽车应当转入可开展保税仓储业务的海关特殊监管区域和保税监

管场所),准予核销结案;二是支持保税展示交易,扩大适用范围。进口博览会保税展示交易是经海关注册登记的海关特殊监管区域或保税物流中心(B 型)(以下简称区域中心)内企业,将保税货物提交担保后运至区域中心外进口博览会常年展示馆进行展示和销售的经营活动。其中首届进博会规定,进口博览会展会期间,经海关批准的保税仓库可以参照区域中心开展保税展示交易业务,而第二届海关政策措施中取消了该条。即便如此,现有海关保税展示交易在法律规范、监管制度等方面仍无法适应进口博览会办展目标,构建开放的现代化经济贸易体系。

1.《海关暂时进出境货物管理办法》限制进境展品在展后开展保税展示交易

暂时进境货物包括了参展国或企业用于其展区内展示的展览品,也包括了参展国或企业在展区内组织文化演艺活动所需的暂时进境的表演用品、交通工具、特种车辆等。无论是在数量方面还是在价值方面,暂时进境货物往往在各国际展会参展者的进境货物中占绝对比重。会后允许商品进入保税区进行保税展示是放大本次进口博览会政策功能优势、辐射拉动产业发展的有效切入点。一个小的展示中心区就是一个永不落幕的国际商品博览平台,可以有效创造和诱发商机,促进物流、人流、资金流和信息流融合集聚,发挥以展示促贸易、增物流、活港口、带发展的综合辐射拉动效应。

虽然为支持办好进口博览会,海关出台了一系列便利措施,然而,从常态化机制着眼,目前我国政策规定限制进境展品在展会结束后进入特殊监管区进行保税展示交易。依据《海关暂时进出境货物管理办法》,暂时进境货物通过口岸进口后,除在展会中少量消耗外,展会结束后原则上都应于我国海关规定的监管期限内原状复运出境,无法进入特殊监管区域内继续开展保税展示,即所谓“两头在外”。世博会期间,暂时进口的世博会物资在会后留用或者做变卖处理的,要求向上海海关提出申请,经批准后办理货物进口、暂时进口结案等相关海关手续。①

进口博览会是迄今为止全世界第一个以进口为主题的国家级展会,将通过构建一站式交易服务平台实现“6 + 365 天”常态化运营模式。一站式交易服务

① 参见《2010 上海世博会海关通关答问汇编》。

平台包含采购商联盟渠道对接、政策法规资讯、交易促进、综合服务等多项功能，为各国商品（服务）进入我国市场提供全方位交易服务。鉴于进口博览会这一特殊性，为展后配套的需要，除出台临时便利化保障措施外，必须通过立法赋予进境展品在展会结束后进入特殊监管区开展保税展示交易的权能。由此，既能顺利承接进口博览会资源、扩大进口博览会影响，又能吸引更多的国外行业协会、龙头企业拓展我国市场，进一步推动进口博览会的发展。

2. 现有保税展示交易海关监管制度无法适应进博会办展目标

举办进口博览会是中国政府坚定支持贸易自由化和经济全球化、主动向世界开放市场的重大举措，有利于促进世界各国加强经贸交流合作，促进全球贸易和世界经济增长，推动开放型世界经济发展。然而，现有保税展示交易制度在展品入区、展品管理、海关申报等方面的监管措施有所局限，且国内或上海各保税区关于保税展示交易的具体做法也存在差异，无法最大限度地促进贸易便利化和对外开放。

例如，在展品管理方面，目前商品保税展示期限存在一定限制。《海关暂时进出境货物管理办法》第 10 条明确规定，暂时进出境货物应当在进出境之日起 6 个月内复运出境或者复运进境。因特殊情况需要延长期限的，持证人、收发货人应当向主管地海关办理延期手续，延期最多不超过 3 次，每次延长期限不超过 6 个月。延长期届满应当复运出境、复运进境或者办理进出口手续。国家重点工程、国家科研项目使用的暂时进出境货物以及参加展期在 24 个月以上展览会的展览品，在前款所规定的延长期届满后仍需要延期的，由主管地直属海关批准。此外，区外商品展示的担保等手续繁杂、展品保税交易时货物申报方式不统一等现状，都无法满足参展企业选择保税展示和交易方式的合理需求。因此，如果要建立常态型的保税展示交易平台，这些限制需要制度性的创新，这也将有利于自贸区海关的便利化改革，自贸区会展经济据此会得到快速发展，成为全国自贸试验区的特色亮点。

（三）上海海关对展览业的监管模式及存在问题

2018 年，中国境内共举办经贸类展览 3,793 个，较 2017 年增加 130 个，同比增长 3.5%；举办展览总面积为 12,949 万平方米，较 2017 年增加 570 万平方米，同比增长 4.6%。各区域展览数量和展览面积发展不平衡，华东地区办展数量和办展面积均领先于其他地区，占比分别为 45.0% 和 41.0%；东北地区办展数量同比增速最快，达 37.4%；华南地区办展面积同比增长最快，达 17.1%。在省市方面，上海、广东和山东办展数量和面积均位居前三强，办展数量占比分别为 19.5%、13.3% 和 9.5%，办展面积占比分比为 20.6%、21.1% 和 7.6%。[①] 上海市目前已经建成的展馆数已达 12 个，室内展馆面积得到了 83.48 万平方米。2017 年上海共举办展览会项目 767 个，总展出面积 1,689 万平方米；其中，9 个主要场馆共举办展览会项目 561 个，总展出面积 1,544.5 万平方米，另有合计 144.5 万平方米的 206 个项目在科技馆、中华艺术宫、博物馆等科技、艺术类小型场馆举办。[②] 其中，新国际博览中心、国家会展中心、世博展览馆在上述展览中的占有率达 87%（见图 5）。目前，上海会展博览业的专业布局基本形成，国际竞争力初步显现。

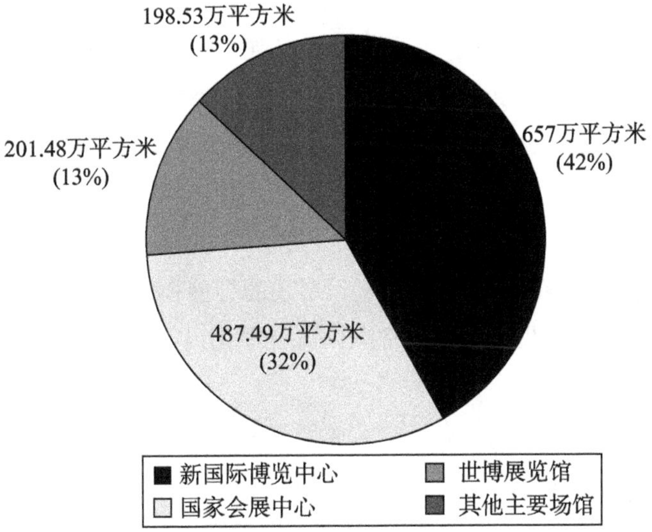

图 5　2017 年主要场馆市场占有率[③]

① 《微会动：2018 年中国展览业发展回顾》，载新浪网：https://cj.sina.com.cn/articles/view/2563935754/98d28e0a00100nsbp，最后访问日期：2019 年 8 月 10 日。

② 上海市会展行业协会：《2017 年上海展览业概况》，载搜狐网：https://www.sohu.com/a/222434691_100017574，最后访问日期：2019 年 8 月 9 日。

③ 上海市会展行业协会：《2017 年上海展览业概况》，载搜狐网：https://www.sohu.com/a/222434691_100017574，最后访问日期：2019 年 8 月 10 日。

为规范上海会展博览的开展，促进上海会展博览业的发展，上海海关（含原上海检验检疫部门）采取了很多措施，以进一步优化展品出入境监管方法提高展品出入境通关效率，引导培育展览业重点企业成为海关认证企业以更好地适用海关通关便利措施。这些措施包括：第一，在展会备案期积极调研，加强与会展博览主办方及物流公司联系沟通，了解相关国际进境展品安排，提前制定相关预案。第二，制定和推出个性化的监管措施，如针对上海车展等大型展会采取专人专窗，针对文化类展览品价值高、物流仓储条件苛刻、针对公务机展、游艇展等特殊展览因地制宜协调展品通关事宜。第三，免收展品担保金，进一步降低企业办展成本。第四，推广实行驻场监管的有效模式，对符合规定的展会展馆推广驻场监管的模式，既可免除展览品担保，减轻主办方和参展商的资金压力；又可为参展商办理通关手续提供便利，实施现场查验，提高监管效率。

但是，海关（含检验检疫）现行监管模式与上海快速发展的会展博览业不相适应，世博会、进口博览会均采取专事专办、特事特办模式，不利于推动上海会展博览业可持续发展，也不利于海关相关监管制度的复制与推广。

（四）当前关税政策面临的问题

对会展税负方面，在多业态多展示形式的会展模式下，希望对包括进博会在内的复合型会展的税负政策的常态化与合理化，从而体现税收法定和税负公平的原则。

1. 展品的入境渠道和流向不定造成了关税政策难定

根据《京都公约》（修正）的总附约和专项附约 G 及其指南，对于货物是否保税与免税的判断标准在于货物是否仅是在关境内暂时停留。当货物能够确定仅暂时留在一国关境内，通常对这些货物暂时免除有关进口税费。

在中国国际进口博览会的展品和展览用品的入境渠道、展后用途与流向却不能完全确定，甚至不明，因此关税优惠难定。

2. 对首届进博会展适用类似于跨境电商零售商品税政策的不可持久性

虽然 2018 年 10 月 30 日公布的《关于首届中国国际进口博览会展期内销售的进口展品税收优惠政策的通知》（财关税〔2018〕43 号）的规定，对首届进博会展品免征进口关税，进口环节增值税、消费税按应纳税额的 70% 征收。这已

是现有措施中非常优惠和支持性的措施了。但此措施不可持久,这是由于:

(1)措施来源的长效性不足。此措施来源于当前正适用的跨境电商零售商品税政策,但该跨境电商政策税收政策本身具有临时性。随着我国《关税法》的出台,该制度可能面临着与《关税法》冲突的情况。

(2)措施本身的普惠性不足。财政部的《关于首届中国国际进口博览会展期内销售的进口展品税收优惠政策的通知》是针对首届进博会公布的一次性措施,即使其非常优惠,也只能起到繁荣进博会本身的作用,不能惠及复合型国际会展的所有展品。因此,不能促进我国会展业的整体发展,不能促进复合型国际会展业的整体发展,不能实现进博会举办的深层次目的。

(3)措施的合理性与公平性不足。我国对会展业的促进与保障措施应当通过国际化、法治化和可预见的制度予以实现,没有必要以政策洼地的方式,以低税优惠的方式进行刺激。否则当财政刺激措施取消,则我国会展业的发展就不可持续。同时,虽然当前尚无关于进博会展品数量和税收数据的公布,但是根据近10年上海世博会的数据,上海海关共验放各类进境世博会物资3,576票,累计重量9,029吨,货物价值达11.48亿美元。可以预见,进博会展品或其他大型复合型会展的展品数量价值都会很高。如果长期采取对大型复合型会展展品给予税收优惠,则我国财政利益将受到影响。而如果仅对进博会展品适用税收优惠措施,而不能普惠于所有的大型复合型国际会展展品,则将形成不公平的竞争环境,将不利于良好的营商环境的形成。

此外,其他的市场需求还包括:一是在会展业海关措施的适用范围方面,由于复合型国际会展是兼具会议、展会和活动的会展活动,所涉及的不仅是展品,还有大量的相关物资。因此,希望仅适用于会展展品的海关措施适用于更多的有关物资。二是对通关成本方面,希望通关手续的简化与通关成本(包括如时间、费用、合规等成本)的降低。

Chapter 4 第四章

国际暂准进境制度比较

鉴于展品与相关物资通关与暂准进境制度最为密切相关,本章选取部分可适用于复合型国际会展的国际典型展品通关制度或暂准进境制度进行阐述与比较。具体包括美国的展品通关制度、欧盟的暂准进境制度、《京都公约》(修正)的专项附约 G 第一章、《ATA 公约》与《伊斯坦布尔公约》体系、《国际展览会巴黎公约》的海关规章附件。

一、美国对展览品和展览用品的专门性海关立法

从我国相关立法的角度来理解,展品的暂准进境制度是暂时进出境制度的组成部分,或者说暂时进出境制度包括了展品的暂准进出境制度。但从全球视野来看,并非一定如此。除了 ATA 单证册或 TECRO/AIT 单证册制度外,美国的展品暂准进境制度和其他货物(如专业设备、样品、运输工具、慈善用品与设备等)的暂准进境制度采用了分立式立法模式,[①]在法律制度和税则中都规定于不同的章目中。

---

① 19 CFR § 147.2(b).

(一)分立式立法模式

1. 美国专门针对会展的海关法律制度体系

(1)《1959 年贸易展会法案》

1959 年 4 月 22 日,美国颁布了《1959 年贸易展会法案》,①现编入《美国法典》第 19 编“关税”的第 6 章“贸易展会”第 1751 ~ 1756 节。② 该法案专门适用于经商务部部长所批准的,可以适用《贸易展会法案》优惠海关措施的展览会展品的通关。

(2)《贸易展会海关制度的实施细则》

1970 年 6 月,美国颁布了《贸易展会海关制度的实施细则》,③现编入《美国联邦法规汇编》第 19 编“关税”的第 1 章“美国国土安全部海关与边境保护局;财政部”的第 147 节“贸易展会”。同时,该部分还明确强调了《美国协调税则》(*Harmonized Tariff Schedule of the United State*, *HTSUS*)第 98 章第 13 分章中规定的展品外的其他暂准进境货物不得按照贸易展会制度申报进境。④

(3)其他辅助性制度

其他特种展会的辅助性制度,如对于酒类的展会,按照《联邦酒类管理法案》和《1954 年国内税收法案》第 51 章中规定的职业税进行管理和税款征收。

2. 美国的一般暂准进境制度

(1)凭担保暂准进境制度

1963 年 12 月,美国制定了凭担保暂准进境制度(Temporary Importations under Bond,TIB)。此后该制度经过多次修改,现编入了《美国联邦法规汇编》第 19 编“关税”的第 1 章“美国国土安全部海关与边境保护局;财政部”第 10 部分第 10.31 ~ 10.40 节。⑤ 该部分制度具体规定了凭担保暂准进境制度,主要适用于戏剧舞台用品(包括动物)(9817.00.98),女士服装的样品(9813.00.10),商业旅行者的样品、贸易的专业设备与工具(9813.00.20 或 9813.00.50),进境

---

① Trade Fair Act of 1959,86 P.L. 14,73 Stat. 18,86 P.L. 14,73 Stat. 18.

② 译文可参见黄胜强主编:《美国海关法典》(上),中国海关出版社 2015 年版,第 361 ~ 364 页。

③ 19 CFR § 147.

④ 19 CFR § 147.2.

⑤ 19 CFR § 10.31 – 10.40.

修理或改装的车辆、游船、航空器(9813.00.05)等。此外,国际运输中特定运输工具与设备也可适用凭担保暂准进境制度。

(2)其他配套制度

凭担保暂准进境制度需要与其他海关制度配套使用,因此,美国《美国联邦法规汇编》还规定了其他配套制度。例如,有关关税延迟缴纳制度①中涉及 TIB 的衔接,艺术品暂准进境②中也涉及 TIB 的运用。

(二)展品和其他暂准进境货物分属《美国协调税则》第 98 章中的不同分章

美国将展品与适用暂准进境制度的其他货物分别规定于《美国协调税则》第 98 章的不同分章。

1.《美国协调税则》第 98 章第 12 分章专门适用于展品

《美国协调税则》第 98 章第 12 分章③专门设定了适用于展品的两个税号:

(1)税号 9812.00.20:任何为鼓励农业、艺术、教育或科学而设立的机构或社团为展览而进口的物品,或任何国家或市政企业为此类展览而进口的物品;

(2)税号 9812.00.40:任何机构、社团、国家或市政企业为修建公共纪念碑而进口的物品。

这两个税目并不能包括所有展览品和展览用品,不能归入这两个税目的展品,都可以按照一般的归类制度归入相应的税号。

2.《美国协调税则》第 98 章第 13 分章适用于其他暂准进境货物

《美国协调税则》第 98 章第 13 分章专门规定了适用暂准进境制度其他特定货物的税目(9813.00.05~9813.00.75)。

(三)美国会展专门性海关立法的具体内容

1.适用展品海关制度的条件

(1)适格的会展

如果商务部长认为在美国举办的某展览会可以满足促进贸易方面的公共

---

① 19 CFR § 181.53.

② 19 USC § 144a.

③ *Harmonized Tariff Schedule of the United States* (2018, Revision 5), Chapter 98, Subchapter XII Articles Admitted Free of Duty Under Bond for Permanent Exhibition.

利益，则其批准适用《1959 年贸易展会法案》中规定的待遇，并将展览会的名称、地点、起止时间以及办展人的名称通知财政部部长。

(2)可适用会展海关制度的物品

任何为了在展览会上展示或用于在展览会上建造、安装或维护外国展品的任何物品，如果该物品：①在对外贸易区，或②按照《美国协调税则》第 98 章第 12 分章进境，或③包括但不限于以下直接申报用于某一展览会，或在海关保税仓库中，或并未根据海关法申报且获有暂停申报或出口的一般命令（general order）[①]许可，或在由商务部部长批准的其他展览会上展示的，且这些物品持续处于海关监管下，则可以凭担保不支付任何关税或国内税而进口。

2. 展品的通关与监管

(1)申报人及其责任

所有展品必须以展览会办展人（fair operator）的名义申报，其也是唯一的收货人与进口人，负有承担海关税费的责任。如果展品灭失或被盗，无论展览会办展人是否存在过错，都应当承担支付税费的责任。货物申报地点为展览会举办的口岸或者距离展览会举办地最近的口岸。如果货物在展览会举办地港口之外的港口申报入境，则不用经过评估可直接运输至规定港口。

(2)展前特殊情况下对展品的处理

出于各种原因，为了展览会而进境的货物在其到达时没有及时地申报并运送至展览会，则展览会办展人应向口岸海关提出书面请求，根据一般命令许可将货物置于保税仓库。自货物入境之日起 1 年内，货物应根据申报用于另一展览会，或申报进口，或申报出口。如果货物不能在此期限内做出适当申报，则视为将货物放弃给政府。《美国协调税则》第 98 章第 12 分章展品税目下的货物的海关监管期限为 5 年。

① A general order (GO) is a status given to imported goods that are missing the proper documentation or cannot be quickly cleared through customs. Merchandise may be held under general order if the proper duties, fees or interest are not paid, if the owner fails to complete the required customs paperwork, or if it is not correctly or legally invoiced. Goods will be held under general order if they remain uncleared for more than 15 days.

(3)展品通关便利程序及其监管

展品可以适用与生鲜水果等相同的立即交付放行程序。[①] 在申报后,港口海关签发将货物从港口运送至将要展示或使用的场所,或者在查验后运送至该场所。展品应与国内货物以及其他海关程序下的货物分离存放,且不得从展览会所在场所移出或做其他处置。主管海关关长应指派关员作为其代表在展览会上实施有关监管行为,并应将足以保护关税收入的关员或雇员派驻展览会。在展示或使用之前,货物应进行临时评估。临时进口展示的文化类展品免于扣押。[②]

(4)简化标签要求

《1930 年关税法》、国内税法和联邦酒类管理法中关于货物包装和标识的要求不适用于展览品或展览用品,但这些货物在展前应当明显地标记"未按法律要求标识或包装——不用于销售"字样。如果此类货物进入国内消费,则只有在完全遵守了有关标识要求以后,才能在海关监管下放行。

(5)必须遵守的检疫要求

属于《1912 年植物检疫法案》限制进境的植物材料的申报应根据农业部农业研究署植物检疫处签发的许可来决定。食物产品的进境应符合《联邦食品、药品和化妆品法案》及其细化规则的要求。

3. 展中、展后的展品处理

(1)九种可选择的正常处理方式

在展会结束之前的任何时间或者在展览会结束之日后的 3 个月内,适用展览品和展览用品海关制度的货物可以:第一,申报用于境内消费;第二,进入保税仓库;第三,适用其他的海关法律规定;第四,用于另一展会;第五,转为另一海关监管地位(状态);第六,进入对外贸易区;第七,放弃给政府;第八,在海关监督下销毁;第九,出口。

如果货物转入另一展览会,则应当根据展览品和展览用品海关立法对货物进行持续的海关监管。

---

① 19 CFR § 142.21(d); 19 CFR § 147.13.

② Immunity from seizure after importation. Act Oct. 19,1965,P. L. 89 - 259,79 Stat. 985,which is classified as 22 USCS § 2459.

如果是从美国出口的航空器(9801.00.70)或者从美国出口的除航空器外的其他货物(9801.00.80),属于从对外贸易区的“区域限制性货物”的状态申报用于展览会的货物,可以在对外贸易区委员会批准下申报用于消费。

如果货物根据其他海关法进行申报,或用于其他展览会,或转入其他海关监管地位,或进入对外贸易区,则货物在这些相应程序下履行任何要求的行为的时限从申报或转入时起算。

(2)转入其他程序及其税费计算与缴纳

①税费及其确定

如果货物根据任何其他海关法律制度进行申报进入其他程序,或在展览会结束之日后的3个月内货物没有申报或转入其他程序,则应对货物进行评估。

如果货物根据任何其他海关法律制度进行申报进入其他程序,则应按照其条件和数量支付任何海关与国内税费。支付税费以申报进入其他程序时的税率计算。

②转入其他程序时申报义务的转让授权

根据任何其他海关法律制度,申报进入其他程序的申报人可以是由展览会办展人书面授权的任何人。

(3)放弃或销毁

①自愿放弃或销毁

在展览会结束前的任何时间或在此后的3个月内,展品都可放弃给政府或在海关监督下销毁。

②强制放弃

如果展览会结束后的3个月期间届满,但展品并没有做出后续处理,则货物应放弃给政府,或用于销售,或予以销毁。此类货物的关税和国内税费的计算应以其用于销售之日的条件和数量来予以计算。

(四)中美展品暂准进境法律制度的比较

1.相同之处

(1)免税免证的通关待遇相同

两国都对暂准进境的展品规定了凭担保免证免税的通关待遇。根据我国海关《关税条例》、原质检总局《出入境展品检验检疫监督管理工作规范》《关于做好重要展会检验检疫工作的意见》等规范，暂准进境的展品一般都给予全部或部分免税、免检以及免验许可证件等待遇，也可以适当简化展品标签要求。

(2)公共安全的底线相同

两国都规定，即使给予何种免证免税的待遇，可以暂停适用的经济性禁限措施。但如果遇到公共安全问题，都应当严守生态安全、公众卫生与健康等底线。因此，不能免除出入境卫生检疫和动植物检疫（包括食品）等必需的措施。检验检疫限制清单/目录也需要予以执行。这一点与国际的通行规则一致。①

(3)暂准进境项下法律关系主体的相同

两国都规定，暂准进境程序项下的申报人是展览会的办展人，也是承担暂准进境程序项下权利义务的人、发生税费义务时的责任人。展品监管的主管海关都是活动所在地海关。

(4)内销进口时确定税率适用时间的方式相同

美国《联邦法规汇编》第19编“关税”第1章“美国国土安全部海关与边境保护局；财政部”中的第147节规定了展品可以根据任何其他海关法律制度进行申报进入其他程序，应按照其条件和数量支付任何海关与国内税费。支付税费以申报进入其他程序时（包括申报进口内销时）的税率计算。

我国《关税条例》第16条规定，暂时进境货物经批准不复运出境，以及暂时出境货物经批准不复运进境，需缴纳税款的，应当适用海关接受申报办理纳税手续之日实施的税率。

因此，两国在处理展品内销进口时确定税率适用时间的方式是相同的。

2. 不同之处

(1)立法模式的不同

①美国的分式立法模式

如本文第二部分中所述，美国不仅在其海关制度中对展品暂准进境制度与一般的暂准进境制度进行了分别立法。同时，美国在《美国协调税则》第98章中也规定了适用于特定展品的专门税目，且与其他暂准进境货物规定于不同的分章（见表14）。

---

① 参见《京都公约》（修正）专项附约G“第一章暂准进口”中的“指南4.2 禁限措施”（prohibitions and restrictions）。

表 14　《美国协调税则》中专门适用于展品的第 98 章第 12 分章

税目	本国后缀	货物描述	计量单位	税率		
				1		2
				一般税率	特殊税率	
9812.00.20	00	任何为促进农业、艺术、教育、科学所设立的机构或社团以及各州或市政企业用于展览会而进口的货物	×	凭担保免税，如本国注释二至本分章所规定	免税(澳大利亚、巴林、加拿大、智利、以色列、约旦、韩国、摩洛哥、墨西哥、阿曼、巴拿马、秘鲁、新加坡)	凭担保免税，如本国注释二至本分章所规定
9812.00.40	00	任何机构、社团、州、市政企业用于建立公众纪念碑所进口的货物	×	凭担保免税，如本国注释二至本分章所规定	免税(澳大利亚、巴林、加拿大、智利、以色列、约旦、韩国、摩洛哥、墨西哥、阿曼、巴拿马、秘鲁、新加坡)	凭担保免税，如本国注释二至本分章所规定

②我国当前的合立式立法模式

当前，我国并无针对进境参展的展品与物资的通关或进口环节税、证等事项的专项法律制度。

第一，合立式的暂准进境制度。

对于暂时进境参加会展的展览品和展览用品，一般可以采用“暂时进出境”的通关程序。当前，海关对于符合“暂时进境”规定条件的货物，主要的监管依据是 2017 年《海关暂时进出境货物管理办法》。[①] 该办法中将“在展览会、交易

① 我国曾经在 1975～2007 年对展品进境监管实施过专门性制度。1975 年 11 月 3 日海关总署曾发布了《中华人民共和国海关对进口展览品监管办法》。1997 年 2 月 14 日对前述制度进行了修订并重新发布。此后，2007 年 2 月 14 日通过并于 5 月 1 日施行的《中华人民共和国海关暂时进出境货物管理办法》废止了 1976 年 9 月 20 日发布的《中华人民共和国海关对出口展览品监管办法》、1986 年 9 月 3 日海关总署发布的《中华人民共和国海关对暂时进口货物监管办法》、1997 年 2 月 14 日发布的《中华人民共和国海关对进口展览品监管办法》(海关总署令第 59 号)、2001 年 12 月 24 日发布的《中华人民共和国海关暂准进口单证册项下进出口货物监管办法》(海关总署令第 93 号)等一系列规章。《2007 年管理办法》的制定与施行意味着展品暂时进境管理和其他暂时进境货物实施分立式监管程序和立法模式转变为合立式的立法模式。因此，自 2007 年起，暂时进境的会展用货物纳入了暂时进出境货物组成部分，统一适用一套暂时进出境监管制度，2011 年 7 月 1 日发布并实施的《中华人民共和国海关暂时进出境货物监管操作规程(试行)》(署监发〔2011〕244 号)，将合立式的暂时进出境程序进一步细化。该《2007 年管理办法》经过 2013 年一次局部修改，共实施了 10 年。在 2017 年年底被第 233 号海关总署令废止。在简政放权和通关便利化的改革背景下，2017 年 12 月 8 日海关总署颁布了新的《中华人民共和国海关暂时进出境货物管理办法》(第 233 号海关总署令)。这也是当前适用于展品暂时进境程序的主要依据。

会、会议以及类似活动中展示或者使用的货物"作为13类"暂时进出境货物"之一,与其他暂时进出境货物一体适用暂时进出境程序。

第二,我国税则中并无针对展品的专门性税目。

我国《海关进出口税则》第98章极其简单,并无展品或任何其他暂准进境货物的税目(见表15)。

因此,展品暂时进境时,是按照货物本身的原材料、功能或性质和归类规则等进行归类,与一般进口货物的归类方式并无区别。

表15 我国《海关进出口税则》第98章

税则号列	货品名称	最惠(%)	普通	增值税率	出口退税	计量单位	监管条件
98.01	未分类商品						
9801.0010	人民币2,000元及以下的非税、非证进口商品	0	0			千克	
9801.0090	其他未分类商品	0	0		13	千克	
9801.3000	流通中的货币现钞(包括纸币及硬币)	0	0			千克	T
98.03	出口计算机软件(仅用于出口,不包括与产品固化或集成为一体的软件)						
803.0010	定制型系统软件	0	0			套	
9803.0020	定制型支撑软件	0	0			套	
9803.0030	定制型应用软件	0	0			套	
9803.0090	其他定制型软件	0	0			套	

说明:表15为我国《海关进出口税则》第98章的全部内容,并无章注。

(2)对于展品处理方式的灵活性不同

①美国对于展品的多种处理方式

其一,展前意外情况下展品的灵活处理。

《美国联邦法规汇编》第19编"关税"的第1章"美国国土安全部海关与边境保护局;财政部"中的第147.14节规定,如果出于各种原因,为了展览会而进境的货物在其到达时没有及时的申报并运送至展览会,则办展人应向口岸海关提出书面请求根据一般命令许可将货物置于保税仓库,费用由办展人承担。自货物入境之日起1年内,货物应根据申报用于另一展览会,或申报进口,或申报出口。如果货物不能在此期限内做出适当申报,则视为将货物放弃给政府。[①]

其二,展中与展后关于展品的多种灵活处理方式。

《美国联邦法规汇编》第 19 编"关税"的第 1 章"美国国土安全部海关与边境保护局;财政部"中的第 147.42 节规定:"在展会结束之前的任何时间或者在展览会结束之日后的 3 个月内,适用展览品和展览用品海关制度的货物可以:第一,申报用于境内消费;第二,进入保税仓库;第三,适用其他的海关法律规定;第四,用于另一展会;第五,转为另一海关监管地位(状态);第六,进入对外贸易区;第七,放弃给政府;第八,在海关监督下销毁;第九,出口。"[②]

也就是说,展中展后将展品转入其他通关程序或内销,属于展品的正常处理方式之一,但并非例外处理方式。复出境也是展品的正常处理方式,但并非必然的处理方式。

②我国对于展品进境后的用途具有较为单一的限定

我国 2017 年《海关暂时进出境货物管理办法》第 6 条规定:"暂时进出境货物除因正常使用而产生的折旧或者损耗外,应当按照原状复运出境、复运进境。"第 10 条第 1～2 款规定:"暂时进出境货物应当在进出境之日起 6 个月内复运出境或者复运进境。因特殊情况需要延长期限的,持证人、收发货人应当向主管地海关办理延期手续,延期最多不超过 3 次,每次延长期限不超过 6 个月。延长期届满应当复运出境、复运进境或者办理进出口手续。"

也就是说,展后不复运出境是属于例外情况。如果打算展后内销,我国法律(广义)中并无明确的条款规定是可以在不同通关程序之间转换,还是需要完成暂时进出境程序的核销后才能重新按照一般进口程序进行。即使在具体的操作规程中存在实际的做法,也不符合透明度的要求。

二、欧盟对展览品和展览用品的海关立法

(一)展品暂准进境制度的立法体例

与美国的立法体例不同,欧盟对展览品和展览用品没有规定专门性的海关

① 19 CFR § 147.14 Articles not to be immediately entered and delivered to a fair.

② 19 CFR § 147.42 Disposition generally.

制度，而是属于暂准进出境制度的组成部分。其“暂准进境”（Temporary Admission，TA）制度属于“特定用途”程序（包括暂准进境和最终用途）制度的组成部分。“特定用途”程序属于欧盟海关法典所规定的“特殊程序”。

欧盟的特殊程序也称为具有经济影响的海关程序。[①] 海关“特殊程序”的主体内容规定于《欧盟海关法典》[②]第七编第四章第一节、《欧盟海关法典授权条例》[③]第七编以及《欧盟海关法典实施条例》[④]的少量条款中。

欧盟于 2013 年 10 月 9 日通过了《欧盟海关法典》（*Union Customs Code*，UCC），于 2013 年 10 月 30 日生效，同时部分条款开始实施，大部分条款则于 2016 年 5 月 1 日实施。《欧盟海关法典》共计 9 编 288 个条款，是典型的大陆法系法典风格的立法。[⑤] 暂准进境制度就规定于该法典的第七编第四章。《欧盟海关法典授权条例》和《欧盟海关法典实施条例》是对《欧盟海关法典》的细化规则，根据欧盟立法制度和授权的不同，同一项制度的有关细化规则会分别分布于两个细化条例中，暂准进境制度也是如此。

（二）欧盟暂准进境海关立法的具体内容

1. 暂准进境制度所使用的货物范围

《欧盟海关法典授权条例》第七编第四章第一节第 207 ~ 236 条规定了其暂准进境制度的适用货物范围与条件，具体包括了 19 种特定货物。其中，与展品直接相关的是：

（1）样品

欧盟暂准进境制度中的“样品”具体是指：在欧盟关境内仅用于呈现或展示

---

① Special Procedures-Title Ⅶ UCC，“Guidance for MSs and Trade”，TAXUD/A2/SPE/MRe（2017）6411367，20 November 2017，Brussels.

② Regulation（EU）No 952/2013 of the European Parliament and of the Council of 9 October 2013 laying down the Union Customs Code.

③ Commission Delegated Regulation（EU）2015/2446 of 28 July 2015 supplementing Regulation（EU）No 952/2013 of the European Parliament and of the Council as regards detailed rules concerning certain provisions of the Union Customs Code.

④ Commission Implementing Regulation（EU）2015/2447 of 24 November 2015 laying down detailed rules for implementing certain provisions of Regulation（EU）No 952/2013 of the European Parliament and of the Council laying down the Union Customs Code.

⑤ 朱秋沅：《欧盟关税法及其壁垒性研究》，法律出版社 2017 年版，第 54 ~ 55 页。

的样品,且基于该用途数量合理的,应准予免证全部进口关税。[①]

(2)特定情况下用于活动或用于销售的货物

"特定情况下用于活动或用于销售的货物"具体是指:在并非纯粹为货物的商业销售所组织的公共活动中展示或使用的货物,或在此类活动中置于暂准入境程序下的货物中所获得的货物应当准予全部免除进口关税。此外,还包括为了可能的销售、出于展示的目的而进口的第2006/112/EC号指令附件IX所规定的艺术品,收藏者的物品与古董等。[②]

2. 暂准进境的(事前)授权

(1)事前授权

一般而言,从事暂准进境业务,需要事先获得海关的授权。暂准进境授权的申请应向货物将被第一次使用的地点的主管海关提交。同时,也可以申请在多国获得授权(授权在1个以上的成员国有效)。对于暂准进境程序的授权申请的决定应当从申请受理之日起最迟30日内及时做出。受理之日是海关收到全面完整申请(包括所有必要的纸质文件)之日。

获得适用暂准进境程序授权的条件包括:第一,如果除由于使用货物而造成的正常折旧外,货物不打算进行任何改变;第二,如果除因货物的性质或用途而无法识别的情况下,置于程序下货物可被识别,不会导致程序的滥用;第三,除另有规定外,程序使用人在欧盟关境外成立;第四,如果使用同等/串换货物,[③]可以查清有关(使用)同等货物的条件;第五,可以满足全部或部分免税的要求。

(2)简化的授权

在某些情况下,可通过向海关申报的方式来获得授权。在此情况下,并没有事先的授权申请,而是通过货物的暂准进境申报予以替代。当海关对进口申报予以放行时,等于海关同时做出了特殊程序的授权。

(3)获得特别程序的授权应符合的标准

申请获得授权的人应具有:第一,财务偿付能力;第二,具有良好的合规记录;第三,保持适当的符合所申请程序的记录;第四,如果在欧盟设立,则具有经

---

① 《欧盟海关法典授权条例》第232条。

② 《欧盟海关法典授权条例》第234条。

③ 同等/串换货物应由用于存储、使用或加工以替代置于特殊程序之下的货物的欧盟货物构成。参见《欧盟海关法典》第223(1)条。

济经营者注册与身份识别码或者为了暂准进境使用经济经营者注册与身份识别码;第五,海关可以进行海关监督,而不必采取与有关经济需要不相称的行政安排;等等。

3. 暂准进境货物的通关与监管

(1)申报

第一,申报人。一般而言,特殊程序的获得授权人就是申报人,也是所申报的特殊程序的使用人。

第二,申报地点。暂准进境的申报只能在货物被使用的成员国进行。如果货物使用地不是货物首次进入欧盟的地点,货物应在转运程序下运至货物将首次使用的成员国并在该成员国进行暂准进境的申报。

第三,申报方式。虽然欧盟的暂准进境程序存在口头申报的规定,但展览品和展览用品一般不符合适用口头申报的条件。如果采用代理申报,则只能采取直接代理的方式。

(2)记录及其保存

保存记录是海关法律关系当事人的一般义务。所以,特殊程序下的获得授权人与程序使用人也应以海关同意的方式保持适当的记录。记录应当包括使海关能够监管有关程序的信息和具体内容,尤其是有关置于该程序下货物的识别、货物的海关法律地位及其移动。如果是简化通关类的 AEO,海关在签发 AEO 授权时对此进行了核实,则该义务将被视为在特殊程序之目的下已经符合。在货物处理后,记录必须保留 4 年,以便进行任何事后确认性检查,这些检查可能由海关进行。就增值税而言,记录保存期限为 6 年。

但对于暂准进境程序,《欧盟海关法典授权条例》第 178(4)条规定,只有在海关有此要求下,才必须保存记录。

(3)免除进口关税

特殊程序下的货物的海关法律地位是"非联盟货物"。[①] 因此,可以有条件地享受全部或部分免税的待遇。其中,对于在并非纯粹为货物的商业销售所组织的公共活动中展示或使用的货物,或在此类活动中置于暂准入境程序下的货物中所获得的货物,应当准予全部免除进口关税。在例外情况下,海关可以对

---

① 欧盟海关法将货物的海关法律地位分为联盟货物或非联盟货物。

在其他活动中展示或使用的货物,或者在此类活动中置于暂准入境程序下的货物中所获得的货物准予全部免除进口关税。

可以全部免除进口关税的范围还包括:为了展示的目的而进口并有可能销售的制定范围的艺术品,收藏者的物品与古董;[①]为了由拍卖销售而进口的,并非新制造的货物。

(4)暂准进境的期限

货物在重新出口前或置于后续程序下之前,可置于暂准进境程序下的期限由海关决定。在同一目的下对同一获得授权人,可置于暂准进境程序下的最长期限为24个月。

如果货物在一段时间暂准进境用途后置于另一特殊程序之下,并且此后再适用了一段期间的暂准入境程序,例如是"暂准进境程序—海关仓储程序—暂准进境程序",则对适用暂准入境两段期间的总时长不能超过24个月。在例外情况下由获得授权人向海关提出申请,可能会批准延展该期间。

除了发生不能预见的事件的情形外,货物可以保留在暂准进境程序项下的整个期间不应超过10年。

(5)海关监管

第一,货物在关境内的移动.根据《欧盟海关法典》第219条,除转运或自由区程序外,置于特殊程序项下货物可在联盟关境不同地点之间移动,暂准进境货物也是如此。只有在海关有此要求的情况下才需要保存记录。[②]

第二,允许使用同等(串换)货物。在特定情况下,应申请海关应当许可在暂准进境程序下使用同等货物(equivalent goods)。同等货物是指由用于存储、使用或加工的,以替代置于特殊程序之下的货物的联盟货物构成。同等货物应当与其所替代的货物具有相同的八位合并商品分类目录编码,相同的商业质量和相同的技术特征。[③]

(6)程序使用人权利义务的转让

《欧盟海关法典》第218条规定,被置于除转运程序之外的特殊程序下的有

---

① 具体范围由第2006/112/EC号指令附件IX所规定。

② Special Procedures-Title Ⅶ UCC,"Guidance for MSs and Trade", Annex Ⅳ Movement of Goods, p. 57.

③ 《欧盟海关法典》第223(1)条。

关货物的程序使用人的权利和义务可以全部或部分转让给符合有关程序规定条件的另一人。也就是说,暂准进境的授权人的身份不能转让,但是程序使用人的权利义务是可以转让的。应当注意的是,在欧盟的暂准进境程序下,存在获得授权人(holder of the authorisation)和程序使用人(the holder of the procedure)的区别。程序使用人是提交海关申报的人或以其名义提交申报的人,其也可以是有关海关程序的权利与义务受让人。在欧盟的特殊程序下,一般而言,获得授权人和特殊程序的使用人是同一人。但如果暂准进境程序的获得授权人和程序使用人不是同一人,则应当在海关的许可下对有关货物的权利义务做出转让安排(Transfer Of Rights and Obligations,TORO)。例如,海关对A企业做出了一件艺术品暂准进境展示的授权,在此授权的2年期限内,A企业可将该艺术品转借给B企业进行展示。此时,暂准进境程序的授权人不变的情况下,程序使用人就从A企业转让给了B企业。对此,A和B之间要进行授权下的权利义务的转让安排。此外,经转让的权利义务可以再次被转让。

暂准进境程序的权利义务的转让,需要向做出特殊程序授权的海关(主管海关)提出权利义务转让申报。主管海关应当决定权利义务是否可以转让,海关有责任确认受让人是否有能力履行和持续履行被转让的权利和义务。权利义务转让不要求货物的受让人具有授权。如果可以进行转让,主管海关将明确转让的条件以及转让人向受让人转让的权利和义务。

受让人可以对受让的权利义务提供担保(全部权利义务转让情况下需提交担保)。这应当在转让人和受让人之间达成一致并取决于海关的批准。如受让人没有提供担保,则由获得授权人提供的担保必须继续有效。如果受让人提供了担保,如果海关债的债务人(转让人)没有自愿支付债务,则海关可以对受让人所提供担保要求支付海关债。权利义务转让的决定中必须指明采用哪个担保。

4.暂准进境货物的后续处理

(1)核销

获得授权人或程序使用人可请求对置于程序下的特定货物进行核销。当包括暂准进境在内的特殊程序下的货物置于后续海关程序之下、离开欧盟关境(复出口)、或销毁且未留下废物或放弃给国家,则可以核销该特别程序。具体有三种核销的方式:

第一,如果货物置于后续的海关(特殊)程序或用于规定的最终用途,则视为前一个特殊程序得以核销。

第二,复出口,即离开欧盟关境。此类货物的数量与活动的性质,参观者的数量以及其中程序持有人参加的范围相应,对于并非纯粹为货物的商业销售所组织的公共活动中展示或使用的货物,与活动的规模、参加人数等相适应的货物消费、销毁或在活动中向公众免费散发,应当视为复出口。

第三,货物不可恢复的灭失,或被销毁且未留下废物,放弃。

(2)特殊程序与其他海关程序之间的衔接转换

①一般规则

欧盟的特殊程序的灵活性在于:其可与前后的其他海关程序相互衔接转换,即从其他程序转入特殊程序或从特殊程序转入其他程序,以及在特殊程序之间的转换。欧盟允许暂准入境程序下的货物在处于程序过程中或程序之后,在暂准入境程序与其他通关程序之间的转换。例如,暂准进境程序下的货物可以转入海关仓储程序。同时,在同一个暂准进境许可下,在不同的程序使用人之间转换。

货物根据一个授权使用了两个或多于两个的申报而置于一个特殊程序下,将该货物或由该货物获得的产品放置或分配于后续的海关程序,应当被视为在最早的申报项下有关货物的程序得以核销(也称“先进先出原则”)。

②会展等公共活动

如果货物在公共活动中出售且其将留在欧盟境内,则获得暂准入境程序的授权人应在货物支付之日起的30日内基于货物售价进行转换申报,并应随附货物在活动中销售的发票复件。直到支付了税费,海关准许放行进入自由流通,货物才可以放行给买方。

如果货物在活动中出售但将复出口到欧盟境外,应当由获得暂准入境程序的授权人在货物支付之日起的30日内使用C 88(SAD)①复出口申报单进行申报。直到货物支付的30日内买方将其作为随附行李复出口时,货物才可以放行给买方。获得暂准入境程序的授权人应当提前提交C 88(SAD)复出口申报单。此后,应当将C 88(SAD)复出口申报单交给买方,用以提交给出发地海关。

---

① Single Administrative Documents(统一行政单证,SAD)。SAD是统一适用于欧盟28个成员国的一套通关单证,包括了适用于各种通关程序(如一般进出口、保税加工、暂准进境等)的海关单证。

获得暂准入境程序的授权人应当告知买方将盖章后的 C 88(SAD)复出口申报单返还,用以作为复出口的证据。

5. 展览品的原产地规则

如果为了在另一国展览而从受益国或地区发送并且在展览后销售而进口进入欧盟的原产产品,如果其符合了欧盟的原产地规则而被认为是原产于该受益国或地区,并且如果其显示的情况使主管海关确信:(1)出口人从受益国或地区直接将产品运输至举办展览的国家并在那里展览;(2)出口人将产品销售或处置给处于欧盟中的人;(3)在送展国在展览期间运输至或者此后立即运输至欧盟;(4)从产品为展览而运输开始,产品没有用展览之外的目的,则该原产产品应当从税则优惠的进口中受益。

在此情况下,EUR. 1 移动证书[①]应以正常的方式向欧盟海关提交。展览的名称及地址必须注明其上。在必要的情况下,可以要求关于产品性质以及在产品展览条件的附加证明文件。

上述原产地规则应适用于任何贸易、工业、农业,或者工艺品展览、展示或并非为了在商店或营业场所的销售外国产品之私人目的而组织的类似公众展示,并且在展示期间产品保持在海关监管之下。

(三)中欧展品暂准进境制度比较

1. 欧盟展品暂准进境制度的意义与价值

现代会展业起源于 19 世纪中叶的西欧。大革命时期的法国于 1798 年 9 月 17 ~ 21 日在香榭马赫举办了“法国工业品公众博览会”(又称“第六年展览会”),共吸引了 110 家参展商前来参加。此后,法国不定期地举办类似的展览会,至 1849 年前共举办了 10 次之多,规模一次比一次大,展期也从原来的数天延长至数月,且国家保护主义色彩逐渐淡化。法国的折中理念和做法在当时的世界各主要国家迅速传播。英国、比利时、荷兰、美国、普鲁士、奥地利和俄罗斯都竞相举办了类似的展览会。1851 年,英国在伦敦海德公园的水晶宫举办了

① 如果声称货物具有特定的优惠性原产地,则该声称必须由该原产地的一项证明进行确证,此为“原产地证明”(proof of origin)。不同的优惠性安排有各自的原产地证明要求,欧盟与特定国家间的优惠性安排或单边优惠安排下一般要求移动证书 EUR. 1 或 EUR-MED。

“万国工业博览会”。这次博览会是当时英国女王维多利亚亲自倡导下举办的，共投入30万英镑，旨在展示大不列颠帝国的实力，打破当时流行的贸易壁垒，并为英帝国拓展海外市场。1851年的“万国工业博览会”共吸引了25个国家的15个英国殖民地和海外领地参加，展出各类艺术珍品和新机器产品共1,400余件。在154天的展期中，共有来自世界各地630万人次的参观者前来参观。英国政府也由此获得了约50万英镑的巨额收入。由于参展者大大超越了主办国的国界，英国伦敦的“万国工业博览会”被公认为是第一次现代意义上的世界博览会，标志着人类社会的交流完成了从低级阶段产品的简单交易到工业时代的技术交流和文明成果展示的重大转折。①

经济的发展与需求必然会带来法律的制定与发展。《国际博览会柏林公约》和《国际博览会巴黎公约》这两项有关于世界博览会的重要国际法都诞生于20世纪的西欧。也由于西欧国家频繁举办现代意义上的国际博览会和世界博览会，在办展和管理会展方面都具有丰富的经验。国际博览会的举办带来展品和相关物资大量的跨境流动，展品进出境的便利化成为必然的要求。因此，当时的西欧国家形成了适合其会展业发展的展品及相关物资的暂准入境制度。

在这些西欧国家的国内法的基础上，又在欧洲产生了1963年《ATA公约》以及一系列独立适用的特殊类型货物的海关公约，如1961年6月8日的《便利进口展示或展览会、交易会、会议或相关活动用的货物的海关公约》，1961年6月8日的《专业设备暂准进口海关公约》等，以及此后的《伊斯坦布尔公约》体系。同时，这些欧洲海关法律制度也对《京都公约》（包括经修订的《京都公约》）中的暂准进境制度产生了明显的影响。因此，欧盟的展品进出境海关制度有悠久的历史，其中的经验值得深入研究。

2. 类似之处

（1）立法体例类似

欧盟并未将展品的暂准进境制度进行专门立法，而是将其通关程序与其他特殊类型的用品一同列入了《欧盟海关法典》第七编第四章第一节“特殊程序”

① 引自《世博经济的形成及其对主办国和举办城市经济发展的历史审视》《世博会与上海新一轮发展—世博专题研究报告》。转引自邱一川：《国际组织法视野下的国际展览局——兼论其国际组织法特征对世博会主办国的影响》，载《2008全国博士生学术论坛（国际法）论文集——国际公法、国际私法分册》，第268~269页。

部分。同时,该部分内容还规定了可以使用暂准进境程序的多种特殊类型货物,如运输工具与容器、旅客携带的行李物品与体育用品、海员的福利用品、动物、用于边境地区的货物、专业设备、教学材料和科研设备、包装等。

(2)暂准进境制度的传统基本要素相同

我国和欧盟对于暂准进境制度都要求的四个基本要素:第一,货物和相关物资进境应用于规定目的或申请时所说明的目的;第二,保税进境;第三,在暂准进境期间,除正常损耗外,货物状态维持不变;第四,在境内停留一段时间后复出境。

3. 不同之处

(1)欧盟使用暂准进境程序需要事先授权

我国 2017 年 12 月公布的《海关暂时进出境货物管理办法》取消了暂时进出境货物收发货人使用暂时进出境程序前原需进行的行政审批,而是改为了我国暂时进出境货物收发货人"可以在申报前向主管地海关提交《暂时进出境货物确认申请书》,申请对有关货物是否属于暂时进出境货物进行审核确认,并且办理相关手续,也可以在申报环节直接向主管地海关办理暂时进出境货物的有关手续"。因此,事先的"审核确认"不是必须履行的程序。

欧盟希望使用暂准进境程序的人,必须经过欧盟海关的事先授权。是否能够获得授权,《欧盟海关法典》体系中规定了 5 项条件。但是,欧盟的事先授权程序的便利性在于,其具有简化程序,即"在某些情况下,可通过向海关申报的方式来获得授权。在此情况下,并没有事先的授权申请,而是通过货物的暂准进境申报予以替代。当海关对进口申报予以放行时,等于海关同时做出了特殊程序的授权"。这种灵活且便利的方式使欧盟的"事先授权"手续不会成为使用暂准进境程序的障碍。

(2)欧盟具有暂准进境程序使用人权利义务转让规则

第一,欧盟暂准进境制度中,存在获得授权人(the holder of the authorisation)和程序使用人(the holder of the procedure)的区别。暂准进境的申报人是程序的使用人,而不是事先获得使用程序授权的人。多数情况下,这两种当事人是同一个人,但是在现代会展活动中,这两个法律关系的主体会分离。

第二,获得授权人只能是同一个人,而程序使用人在暂准进境期间的不同时间段可以是不同的人。随着展品在展中展后的多种去向,申报展品复出境、内销或做其他用途的人，可能与原来申报进境的申报人并非同一人。

第三，欧盟的暂准进境制度允许在获得授权人承担总体责任与义务的前提下，程序下的具体权利与义务可以全部或部分地在不同的程序使用人间转让。

(3)欧盟暂准进境程序与其他海关程序的灵活转换衔接

《欧盟海关法》规定："如果货物置于后续的海关(特殊)程序或用于规定的最终用途，则视为前一个特殊程序得以核销。"因此，欧盟暂准进境程序与其他海关程序的灵活转换衔接这一特点与美国展品通关制度相同。

(4)欧盟具有专门的展品原产地规则

欧盟的展品原产地规则并不涉及原产地认定的实体标准，而是程序性规则。这是因为，展品的原产地认定的实体标准与欧盟其他货物的原产地规则并无区别，而是明确具体地规定了展品的运输、直运证书等方面的程序性要求。

这些规则在现代会展业背景下，展品进境后的多种用途和去向是相匹配的。当展品内销时，是否可以享受欧盟诸多优惠性贸易安排，需要明确的程序性规则。

我国的展品内销并不具有专门的原产地程序性规则，且在展品内销的实务中很少考虑和使用原产地证书的问题。随着我国现代会展业和自由贸易协定(FTA)的发展，这方面的空白确需填补。

三、有关展品暂准进境的国际法

(一)WCO框架下有关暂准进境的国际公约

在WCO框架下有关暂准进境的公约有两个体系，即ATA单证册公约体系和《京都公约》(修正)专项附约G。

1. ATA单证册公约体系

ATA单证册公约体系中可细分出：

(1)1963年《ATA公约》体系

1963年《ATA公约》以及一系列独立的特殊类型货物的海关公约，如1961年6月8日的《便利进口展示或展览会、交易会、会议或相关活动用的货物的海关公约》，1961年6月8日的《专业设备暂准进口海关公约》，以及1970年6月

8日的《教学用品暂准进境海关公约》等。

(2)《伊斯坦布尔公约》体系

1950～1970 年，出现了许多关于暂准进境的国际公约、建议书、协定和其他文件，对国际商界造成了混乱，并使海关工作复杂化。① 世界海关组织又于 1990 年起草通过了《货物暂准进境公约》，即《伊斯坦布尔公约》。该公约于 1993 年生效。《伊斯坦布尔公约》将 1961 年《ATA 公约》和 13 个相关公约纳入其附约，并进一步扩大了 ATA 单证册适用的货物范围，使 ATA 单证册制度更臻完善。②

《伊斯坦布尔公约》分为主约和附约两个部分。主约包括总则(定义)、公约范围、特别规定及程序性条款等。附约共有 13 个，包括附约 A《关于暂准进境单证的附约》、附约 B.1《关于在展览会、交易会、会议以及类似活动中陈列的货物的附约》、附约 B.2《关于专业设备的附约》、附约 B.3《集装箱、托盘、包装物料、样品等与商业活动有关的进口货物的附约》、附约 B.4《与制造业务相关的货物的附约》、附约 B.5《进口的教育、科学或文化用品的附约》、附约 B.6《进口的旅行者个人物品和体育用品的附约》、附约 B.7《旅游宣传资料的附约》、附约 B.8《边境运输进口的货物的附约》、附约 B.9《人道目的进口的货物的附约》、附约 C《关于运输工具的附约》、附约 D《关于动物的附约》、附约 E《部分免除税费的进口货物的附约》。《ATA 公约》与《伊斯坦布尔公约》的对应关系见表 16。

表 16 《ATA 公约》与《伊斯坦布尔公约》的对应关系③

《伊斯坦布尔公约》的附约	《ATA 公约》
附约 A《关于暂准进境单证的附约》(ATA 单证册和 CPD 单证册)	《暂准进境货物 ATA 单证册海关公约》，布鲁塞尔，1961 年 12 月 6 日(《ATA 公约》)
附约 B.1《关于在展览会、交易会、会议以及类似活动中陈列的货物的附约》	《便利进口展示或展览会、交易会、会议或相关活动用的货物的海关公约》，布鲁塞尔，1961 年 6 月 8 日

① 海关总署国际司编译：《关于简化和协调海关制度的国际公约(京都公约)总附约和专项附约指南》，中国海关出版社 2003 年版，第 397 页。

② 朱秋沅：《国际海关法研究》，法律出版社 2011 年版，第 121 页。

③ 海关总署国际司编译：《关于简化和协调海关制度的国际公约(京都公约)总附约和专项附约指南》，中国海关出版社 2003 年版，第 376～377 页。

续表

《伊斯坦布尔公约》的附约	《ATA 公约》
附约 B.2《关于专业设备的附约》	《专业设备暂准进口海关公约》,布鲁塞尔,1961 年 6 月 8 日
附件 B.3《集装箱、托盘、包装物料、样品等与商业活动有关的进口货物的附约》	《集装箱海关公约》,日内瓦,1972 年 12 月 2 日 《国际运输托盘海关待遇欧洲公约》,日内瓦,1960 年 12 月 9 日 《包装材料暂准进口海关公约》,布鲁塞尔,1960 年 10 月 6 日 《便利商业样品和广告品国际公约》,日内瓦,1952 年 6 月 11 日
附约 B.4《与制造业务相关的货物的附约》	—
附约 B.5《进口的教育、科学或文化用品的附约》	《教学用品暂准进境海关公约》,布鲁塞尔,1970 年 6 月 8 日 《科研设备暂准进境海关公约》,布鲁塞尔,1968 年 6 月 11 日 《海员福利物品海关公约》,布鲁塞尔,1964 年 12 月 1 日
附约 B.6《进口的旅行者个人物品和体育用品的附约》	《关于旅行海关便利的公约》,纽约,1954 年 6 月 4 日
附约 B.7《旅游宣传资料的附约》	《关于旅游海关便利,旅游宣传品、资料的公约议定书》,纽约,1954 年 6 月 4 日
附约 B.8《边境运输进口的货物的附约》	—
附约 B.9《人道目的进口的货物的附约》	—
附约 C《关于运输工具的附约》	《私用道路车辆临时进口海关公约》,纽约,1954 年 6 月 4 日 《商用道路车辆临时进口海关公约》,日内瓦,1956 年 5 月 18 日 《私人飞行器与游艇临时进口海关公约》,日内瓦,1956 年 5 月 18 日
附约 D《关于动物的附约》	—
附约 E《部分免除税费的进口货物的附约》	—

对于1963年《ATA公约》体系和《伊斯坦布尔公约》体系，中国财政经济出版社2008年出版的《ATA单证册制度》一书给予了完整的阐述和翻译。同时，中国国际贸易促进委员会所主办的"ATA单证册"网站[①]也予以详细介绍。因此，本书中不再复述其基础文本内容。本书第五章"建议"中，多处援引了《伊斯坦布尔公约》的条文及其注释。因此，其文本内容也可参见本书第五章。关于ATA单证册制度的基本运转流程参见图6。

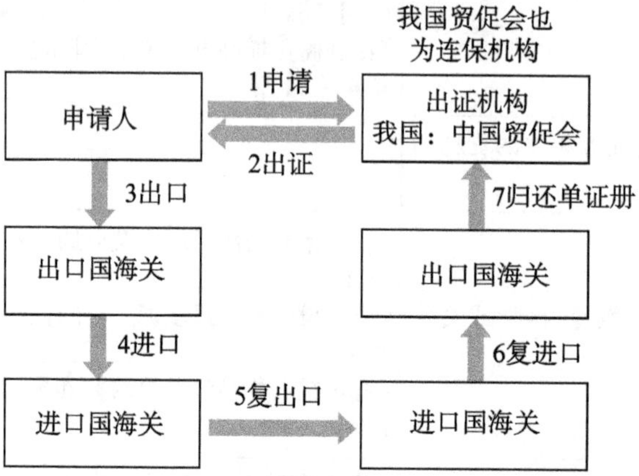

图6 ATA单证册制度基本运转流程

图片来源：海关总署ATA核销中心。

(3)1963年《ATA公约》体系和《伊斯坦布尔公约》体系之间的关系

1963年《ATA公约》体系和《伊斯坦布尔公约》体系是在同一理论基础，两个公约体系下ATA单证册在使用条件、运作流程等方面都是一样的。因此，世界海关组织要求《ATA公约》的缔约方和《伊斯坦布尔公约》的缔约方应当相互接受两个公约体系项下的ATA单证册。国际商会世界商会联合会决定ATA国际联保系统也对《伊斯坦布尔公约》项下的ATA单证册履行担保责任，因此，两个公约体系是在同一联保系统上运作的。[②]

2.《京都公约》(修正)专项附约G"暂准进境"

《京都公约》(修正)是国际上唯一全面规定海关各项业务制度和做法标准

---

① 载中国ATA单证册官方网：http://www.atachina.org/carnet/index.do，最后访问日期：2019年8月10日。

② 《ATA单证册制度》编委会：《ATA单证册制度》，中国财政经济出版社2008年版，第16页。

的法律文件,[①]是现代国际海关制度方面最综合、最全面的体现,是 WCO 的四大支柱性公约之一。

至 2017 年 7 月,《京都公约》(修正)共有 112 个缔约方。[②] 缔约方在加入时必须加入主约并接受总附约,同时至少接受一个专项附约中的一章。我国于 2000 年 6 月 15 日签署了该公约的《修正案议定书》,并接受了专项附约 D 的第一章"海关仓库"和专项附约 G"暂准进境"。

(1)《京都公约》(修正)专项附约 G"暂准进境"

《京都公约》在立法体例和具体内容方面都受到了欧盟海关法的明显影响。将展品暂准进境事项归入一般的暂准进境制度(相对于 ATA 单证册制度而言)中一并予以规定。西欧自 19 世纪下半叶以来在展品、专业设备、商业样品、运输工具等方面长期的海关监管和便利化措施的经验,通过世界海关组织深度渗入了全球性国际法。因此,专项附约 G 中规定了可以适用于多种特殊类型用品的暂准进出境的共同原则与规则。

专项附约 G 共有 23 条标准条款或建议做法条款及一个附件。其条款包括定义、原则、所适用制度内容的范围、货物入境、复出境期限、暂准进境程序的转让、程序的终止、所适用的用品范围以及其他情况九个方面。此外,还包括一个介绍 ATA 系统的附件。

专项附约 G 中每个条款都具有详细的指南(共 43 页)。《京都公约》(修正)各章指南都是一个整体,以阐述条款的背景、内容说明以及与其他公约的关系等。在参阅时不应割裂上下文之间的关系而应该通读全文了解该章指南的全部内容。同时,《京都公约》(修正)的某章指南中对某条款的解释与另一章指南中的解释有关联,这时就要相互参看。

由于《京都公约》(修正)中有关一般暂准进境制度的内容相对集中,而且国内已有 2001 年由法律出版社出版的《关于简化和协调海关制度的国

---

① 刘绺:《WCO 的运作机制》,载《中国海关》2003 年第 3 期。

② Position as Regards Ratifications and Accessions, http://www.wcoomd.org/-/media/wco/public/global/pdf/about-us/legal-instruments/conventions-and-agreements/conventions/pg0277e1.pdf?la=en, Aug. 8, 2019.

际公约》[①]和2003年由中国海关出版社出版的《关于简化和协调海关制度的国际公约(京都公约)总附约和专项附约指南》[②]两本中英双语的翻译类工具书,已在关务领域中被广泛使用。因此,本书不再重复每个条款的具体内容。本书的第四部分"建议"中,多处援引了专项附约G的条文及其指南,因此,其文本内容也可参见本书第四部分。

(2)专项附约G与《京都公约》(修正)总附约的关系

专项附约G与《京都公约》(修正)中的总附约及其他专项附约的关系是相互援引和关联的(见图7)。尤其应当牢记专项附约G是以总附约的便利原则为基础的。

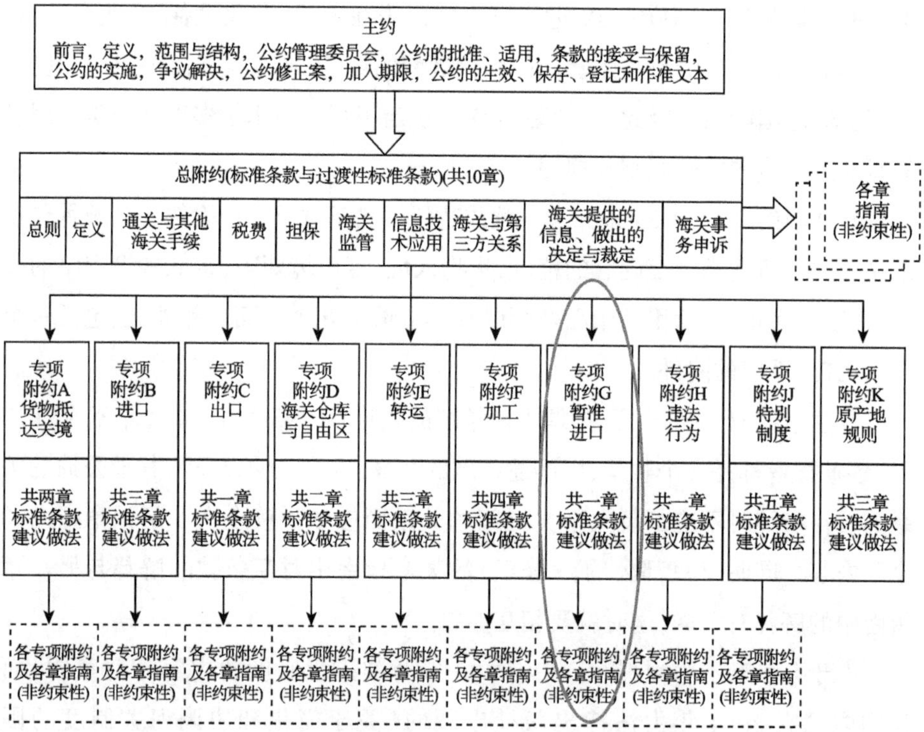

图7 《京都公约》(修正)条约群结构

---

① 《关于简化和协调海关制度的国际公约》,海关总署国际合作司、上海海关高等专科学校等译,法律出版社2001年版。

② 海关总署国际司编译:《关于简化和协调海关制度的国际公约(京都公约)总附约和专项附约指南》,中国海关出版社2003年版。

《京都公约》(修正)是总结汇集了各国最佳实践而产生的结构复杂的条约群。《京都公约》(修正)由一项主约(共五章,20 条),一项总附约(共 10 章)和 10 个专项附约组成;此外,总附约(第二章“定义”除外)与专项附约及其各章均有指南见图 7。这个内容全面、机构复杂的海关条约群改变了以往国际海关法领域中针对某一项海关业务达成一项单行条约的立法方式,而是一部几乎涵盖了所有海关业务制度的综合性国际海关法典。

《京都公约》(修正)各专项附约的内容分别针对某一海关业务领域做出规定。但所有的专项规定都是建立在总附约的基础性规定的基础上的。总附约涉及所有制度和做法的核心原则。总附约的规定同样适用于专项附约中的制度和做法。

同理,专项附约 G 本身的内容虽然相对完整和自成体系,但对暂准进境制度的理解不能仅依靠或局限于专项附约 G 的文本。该附约的指南多处援引总附约的原则、各条款的内容以说明本身内容的理解。例如,其指南中说明,“(总附约中)适用于所有专项附约与专章的核心条款同样全部适用于暂准进境。……在实施该章条款时应牢记总附约中的便利原则。特别是,总附约中第一章总则,第三章结关放行和其他海关手续与第五章担保应与本章一起阅读”。[①]

(3)《京都公约》体系的关系和 ATA 公约体系的关系

①对 ATA 单证册制度的误解

我国有关研究中存在两种误解:第一,将 ATA 单证册制度等同于暂准进境制度。第二,ATA 单证册制度与暂准进境制度分割开来,认为是两种不同的制度。

但实际上,ATA 单证册制度仅是暂准进境制度的一种特殊方式,还存在大量无 ATA 单证册,但是需要暂准进境的货物。对此,当前也有相应的国际法和国内法依据。但是,无论是 ATA 单证册制度还是一般的暂准进境国际法或国内法,都是建立在相同的暂准进境基础理论之上的。

---

① 海关总署国际司编译:《关于简化和协调海关制度的国际公约(京都公约)总附约和专项附约指南》,中国海关出版社 2003 年版,第 368 页。

②扭正对ATA单证册制度的理解

实质上,《京都公约》(修正)专项附约G的引言、建议做法条款10(与暂准进境有关的国际文件),建议做法条款22(适用范围),该专项附约的附件以及相应的指南中都非常详细全面地阐述了其与ATA公约体系的关系。

《京都公约》(修正)专项附约G的"引言"中指明:"《京都公约》阐明了所有海关监管制度的原则包括暂准进境制度中的最基本原则。另一方面,《伊斯坦布尔公约》更进一步规定了该公约取代其他许多公约中涉及的特定货物,以及海关单证和担保协会……《京都公约》的缔约方无须一定接受《伊斯坦布尔公约》。然而,值得指出的是,《京都公约》和《伊斯坦布尔公约》都是海关合作理事会的公约。所以,世界海关组织推荐成员接受《伊斯坦布尔公约》。《伊斯坦布尔公约》将其他国际公约中关于暂准进境的所有情况汇聚在一起。因此,尽管因种种原因不愿加入《伊斯坦布尔公约》的国家也可从中找到进入、调整暂准进境制度的实务运用的信息。"

根据上述引言,再结合建议做法条款和指南,可知:

第一,《京都公约》(修正)专项附约G与ATA公约体系是"一般法"和"特别法"的关系。一是两者建立在相同的暂准进境基础理论上;二是根据《京都公约》(修正)专项附约G建议做法条款22,两者所适用的货物范围是一致的;三是《京都公约》体系中的简化原则、贸易便利原则等与ATA公约体系中的原则是一致的。不同之处仅在于:ATA公约体系只是制定了一套通过ATA单证册和国际联保系统来运作的暂准进境制度。但其仍然是建立有条件免税进境并在一定期限内原状复出境的基础理论之上的,只是使用了特殊设计的单证与担保。

第二,广义理解ATA公约体系中的文本与精神。正如《京都公约》(修正)专项附约G所指出的那样,"《伊斯坦布尔公约》将其他国际公约中关于暂准进境的所有情况汇聚在一起"。除了所使用的特殊单证和担保之外,其中对于暂准进境所适用的广泛的特定货物范围、简化便利的流程处理,都与《京都公约》(修正)的原则精神相一致。因此,我国在国内立法修改时,ATA单证册公约体系中的合理条款也可以借鉴移植到国内法中。

（二）《国际展览会公约》的《海关规章》体系

《国际展览会公约》于1928年11月22日在巴黎签署生效。经1948年5月10日、1966年11月16日、1972年11月30日议定书修订及1982年6月24日和1988年5月31日修正案增补。

我国于1993年5月3日签署《国际展览会公约》，1993年5月3日交存加入书。《国际展览会公约》于1993年5月3日对我国生效。[①]

1.《国际展览会公约》附件《海关规章》

借鉴WCO1961年《ATA公约》公约的成果，《国际展览会巴黎公约》在1972年专门制定了《海关规章》，并将其作为《国际展览会公约》的附件。

《海关规章》的缔结，使参展的暂准进境货物的海关监管制度成了世博会国际规则中最为详尽、最为明确的领域，成了世博会顺利举办和保护参展国利益的重要制度。[②]《海关规章》共有11条，主要涉及六个方面内容：一是暂准进境货物的范围，包括3类；二是暂准进境货物的法律地位；三是对暂准进境货物的监管；四是免税货物的范围及其免税条件；五是海关便利措施；六是《海关规章》的适用。

2.《上海世博会特殊规章第7号：有关货物的通关、运输和处理》

《上海世博会特殊规章第7号：有关货物的通关、运输和处理》（以下简称《特殊规章》）是根据1928年11月22日在巴黎制定，并经修订和增补的《国际展览会公约》及其附件《海关规章》，中国2010年上海世博会《一般规章》第25条、第26条和第34条的规定，参照以往世博会的做法所制定的与世博会货物的通关、运输和处理等事项有关的规则。此规章共有26条，于2008年3月31日经国际展览局第143次全体大会通过。其具体对于货物进口（包括装卸、仓储服务与现场支持）、暂时进境的货物（如禁止携带入境的物品、需要特别批准的货物）、税收问题（免税的货物、应纳税的货物、中国境内采购的税收处理），以

① 《国际展览会公约》对我国生效，并适用于我国香港地区。在澳门地区回归之前，中葡双方同意将该公约延伸适用于澳门地区，但因葡方未于1999年12月20日之前及时办理延伸手续，故《国际展览会公约》并未在澳门地区实际适用。

② 邱一川：《世界博览会主办国的法制创造——遵循国际规则的机制与实践》，上海人民出版社2012年版，第101页。

及世博会结束后暂时进境货物的处理等事项都做出了明确的规定。如果进博会制定具体的综合性海关规范性文件,则该规章具有很好的参考价值。

(三)展品暂准进境的国际法与我国相关制度的比较

1. 类似之处

我国的暂准进出境制度是以暂准进境的外国法与国际法为蓝本制定的。我国是《京都公约》(修正)的缔约方,并接受了该公约的专项附约 G(暂准进境)。我国也是 ATA 单证册公约体系的缔约方,并接受了《伊斯坦布尔公约》附约 B.1(展品的暂准进境)。因此,我国基本上将必须履行的国际义务予以了国内化。展品暂准进境的国际法与我国相关制度相比,大体内容上是较为一致的。

(1)基本运行原理是完全一致

我国的暂准进出境制度与暂准进境的国际法的基本运行原理是完全一致的。基本运行原理是:入境国减免进口税费准予货物暂时进境的前提条件是具有货物将在一定期限内原状复出口。

(2)暂准进境货物的通关待遇基本一致

暂准进境货物的有条件免税、免证以及在检验检疫方面的通关待遇的规定基本一致。

2. 不同之处

我国在将有关国际义务进行国内化的过程中,倾向于落实基本义务。因此,在《京都公约》(修正)中大量的灵活性和便利化的措施与流程都属于非强制性的条款或者指南。这些条款并未落实在我国的国内法中。因此,在暂准进境程序的现代化和便利化程度上存在差距。

为适应当下会展的复合型与多元化,我国展品暂准进境制度有必要参考国际法中关于在展品流向与处置方式的灵活性,以及暂准进境制度与其他海关程序之间的无缝衔接等方面的精神与规则。

3. 评价

《京都公约》(修正)是作为世界海关组织在全球范围内为实现各个国家和地区的海关制度和做法朝着高度简化、协调和统一方面发展的重要依据,也是各个国家和地区为促进和便利贸易发展而制定本国海关制度的重要标准。该公约实际上一个公约群，因此，在理解、借鉴之时应尤其注意整体和系统理解贯穿与整个公约群的本质与精神，即力求海关制度的简化与便利化。对于《伊斯坦布尔公约》，也应当同样处理。对于上述国际法律文件的研究与国内化，不应是孤立的、字面的，而应当注重法律文件的精神，挖掘法律文件的本源，了解文件之间的关联，整体而深入地提炼出国际法律文件实质，贡献于本国法的现代化。

四、对进博会展品暂准进境制度的启示

（一）复合型国际会展的发展新趋势需要与其匹配的新型展品暂准进境制度

当前，会展业是一个高收入、高盈利的行业。各经济体的会展业已经发展成了现代服务业的重要组成部分。会展业对于经济贡献不仅在于产业内部，其也是高联动性行业。有些效益不一定立竿见影，更多的是潜移默化，逐步发挥作用。按照专家测算，国际上展览业的产业带动系数是1∶9，即展览馆的收入如果是1，相关产业的收入则为9。在美国，会展也的联动效应可达到1∶10。在我国香港特别行政区，会展业的联动效应为1∶5.3。据上海市测算，上海会展业的直接投入产出比为1∶6，间接的可达到1∶9。[①] 同时，会展业的国际化发展以及会展构成或功能的复合型发展成为当前该产业主流发展趋势。因此，各国有关会展业的法律制度也积极进行支持、配套，以支撑产业的进一步发展。

因此，办好进博会不仅是重大的政治任务，[②]也具有非常重要的经济性，需要认识和遵循其中的经济规律，并制定出符合现代会展业经济规律和能够支撑现代会展业蓬勃发展的海关制度。

1.进博会是复合型国际会展新趋势的典型代表

中国会展虽然起步较晚，但发展迅速。[③] 近年来，我国会展以年均20%的

① 金辉主编：《会展概论》，上海人民出版社2011年版，第13～14页。

② 《决战中国国际进口博览会200天运管系统动员大会顺利召开》，载上海政府网：http://www.shanghai.gov.cn/nw2/nw2314/nw2315/nw18454/u21aw1311436.html，最后访问日期：2019年8月9日。

③ ［美］乔治·费尼奇：《会展业导论》，王春雷译，重庆大学出版社2018年版，第1页。

增速蓬勃发展。[①] 会展的构成在短时间内趋向国际化和复合型发展。中国国际进口博览会就是这一趋势最典型的代表。国际化会展的发展,不仅可带动我国服务业的发展,也可促进我国经济转型和外贸结构调整。

习近平总书记多次强调,进口博览会不是一个一般性展会,而是我们主动开放市场的政策宣示,有关部门要精心筹办好,办成国际一流博览会。[②] 中国国际进口博览会包括“三大内容”:一是国家贸易投资综合展,相当于“小世博会”;二是企业商业展,相当于进口版的“广交会”;三是虹桥国际经贸论坛,相当于中国版的“达沃斯论坛”。[③] 进口博览会还具有丰富的配套现场活动。进口博览会配套现场活动可分为餐会酒会活动、发布互动类活动、论坛活动、对接签约活动、国别主题活动以及线上购物活动六大类。同时,进口博览会严格执行“双境外”原则:第一,参展的必须是境外企业,商品必须100%来自境外。第二,中国企业主要参与采购和交易,是实实在在的“进口”。[④] 首届进口博览会2,800多家参展企业全部来自中国境外,签约参展的世界500强和行业龙头企业达到200多家。第二届进博会进入倒计时100天,目前共有来自150多个国家和地区的3,000多家企业参展,参展国家和地区以及企业数量均超过首届。签约参展的世界500强和行业龙头企业超过250家。[⑤] 也就是说,进口博览会的“国际化”程度是100%。这远远超出了会展业中的任何“国际展览会”的标准,必将带来远超过其他国际会展的人流、物流与商流。

从上可知,进口博览会在组成架构、主题内容、功能性质、规模层次、办展方式、作用效果等各方面都是“不一般”的。中国国际进口博览会是一个兼具贸易性和消费性、公共性和市场化、短期型与常设型、实体型和虚拟型,具有多重功能与性质的,大规模高水准的,定期性、国际性、综合性、复合型的会展。

---

① 冯学钢等编著:《会展业导论》,清华大学出版社2014年版,第1页。

② 参见《精心筹办努力办成国际一流博览会》,载《解放日报》2018年8月4日,第1版。

③ 参见《一、二、三、四、五……这个展会你要弄清楚》,载新华网:http://www.sh.xinhuanet.com/2018-07/28/c_137352718.htm,最后访问日期:2019年8月13日。

④ 一见财经:《“特殊”的进口博览会,只进不出》,载凤凰网:http://finance.ifeng.com/a/20180806/16430041_0.shtml,最后访问日期:2019年8月13日。

⑤ 丁飞:《第二届进博会美国参展企业数量超过去年,参展面积35%》,载央广网:http://china.cnr.cn/news/20190729/t20190729_524709308.shtml,最后访问日期:2019年8月13日。

2. 会展的国际化呼吁展品暂准进境制度的便利化

如何理解会展的“国际化”或“国际会展”。根据《国际展览会公约》的标准,有不止一个国家参加的展览会即为国际展览会。[①] 国际会展界对此标准的看法并不一致。业界一种普遍的说法是:第一,10% 以上的参展商来自国外;第二,40% 以上的观众来自国外;第三,国外直接或间接参展的净面积不少于总面积的 20% ;第四,20% 以上的广告宣传费用来自国外。而国际展览协会(UFI)则规定符合以下标准的会展方可称为国际展:第一,20% 以上的参展商来自国外;第二,20% 以上的观众来自国外;第三,20% 以上的广告宣传费用来自国外。[②] 有些会展则制定了更高的标准,设定了更高的来自境外的参展商和观众的比例,如 30% ~40% 。从上述标准可知,会展业对“国际化”的要求与标准日渐提高。

高标准的国际化会展必然会带来大规模的人流、物流与商流。这既是商机,也是对展品进出境制度的考验。便利的展品暂准进境程序是各国会展产业国际化发展的必经之路。因此,各发达经济体都纷纷优化、简化其暂准进境制度,确保该制度的发展步伐能够跟得上当代会展业的发展需求。这些便利化的具体规则包括暂准进境担保的便利化、暂准进境期间的延长、暂准进境事前批准和申报的简化等。

3. 会展构成的复合型呼吁展品暂准进境制度的灵活性

当前会展越来越复合和多元化发展,按照会展的主题内容,有综合性和专业性会展;按照会展的性质,有贸易性和消费性会展;按照会展周期,有定期和不定期会展;按照展期,有短期、长期和常年会展;按照会展功能,有教育宣传性和中介性会展;按照会展场地,有单一展场会展,巡回展和流动展;按照会展方式,有实体和虚拟会展,即线下和线上会展;等等。一场会展往往兼具多种构成和功能。一场会展中的一件展品往往会在多种用途、多种性质、多种营销业态中转换。一件展品也可能会在多场会展中流转。

因此,仅适用于传统展示功能的展品暂准进境制度是建立在展品进境后仅可用于单一特定用途的基本原则之上的。但这一基本原则已经不再能够适应

---

① 《国际展览会公约》第 1 条第 2 款。

② 赵春霞主编:《会展概论》,对外经济贸易大学出版社 2007 年版,第 14 页。

或满足当代国际会展多元发展的需要。为适应会展构成的复合型与多元化,暂准进境制度应当在展品用途的灵活性,展品处置方式的灵活性,以及暂准进境制度相互之间以及与其他通关程序之间的切换、衔接等方面进行改革与创新。

(二)当代产业需求与我国传统暂准进境制度之间的矛盾

1. 传统展品暂准进境制度的理论基础

传统的展品暂准进境制度是建立在以下理论基础上的:第一,暂时进境货物在境内停留期间除正常损耗、折旧外,未做改变。第二,在进境后的一定期限内复出境。第三,货物在境内停留是"暂时"的,即货物仅能在境内停留有限的一段时间。第四,货物进境停留期间应当仅能用于特定或规定的用途。如果是因展品而获准进境,则仅能用于会展中的展示之用途。用途的任何其他改变仅能是例外,而且需要经过特定的手续,才能改变用途。

2. 当代会展产业需要灵活的暂准进境制度

在当代会展中,市场要素的流动都不是单向的、一次性的,而是反复的、多次的。其中的主体与客体都复杂多样,用途多元甚至去向不定,但都需要得到便利和快速地通关,否则将无法实现第一步的会展目的,也很有可能影响下一步的用途。这不是在考验海关的执法能力与速度,而在考验制度设计本身的现代化和科学性。

如上所述,暂准进境制度是国际会展展品通关的最主要的支撑性制度。那么,当代的暂准进境制度就应当能够支撑这些市场要素在所需时间内完成其预设的甚至是突发的各种经济任务。这种暂准进出境制度应当是相当灵活的。

3. 传统的展品暂准进境制度不能适应会展业新趋势之处

传统的单一用途或功能的展品暂准进境制度必然不能满足以中国国际进口博览会为代表的新型复合型国际会展的需求。

第一,传统理论中"展品进境期间仅能用于特定的展示用途"这一要求,虽然能满足交易型会展的需求,但却不能满足当前会展业发展中消费型会展(如展销会)的需求,也不能满足进口博览会中"企业商业展"中既可展示,也可成交,甚至是通过跨境电商销售的多种功能。

第二,传统理论中"展品进境停留期间仅能用于特定的展示用途"这一要求,不能满足同一件暂准进境展品用于多种或多个会展的需要。因为如果一个展品要在不同会展中流转，必须能够较为便利地运输移动和临时存储。但传统制度使展品进境后只能处于一种暂准进境制度之下，且必须存放于规定的展览场所。这一监管方式制约了展品的流转。

第三，传统理论中“暂时进境货物应当原状复出境”这一要求，制约了会展中“展品”转“商品”的需求，制约了展品在多种商业用途中的转换的可能性，或者是增加了通关程序转换的难度与成本。

第四，我国规定的“货物仅能在境内停留 6 个月”这一暂准进境期限，增加了展品用于长期展或常设展的手续与通关成本，也制约了同一展品流转于多场会展的可能性。虽然首届进博会通过《海关支持 2018 年首届中国国际进口博览会便利措施》中关于“延长 ATA 单证册项下展览品暂时进境期限，准予延期复运出境”的规定临时解决了其中的部分问题，但这并非长久之计。

4. 建立在商品单次展示的简单逻辑之上的传统暂准进境制度及其后果

制度的内容与发展是建立在经济的需求与发展之上的。早期的暂准进出境制度是建立在一次性展示目的、展品用途较为单一的会展形式之上的。因此，在保税的条件下，展品在较短时间内原状进出即能满足当时的经济需求。

但是在当前的国际会展业发展的形势下，多种的会展形式、广泛的活动构成、复合的会展功能、多元的入境用途、各异的会展展期、广泛的参与主体等变化，使原来建立在单次展示简单逻辑之上的传统暂准进境制度无法满足当代产业需求。在展示之外的任何其他境内用途，单次展示之外的任何其他展示或活动，都会被传统的暂准进境制度视为“特殊情况”，需要履行严格的海关手续，甚至需要出境后再次进境才能用于其他活动或用途。传统的暂准进境制度成为当代国际会展业的制约。这种情形犹如将一个二维简单的框架套在一个多维立体的复杂结构上，两者都很不便。一方面，二维简单的框架运作困难；另一方面，多维立体的复杂结构受到了明显制约。因此，需要重新设计一个能够将整个多维立体的复杂结构都纳入其中的制度。如果某国不能提供便利高效的暂准进出境制度，则该国的相应经济主体将不具有进行国际竞争的充分能力，则该国最终将被排斥在国际服务、技术贸易的循环之外。

因此，各国的暂准进境制度都在早期国际规则的基础上做了更加精细、灵活或特色化的规定，以适用当代会展业的国际性、复合型等特色，从而促进本国会展业的竞争力。同时，在 20 世纪末和 21 世纪初，《京都公约》和《伊斯坦布尔公约》通过修订或更新,完成了适应国际会展业发展的国际法现代化进程。

(三)我国的暂准进出境制度亟待改革与创新

1. 我国的暂准进出境制度亟待改革与创新

我国在移植暂准进境制度时,由于会展业尚未发展起来,因此在制定该制度时有保留地借鉴了国际法中的内容,而并未将当时修订后的《京都公约》和新缔结的《伊斯坦布尔公约》中的"便利"与"灵活"的立法原意予以完全吸纳,而是保留了传统暂准进境制度的谨慎态度。

从最初的国际暂准进境制度产生至今,已有半个世纪的时间。其间,国际会展业及其运作方式发生了巨大变革。时至当前,不一般的中国国际进口博览会并无针对性的国际法可以依据,在筹备过程中也并未产生专门性的海关法律文件。这就意味着,当必须以传统的暂准进境制度和其他通用型的海关制度来应对将当代国际会展的所有多元复合的特点集于一身的进博会时,相关海关制度与现代会展业的不契合性被凸显了出来。进博会展品、相关物资、参会人员通关与进口税费待遇中所面临的问题将在今后每一次大型复合型会展中反复出现。

如果希望今后各项国际会展能够成功顺畅举办,则与会展相关的各种市场资源要素的跨境流动都必须能够快速、便利、灵活地流动。否则,鉴于会展业的高体验性和会展举办的流动性,某次国际会展的不便利将影响某地能否成为国际会展业的惯常举办地,某地的国际会展产业能否成功形成与发展。因此,作为支撑国际会展业发展的暂准进境制度的改革与创新势为必然。

2. 相关海关法律制度改革应重视的问题

与国际会展业相关的海关法律制度现代化是一个系统工程,其中既包括核心制度(暂准进境制度)本身的系统性修改,也包括核心制度与配套制度之间的协调与衔接。

在当前海关监管、执法或服务过程中,国际会展相关人员与物资流动的长链条被划分归属于多个不同的海关内部部门中。例如,行邮部门或口岸监管部门、ATA单证册管理部门、自贸区和特殊区域管理部门、关税部门、现场业务部门、卫生检疫部门、动植物检疫部门、进出口食品安全部门、商品检验部门,等等。不同的海关部门由于不同的职能分配,关注的往往是国际会展的一个或几个环节。例如,行邮部门或口岸监管部门关注行李物品和跨境电商商品通关;现场业务部门的展品管理科室关注展品的展前审核、展中监管和展后核销;ATA 单证册管理部门关注单证册项下货物的去向以及单证册的签注核销、可能产生的追索问题;检验检疫各部门关注公共安全、公共卫生、动植物生命健康问题;自贸区和特殊区域管理部门则关注常年线上展示的展品保税管理问题;等等。但实际上:

第一,分割的职能,造成了分割的视野。一些从行邮渠道入境的,未必都是行李物品,也可能是展品,从一般贸易渠道入境的货物也可能作为展品,现场业务部门对展品的展前、中、后管理并未覆盖了展品入境后所有用途,ATA 管理部门所关注的展品也并非参展货物的全部。因此,各个相关部门从自身角度所提出的执法困难和解决建议可能是局部,或者是用于解决问题中的现象,而非解决问题的根源的。

第二,分割的责任,造成了分割的本位和利益。各个部门各有职责,在责任和内部监督的约束下,各部门首先会考虑完成本部门的责任。因此,各个相关部门从自身角度所提出的执法困难和解决建议的出发点以及所解决的目标利益,会彼此不同。

局部的、不连贯的修改建议会造成了制度改革的碎片化,即使将各个部门的修改建议汇总梳理,也不会形成系统协调的改革方案,因为各个部门之间的建议的利益点和本位是不统一的。因此,有必要在核心制度改革中,首先认清经济与市场需求,继而明确改革的价值取向和基本原则、选择立法体例,然后再选择需要修改的具体内容。这样所形成的改革方案将符合经济规律,且具有系统性和协调性。

Chapter 5 第五章

进博会相关海关法律制度完善的建议

一、为促进国际会展业发展的海关法律制度改革的宏观考量

（一）促进国际会展业发展的海关法律制度改革的价值判断与理念

1. 经济与市场需要决定立法

对于会展相关物资的海关立法内容，是仅针对进博会进行专门立法，还是针对当代会展展品进行通用型海关制度的系统立法，或是选择突出问题进行分散性修补性的立法。任何一种立法模式本身并无优劣之分。例如，对于展品暂准进境制度，无论是采取与其他货物的暂准进境制度合并立法还是分立立法，或是暂准进境展品用途、复运出境期限、展品处理等具体法律规则的宽严程序本身，也无先进与否之分。判断展品暂准进境制度的立法模式与具体规则的标准应当为：是否适合该经济体的经济目标和产业发展（经济目标与产业发展需要的具体内容，见本书第二章第四部分与第四章第四部分）。

（1）实现政策目标——制度体现政策，引导产业发展

衡量海关制度是否成功，不在于其自身采取何种体例，制定何种内容，而在于其是否促进或支撑实现了经济或政策目标。海关制度对于会展业的促进也应有明确目标，而不是泛泛的。对

此，我国在国家和地区层面都有明确的政策目标。

2017 年国务院《关于进一步促进展览业改革发展的若干意见》中指出，我国将培育壮大市场主体，加快展览业转型升级，努力推动我国从展览业大国向展览业强国发展，更好地服务于国民经济和社会发展全局。2018 年 8 月发布的《上海市建设国际会展之都专项行动计划（2018～2020 年）》中提出，上海将提升国际会展的层次、品质、规模与影响力，培育国际会展业中的品牌会展与品牌企业，从而提升会展业在我国经济的促进功能和带动效应。

但目前，我国展览业体制机制改革滞后，市场化程度发展迟缓，存在结构不合理、政策不完善、国际竞争力不强等问题。① 同时，我国“小、散、乱”的现象比较突出，缺乏有规模、上档次的会展品牌。② 如何判断哪些是需要海关制度促进和支持的品牌展会或品牌企业，什么规模或层次的会展是便利的暂准进行制度主要服务对象，这不能靠执法人员逐个对会展进行主观识别，而应当由制度（包括适用范围、税费待遇等）来明确和保证海关重点支持的会展、企业等，从而提升制度实现政策的精准性。

（2）在海关法律制度领域实现进博会举办的深层次目的

深刻体会进博会的意义不仅在于本次进博会的收获与影响，而在于通过进博会促进我国的贸易平衡与发展，提升我国的贸易便利化与法制现代化程度。具体体现在海关法律制度领域，则应当是海关法律制度能够整体、协调地促进国家贸易平衡与便利，而不是仅着眼于满足某一次进博会展品和相关物资的进出。海关制度可以具体实现以下两个方面的深层次目的：

第一，促进现代国际会展业的发展，实现有利于国际会展业发展的长效化与普惠化海关制度的形成。

第二，促进贸易便利化的海关制度完善，尤其是有利于我国进口通关便利化制度的系统、协调发展。

2. 制度改革的思路起点

（1）以赋能为立足点的法制，以法制为基础的便利——问题在立法而不在执法

制度设计本身的现代化与科学性就取决于海关制度的立法者对当代国际

① 国务院《关于进一步促进展览业改革发展的若干意见》（国发〔2015〕15 号）。

② 冯学钢等编著：《会展业导论》，清华大学出版社 2014 年版，第 19 页。

服务贸易和技术贸易的经济规律、市场需求和发展趋势的理解与把握能力。当代我国新海关的价值不应仅局限于对“应收尽收”的强调，海关与海关法律制度的价值可远远超过传统理解的财政与经济安全等功能。为了支撑我国商界在全球的竞争力提升，为了我国贸易强国政策的实现，需本着对商界“赋能”以提升其全球竞争力的价值诉求，以“便利”为基本原则。

但应注意的是，只有赋能的制度，才有便利的通关。当前会展相关物资通关所面临的一些问题，不在于执法，而在于立法。仅是直接对海关提出赋能和便利的要求，即使海关再主动服务、加班加点，海关作为执法机关，也很难改变法律规定的通关程序，也很难在规定允许之外提供多种展品的后续处置方式。因为其必须以现行有效的法律规范作为行动的依据。不能要求海关在制度不到位或没有制度支撑的情况下予以便利。只有制度中设计了便利，才能在执法中实现便利，否则海关自身就会面临越权。

因此，在进行海关法律制度创新和改革后，才能要求并实现国际会展业发展所需要的赋能与便利。

(2)只有理念的现代化与更新，才有制度的现代化与创新

在各类海关制度中，哪类或哪些制度需要改革，哪些空白等待创新，应当有一个系统化的更新设计。系统化的更新设计应当是建立在新经济发展规律上的新海关法律制度理念基础上的。

要做到这一点，就取决于海关制度的立法者对当代国际经济规律、市场需求的宏观理解与整体把握能力，还取决于海关制度的立法者对当代经贸与海关法律制度之间联系的理解的现代化程度。如果立法者对于当代经济发展规律与具体规则的理解还限于货物贸易为主的范畴内，或对国际经贸与海关的关系还局限于海关的作用主要在货物贸易方面，则无论如何修改海关法律制度，也不能建立起促进国际会展业发展的现代化海关法律制度。

3. 找准促进国际会展业发展的海关制度改革关键点

由于促进国际会展业发展的相关海关制度众多，考虑到改革的有效性和立法成本，就需要先找到矛盾的关键，找准制度改革的主要目标，进而再考虑配套制度具体如何协调。

通过对国际会展业展品、相关物资与人员等的流动情况分析，暂准进出境制度是会展业相关物资进出的主要方式，也是这些物资境内移动或处置是否便

利的关键所在。因此,重新认识暂准进出境制度对当代国际服务贸易与技术贸易的作用,改变对暂准进出境制度作用与功能的传统认识,找准促进国际会展业发展的海关制度改革关键点,在于暂准进出境制度的现代化。这是制度改革的原发点。应围绕着暂准进出境制度的现代化进行改革,并进行相关制度配套与协调。

(1)重新认识暂准进出境制度的经济功能——改变对暂准进出境制度作用与功能的传统认识

现代化的暂准进出境制度是国际会展业得以发展的核心与关键制度。但这一问题并未得到深入的认识。长期以来,无论是理论还是实务上,我国都是以一般贸易通关程序为重,而以其他通关程序和制度为特殊情况,对其中的暂准进出境程序的关注与研究就更少。随着我国经济结构升级与贸易转型,以一次性贸易为基础,仅通过一次申报、纳税就结清本次贸易所有通关手续的通关制度,并不能满足当前贸易方式与业态的多样化发展的需要。因此,必须重新认识特殊通关程序,包括暂准进出境程序功能及其对于当代经济发展的作用。

实际上,现代化的暂准进出境制度不仅是国际会展业发展的关键,而且是整个国际服务贸易与技术贸易的重要支撑与保障。

随着“地球村”和“国际居民”的现象与概念的出现,随着国际服务贸易与技术贸易的发展,暂准进出境制度是人员、服务、技术等市场资源要素跨境自由流动的重要制度支撑。这是因为,上述市场资源要素的流动,必然会带来服务的提供者、服务的有形载体、人员所携物品与设备、随附技术而转移的硬件设备材料等的跨境转移。例如,在服务贸易领域,以与国际收支账户的资本项目是否直接相关为标准,与资本项目相关的服务贸易为资本要素服务贸易。此类服务贸易一般表现为与国际收支的资产项目直接相关的金融资产收益流量。此类服务贸易的标的一般不存在实际的跨境移动,因此与海关执法没有直接关系。由于除“资本要素服务贸易”之外的服务贸易都属于“非资本要素服务贸易”,因此其所包含的内容太过庞杂。此类服务贸易中只要有有形载体跨境,无论是出于何种经济目的(生产、消费或是分配),都可成为海关执法的标的,甚至成为海关征税的标的。例如,海关对运输服务项下运输工具与物的监管,海关对专业服务项下服务工具与器械的监管,海关对旅游服务项下物品进出境的监管等。

可以预见,在较远的未来,技术经历了革命式的发展,即使3D打印技术大幅减少了有形货物跨境流动的必要,有形货物的跨境流动不再成为国际经济的主要形式,即使那时一般贸易的通关制度的重要性将大幅萎缩。但是,国际服务与技术贸易却将越来越繁荣,与其相应地,对这些贸易与产业提供保障和支撑的暂准进出境制度的重要性将凸显。届时,在所谓的“一般”通关程序与“特殊”通关程序中,对“一般”与“特殊”的理解会反转过来。

(2)暂准进出境制度与国际会展业的关系

探究会展业发展的最初原因,不仅是会展本身能够带来的经济收益,而且是促成国际贸易成交的需要。商品、服务与技术的跨境展示,相关人员的跨境参与,是各类国际贸易成交的重要催化剂或引媒。如果没有这个根本利益点,尤其是在18世纪末到19世纪初现代国际会展刚刚开始起步之时,很难想象大量人员与物资远赴重洋,仅是为了看个热闹和新奇。当时的西方国家,举国家之力举办大型会展,仅是为了通过会展本身获得收益。但是此后,随着会展业的发展,其本身巨大经济创收的功能显现出来,并为各国各业所认识。由美国东卡莱罗纳大学(East Carolina University)旅游与接待管理系的George G. Fenich教授所编著的*Meetings, Exposition, Events, and Conventions: An Introduction to the Industry*一书第一章“概论”的开篇“大日子”(the Big Day)的案例,具体描述了某一会议对经济的重要影响以及所引起的人员、物资、服务等的跨境流动。该书中描述道:“为参加AAP第35届年会(某国际行业性年会),将近1,900人(包括参展商和与会者)乘坐了9大主要航空公司和地区航空公司的200个航班,总里程达400万英里,消耗了1,000袋航空食品,在转机过程中消费的糖果和零食不计其数。与会者参加各类演讲、教育和社交活动的总量达到60,000人时(平均每人参加了近30小时的活动),参加高尔夫比赛的人时数达到4,000人次,用餐总数达到12,000人次。与会者需要拨打80,000人次的电话,阅读了5,700份纸质或电子版报纸,收发了10,000封电子邮件,并为当地经济注入了5,000,000美元的收入。这些人员的出现为国家和地方政府创造了500,000美元的税收。无数的当地商人售出了包括从服装到艺术品及纪念品各种商品。干洗店、出租车公司、餐馆、健身房、旅游景点和酒店的周平均收入都将出现跳跃式增长。总计为该单次活动所举行的会议相关活动涉及了超过250个当地工作岗位。”①从该案例中不仅可以清晰地看到会展对当地经济的贡献，而且也可以非常清晰地看到某单次国际会议所带来的人员、服务、商品的大幅跨境流动。如果某地可以成为习惯性的会展举办地，会展业将为该地带来持续的商业繁荣、就业岗位和财政收入。因而会展活动逐渐发展成为一个产业，也成了服务业的一个门类。因此，一项会展的成功举办，具有双重意义。不仅会带来直接的经济收益，也将实现其根本目的，增进国际贸易成交。

当前多元化、复合型的国际展会中，人员、物资等市场要素的进出境需求也是多元化的。例如，在以单次展示为主要目的的会展项下，市场要素的进出境都是临时的且所需时间较短；在以展销为主要目的的会展项下，市场资源要素入境后是否出境是不确定的；以多次展示为目的的展品及其相关人员则需要较长的入境时间；以展示、展销并希望转为其他用途的商品则需要能够获得境内使用或加工的待遇；等等。除了明确必然会销售的商品外，这些参展商品最初一般都会采取暂准进出境制度入境，此后再根据商品的下一步去向申请适用其他海关制度。

在此情况下，暂准进出境制度是满足商品进出境便利的基本制度，其中尤其是暂准进境制度，是满足本地会展业发展需求的核心制度。此外，行邮制度是满足人员所携带物资（也包括展品）进出境便利的基本制度。

（二）我国的暂准进出境制度改革与创新的原则

1. 基本原则——便利、灵活、适合、明确、配套

要发展我国国际会展业的竞争力，挖掘我国会展业的增长潜力，则需将对商界“赋能”和“便利”作为基本要求，这也是我国暂准进出境制度改革的基本方向。在此基本要求与方向的指引下，改革中的基本原则是：便利、灵活、适合、明确、配套。

一是对商界而言，制度的使用是便利的、经济的。

二是对与会展有关物资而言，暂准进出境制度与其他海关之间能够灵活切换。

---

① George G. Fenich, *Meetings, Exposition, Events, and Conventions: An Introduction to the Industry*, Pearson Education, Inc., 2012 (3rd edn), 2016 (4th edn), pp. 2-4.

三是对于会展产业而言,暂准进出境制度的细化规则与具体内容应与市场需求和经济规律相匹配。

四是制度规则本身的要求是明确清晰的。如果在规章甚至是普遍适用性规定层级还存在大量留白,则会出现地区之间对会展的具体监管要求存在诸多差异的情况。

五是与会展业发展相关的各项制度的改革应是系统性的,所改革制度之间、改革措施与整体制度之间应当是协调匹配的。有关暂准进境制度与申报制度、关税制度、担保制度、行邮制度、跨境电商制度、保税制度等应当通盘考虑。

2. 便利、灵活原则的具体体现——能进能出、能动能转、能售能销

上述原则中,便利、灵活原则是其中的关键,其应当具体体现为:会展活动相关的物资在边境环节能进能出,在进境后的经营活动中能动能转,在活动结束后物资可以做到能售能销。

也就是说,一是会展活动相关的物资在边境环节能进能出,对商界而言,暂准进境和复出境的程序和手续应是便利的,也应是经济的;二是与会展活动相关物资进境后,根据商业需要,是可移动的,在不同的海关监管程序间是可转换的,不同监管程序下的权利义务转让过渡要便利;三是与会展活动相关物资在所有经营活动结束后是可以得到较为便利的核销或销售的。

(三)暂准进出境制度改革的立法模式选择

由于国际进口博览会的特殊性,参考欧美立法,我国对国际进口博览会立法可以采取以下几种选择:

1. 针对进博会相关物资的综合性专门性立法

为进博会展品和相关物资通关度身定做一套海关制度,即该制度专门适用于今后每年举办的进博会,可由进博会展品和相关物资的关税与国内税(优惠)制度、通关与海关监管制度、进博会展品和相关物资的跨境电商制度、进博会重要参会人员的物品通关制度等构成。

如果采用此方法,虽然在立法中可能需要考虑的系统协调或平衡的难度会较小,但其适用范围仅为进博会物资,实现对国家会展政策和进博会举办的深层次目的的作用是有限的。

2. 颁布一次性适用的政策规定来解决各年进博会的物资进口问题

在现有基本制度基本不变的基础上，选择重点与亟须问题制定或修改分散的单行普遍适用性规定，即根据会展展品和相关物资通关中突出的专门性事项分别制定普遍适用性海关规定。就如专门针对2010年世博会一系列（单行）规范性文件，如海关总署《关于2010年上海世界博览会进口税收政策有关问题的通知》等。当然，也可以采取高层级的单行专门性立法，如《世界博览会标志保护条例》等。当前的《首届进博会的海关总署公告2018年第76号》也是属于这种方式。

这种做法对一次性的重点活动十分有效。在各种方案中，这种方式对现有制度的修改和影响也最小。但是该方式与前一种方式存在同样的问题，即适用范围也是十分有限的，而且还存在局部的、特定的、低层级的规定存在与现有的其他海关制度不配套的问题。

3. 现行通用型暂准进出境制度的现代化

（1）制度现代化及其优点

针对会展展品和相关物资通关制定一套通用型暂准进出境制度，即根据当代国际会展产业需求，尤其是对于暂准进出境制度而言，形成一套可适合于大部分国际性、复合型的大型会展展品与相关物资的通用型海关制度。这套通用性的暂准进出境制度是建立在暂准进境制度的基本原理之上的，但通过立法改革后，应比现行制度更具有通关便利和展品处置灵活的特点，也就是对现行通用型暂准进出境制度进行现代化。

如果能够制定出这样一套通用型制度，不仅可以解决进博会相关物资的通关问题，也保证了现代会展业具有了长效化与普惠化的海关制度与便利措施，从而有利于在海关法律制度领域实现进博会举办的深层次目的，也可实现以海关制度体现政策、引导产业发展的目的。因此，这也是本书所建议采取的模式。

（2）通用型暂准进出境制度立法模式的两种方案

第一，分立式与合立式的立法模式。比较欧美立法，展品通关具有两种模式：一是展品相关物资通关立法和暂准进境制度分立式立法，以下简称分立式，如美国即采用此种方式；二是展品相关物资通关立法和暂准进境制度合立式立法，以下简称合立式，如欧盟即采用此种方式。美国与欧盟立法方式的截然不同是由于两者逻辑思路的完全不同造成的。美国是将展品通关制度作为与暂准进境制度相平行的另一种海关制度，而欧盟是将展品通关制度作为暂准进境制度的一种具体种类来对待的。

第二,合立式的具体方式。在国际相关立法法方面,更为倾向于欧盟模式,即“合立式”。但具体如何“合立”,其方式不同,有“一体规定”和“总分结合”。“一体规定”是指《京都公约》(修正)专项附约G中对于展品和其他货物的暂准进境没有区分。对于《伊斯坦布尔公约》各附约中的各种货物在具体的程序、担保、税费等方面都是一体适用的。这也充分说明了《京都公约》(修正)专项附约G相当于暂准进境制度的“一般法”的地位。《欧盟海关法典》中对暂准进境制度的立法也十分接近“一体规定”,对展品的专门性条款很少。但是ATA公约体系则采取了“总分结合”的方式,也就是将暂准进境的基本规则进行总体规定,将不同进境目的的货物以不同的、具有相对独立性的单元(如协定或章节等)予以规定。无论是《ATA公约》还是《伊斯坦布尔公约》采取的“主约”+“附约”的方式。《ATA公约》的总体规定和不同用途货物的专门条款分别规定于不同的公约中。《伊斯坦布尔公约》的总体固定则规定在主约和附约A中,对不同用途货物的专门条款则分布于附约B.1-B.9以及附约C、附约D、附约E中。

(3)我国立法模式的具体考虑

我国暂准进出口制度在历史上曾采取过分立式的模式,当前采取的是合立式的模式。在合立式的模式下,对展品也有专章的规定。① 因此属于“总分结合”的方式。但我国“总分结合”下,对展品的专门性条款并不足以提供足够便利、灵活的通关程序和展后处置措施。而且当前《海关暂时进出境货物管理办法》(海关总署令第233号)本身条款不多。在其之下,除了一项关于格式文书及有关报关单填制规范的公告②外,并无细化规定。因此,对具体如何在展前报告、③预确认与提交担保、展中如何配合监管或延期、展后处置的特殊情况的具体手续等问题都规定得不甚明确。

对于今后我国暂准进出境制度的改革,考虑到实现政策目标与制度成本之间的平衡,在近期的改革中,仍然采取“合立式”下的“总分结合”的方式,改革的速度会快,所遇难度会较小。但对会展相关物资的展前、展中和展后的通关

① 《海关暂时进出境货物管理办法》(海关总署令第233号)第三章“暂时进出境展览品的监管”。

② 《〈海关暂时进出境货物管理办法〉格式文书及有关报关单填制规范的公告》(海关总署公告2018年第12号)。

③ 《海关暂时进出境货物管理办法》第17条。

规则,应予以更为明确和详细的规定。

(四)更新国际承诺与实现条约精神

1. 对于 ATA 公约体系——更新我国的国际承诺

(1)我国的国际承诺现状

1992 年 5 月 18 日,国务院印发国函〔1992〕49 号文——《关于决定加入〈暂准进口的公约〉等有关暂准进口的国际海关公约的批复》。批复表示,我国决定加入《伊斯坦布尔公约》,并接受其附约 A《关于暂准进口单证的附约》和附约 B1《关于在展览会、交易会、会议及类似活动中供陈列或使用的货物的附约》,同时加入《ATA 公约》和《关于在展览会、交易会、会议等事项中便利展出和需用物品进口的海关公约》。根据国务院文件精神,外交部于 1993 年 8 月 27 日向世界海关组织,递交了加入《关于暂准进口的公约》《ATA 公约》《关于在展览会、交易会、会议等事项中便利展出和需用物品进口的海关公约》的文书,上述公约于 1993 年 11 月 27 日起对我国生效。1993 年 10 月 25 日,国家海关总署印发署监〔1993〕1373 号文——《关于授权中国国际商会为 ATA 单证册的出证和担保商会的批准书》,明确指出,经国务院批准,海关总署根据公约的有关规定,授权中国国际贸易促进委员会/中国国际商会作为中国 ATA 单证册的出证和担保协会,承担 ATA 单证册的出证和担保工作。1997 年 11 月 24 日,海关总署向世界海关组织秘书处发出《中华人民共和国实施暂准进口单证制度通知书》,正式通知对方:中华人民共和国于 1998 年 1 月 1 日起实施 ATA 单证册制度;ATA 单证册适用于中华人民共和国关境,所有的海关办公室均受理 ATA 单证册;适用语言为中英文;对邮运货物提出保留,以及其他依据国际公约和国内法接受的过境货物范围;中国国际贸易促进委员会/中国国际商会为出证和担保协会。1998 年 2 月 6 日,中国国际贸易促进委员会/中国国际商会签署了《关于建立 ATA 单证册国际海关连环担保系统的议定书》和《关于国际商会世界商会联合会采用 ATA 单证册制度的声明》,确认同意承担 ATA 单证册制度项下有关义务。至此,ATA 单证册制度得以正式在我国实施。[①]

---

① 《ATA 单证册制度在中国》,载中国国际商会网:http://www.atachina.org/carnet/detail.do?id=297e9e794db195bb014db253e14c0003,最后访问日期:2019 年 8 月 13 日。

自1998年以来,我国ATA单证册业务快速发展。ATA单证册制度在我国刚刚开始实施的1998年,中国国际商会出证量为3份。全国海关办理ATA单证册业务179份。到2017年,我国出证量为9,949份,全国海关办理ATA货物进境、出境、复进境、复出境近3万票。在过去20年里,我国共签发出口ATA单证册近75,000份,服务了30,000多家政府机关、企事业单位、社会组织和个人,单证册项下累计货值近200亿元人民币。通过使用ATA单证册通关,持证人累计少填写各类临时进出境单据40多万份,减少资金占用近50亿元人民币。①

(2)我国国际承诺的最新进展及对下一步的建议——继续扩大ATA单证册的适用范围

2017年,国务院已经批准扩大我国ATA单证册适用范围,即将接受进境单证册的适用范围由目前的展览会和交易会及类似活动的临时进境物品扩展至专业设备和商业样品。② 截至2019年1月,完成了有关程序。因此,2019年1月9日海关总署发布了《关于暂时进出境货物监管有关事宜的公告》(海关总署公告2019年第13号),我国扩大接受《伊斯坦布尔公约》附约B.2《关于专业设备的附约》和附约B.3《关于集装箱、托盘、包装物料、样品及其他与商业运营有关的进口货物的附约》。同时,对附约B.3中第2条第2项和第3项作出保留。③ 至此,在我国海关接受的ATA单证册将扩展至"展品、专业设备和商业样品"三种。

但即使我国将ATA单证册的适用标的范围扩展至三种,仍然小于与国际公约规定的范围或欧盟各国所接受的范围。

当然,单纯从ATA单证册的适用标的范围的宽窄并不能说明制度的优劣,而是应当根据经济发展需要并且与国内法相结合进行判断。但从美国通过国内法完善其暂准进境制度的适用范围的做法来看,国际会展业发达的经济体一般需要较宽的暂准进境适用标的范围,从而满足与会展有关的各类物资的免税进出境的便利。例如,ATA单证册制度起源于欧洲,因此欧盟国家对ATA制度

---

① 付丽娜编:《ATA单证册制度在中国:二十年回顾与展望》(2018年7月专题发布会),载中国国际贸易促进委员会网:http://www.ccpit.org/Contents/Channel_3715/2018/0712/1031832/content_1031832.htm,最后访问日期:2019年8月10日。

② 同上注。

③ 薛平编:《中国正式扩大ATA单证册适用范围》,载中国国际贸易促进委员会网:http://www.ccpit.org/Contents/Channel_4256/2019/0111/1111949/content_1111949.htm,最后访问日期:2019年8月10日。

的接受度普遍较高。美国仅加入了《ATA 公约》及《专业设备暂准进境海关公约》,但并未加入《伊斯坦布尔公约》。[①] 可见,美国对 ATA 公约体系的国际承诺是极其有限的,承诺的范围远远低于欧盟国家。但此承诺水平并不代表其暂准进境制度不适合其经济发展的需要。因为其展品通关被予以专门立法,对鼓励的会展展品或来自特定自贸协定伙伴的展品在税则第 98 章中明确规定了税目和关税政策。此外,对于其他特定用途的货物,则通过暂准进境制度予以的规定。因此,其通过非常谨慎的国际承诺和完备的国内立法实现了其政策目标,即制定出对其所需要促进发展的展会的展品通关与关税措施。

同时,我国虽然 ATA 单证册业务从绝对数据上看发展较快。如果从每一年份来衡量,再与我国的经济规模相比,我国商界使用 ATA 单证册的数量还是较少的。如果希望打造有利于国际会展业发展的营商环境,则应当允许更宽的 ATA 单证册适用范围,进一步提升 ATA 单证册的使用量。2017 年 ATA 单证册业务数据统计可参见表 17。

表 17 2017 年 ATA 单证册业务数据统计

类型	票数	同比(%)	货值(亿美元)	重量(万吨)
全国办理(票)	29,841	11.00	31.31	4.60
暂时进境	6,803	13.84	10.27	0.74
暂时出境	8,524	10.79	3.52	1.64
复进境	7,852	12.35	3.34	1.50
复出境	6,662	7.02	13.18	0.72

资料来源:海关总署 ATA 核销中心。

因此,各国对于 ATA 公约体系的承诺是在综合考虑政策目标、国内立法后,再明确其国际承诺的水平。

鉴于我国国家和地区层面进一步提升会展业服务的政策目标,也鉴于我国暂准进境制度对于展品通关制度的专门性便利性规定的不足,再考虑到当前“会展”的构成范围越来越宽、越来越复杂的现实,“会展”之目的需要临时进境

① WCO,Conventions Sponsored or Administered by the Customs Co-Operation Council-Synopsis of Position as of 3 July 2018, http://www. wcoomd. org/-/media/wco/public/global/pdf/about-us/legal-instruments/conventions-and-agreements/revised-kyoto/sg0207e1b. pdf?la = en, Aug. 10,2019.

的,不仅是展品。因此,我国有必要在展品、专业设备和商业样品三种承诺之外,进一步考虑扩大 ATA 单证册的适用范围,如可扩展至教学、科研、文化活动相关的进口货物,体育活动相关货物,表演活动相关货物,以及已经适用的货物的运输工具与包装等。

2. 对于《京都公约》(修正)专项附约 G——从形似走向神似

(1)我国暂准进出境制度已符合专项附约 G 的基础条款

《京都公约》(修正)要求缔约方在加入时必须加入主约并接受总附约,同时至少接受一个专项附约中的一章。我国于 2000 年 6 月 15 日签署了《京都公约》的《修正案议定书》,并接受专项附约 D 的第一章"海关仓库"和专项附约 G 中的第一章"暂准进境"。[①] 也就是说,遵守专项附约 G 中关于暂准进境的内容是我国的国际义务。

《京都公约》)(修正)专项附约的文本包括了 10 条标准条款(standard)、13 条建议做法(recommended practice)和指南(guidelines)。其中,标准条款具有完全的约束力。缔约方可以对建议做法条款作出保留。虽然《京都公约》(修正)主约第 9 条规定:除了做出了保留外,对于接受专项附约或其中各章的缔约方应当受到建议做法条款的约束。但在主约第 1 条中对"建议做法"的定义是指《京都公约》(修正)专项附约的认为构成了协调与简化海关制度与做法方面的进步,希望缔约方在最大可能的范围内适用的条款。"指南"是对于专项附约条款的解释,不具有约束力。

因此,狭义地说,我国在专项附约 G 下需要遵守的也就是这 10 条标准条款的义务。这 10 条标准条款包括了暂准进境基础性操作和要求。从这一角度来说,我国的暂准进出境制度是完全符合我国国际义务的。

(2)从形似走向神似——国际法国内化的另一个层次

①切实理解《京都公约》(修正)的文本及其所蕴含的精神

实际上,代表着海关制度的协调与简化的前沿与最佳实践的内容恰恰都包含在软约束力的建议做法条款和无约束力的指南中。将这些内容列为软约束条款或无约束力的指南,不是因为其做法不成熟或实践不成功,而是为了增加

---

① 我国对《京都公约》(修正)对专项附约 D 中第一章第 9 条、专项附约 G 中第一章第 16 条和第 21 条作出保留。

《京都公约》的弹性和接受度,是出于国际条约法实践方面的考虑。

在衡量国际法律文件时,并不需要始终采取谨慎防御的心态。如果其条款有利于促进国内政策目标的实现,某国际法的原则精神与我国所需的立场一致的话,则可更为采积极开放的态度考量其合理性,并予以本地化。专项附约 G 的建议做法条款是“构成了协调与简化海关制度与做法方面持续的进步”的做法。指南则解释了在适用标准条款、过渡性标准条款和建议做法条款时可能采取的行动过程,特别是描述了最佳做法和建议更大便利的示例。因此,这些建议与做法的具有共同的特征——简化与协调,从而使商界的通关行为得到更便利、透明、可预见的结果。

②我国暂准进出境制度与建议做法条款和指南尚有差距

第一,我国相关制度中并无专项附约 G 中关于标准条款 4(由其他程序转入暂准进境程序),建议做法条款 9(不做书面申报)、建议做法条款 16(暂准进境程序项下权利义务转让)、建议做法条款 19(暂准进境与其他海关制度间转换)、建议做法条款 22(适用范围)、建议做法条款 23(有条件免除部分进口税费的暂准进口)等的内容。同时,我国还对专项附约 G 中建议做法条款 16 和条款 21(退还保证金)作出了保留。

第二,我国相关制度中欠缺对指南全面理解与整体运用。指南中“3.2(暂准进境的条件)”“4.4(由其他程序转入暂准进境)”“7.(暂准进口的转让)”“8.3(将进口货物置于另一种海关制度下而终止暂准进口)”“9.1(有条件免除全部进口税费的暂准进口)”“9.3(有条件免除全部进口税费的暂准进口的其他情况)”等在内容在我国相应制度中并无清晰的体现。

在我国相关制度所缺失的建议做法条款和指南多为暂准进境制度中的灵活、简化和便利化的措施。例如,指南中“由其他程序转入暂准进境”“暂准进口的转让”“将进口货物置于另一种海关制度下而终止暂准进口”就是关于货物可以在暂准进境程序与其他海关程序灵活转换,或货物在展后灵活处理的便利化措施。

③从形似走向神似,实现《京都公约》的精神实质

鉴于建议做法条款和指南的内容,体现的国际领域中的前沿制度和最佳实践,且其中内容与欧盟海关法具有很大的共同性。因此建议:

第一,实现《京都公约》中关于简化与便利化的实质,促进我国国际会展业

的快速发展,而不是带着防御的心态,仿佛采用的条款越少就越能保护国内立法的自主性。在海关法领域,我国为了满足国际义务进行国际法简单移植的过程应该在“入世”前后已经完成。此后应考虑如何积极从形似走向神似,整体而完整地理解《京都公约》的精神实质,实现《京都公约》的目标,将《京都公约》(修正)专项附约G中的海关手续简化与便利化精神切实落地。

第二,从形似走向神似,整体而完整地理解《京都公约》(修正)包括专项附约G的文本。因此,在法律借鉴时,不能仅限于专项附约G本身,《京都公约》(修正)的总附约中规定了适用于每一专项海关制度的基本原则(也是每个缔约方必须接受的条款),因此,总附约和专项附约应结合理解。同时,每章指南都是一个整体,在参阅时不应割裂上下文之间的关系,而应该通读全文了解该章指南的全部内容。某章指南中对某条款的解释与另一章指南中的解释有关联,需要相互参看。

二、扩大与修改暂准进境制度适用的“会展/活动”构成范围

(一)现代会展构成日益复杂

对于会展,存在多种解释与观点。通常认为,会展是指在一定地域空间,由许多人在一起形成的、定期或不定期的、制度或非制度的、传递和交流信息的群众性活动。有的观点提出狭义“会展”分为会议、展览和活动三部分,其中展览业是会展的重要组成部分。[①] 或将会展理解为服务业下的旅游业(商务旅游)的组成部分,可以包括协会和代表会议、公司会议、奖励旅游、展览业等,称为“四分法”。

无论是“会展”构成的“三分法”还是“四分法”,仅“会展”一部分就可包括会议、博览会、贸易展览会、活动、年会、演示会、集会等,而且其构成已经不仅仅限于会议和展示,而是扩展到各种围绕着会展而举办的各种活动,甚至还包括商务或奖励旅游。

---

① 张义、杨顺勇主编:《会展导论》,复旦大学出版社2009年版,第5页;张健康编著:《会展学概论》,浙江大学出版社2013年版,第88页。

(二)暂准进境适用范围与"会展"构成范围的现行法律规定

对于暂准进境适用范围与"会展"构成范围的法律规定,现有列举式和概括式两种立法方式。WCO 体系下《京都公约》(修正)、《伊斯坦布尔公约》体系和《ATA 公约》体系属于列举式立法,我国也属于列举式立法。而《国际展览会公约》、欧盟和美国立法则属于概括式立法。这些立法中,有的是对"会展"作出了规定,有的则是对更为广义的"活动"做出了规定。

1. 列举式立法

(1)我国的规定

我国《海关暂时进出境货物管理办法》对"展览会、交易会、会议以及类似活动"的解释是:第一,贸易、工业、农业、工艺展览会,以及交易会、博览会;第二,因慈善目的而组织的展览会或者会议;第三,为促进科技、教育、文化、体育交流,开展旅游活动或者民间友谊而组织的展览会或者会议;第四,国际组织或者国际团体组织代表会议;第五,政府举办的纪念性代表大会。①

(2)《京都公约》(修正)与《伊斯坦布尔公约》

《伊斯坦布尔公约》附件 B. 1《关于在展览会、交易会、会议以及类似活动中陈列或使用的货物的附约》第 1 条对"活动"(event)的解释为:除了为销售外国货物在商店或商业场所所制定展览外,第一,贸易、工业、农业或工艺展览,展会,或类似的展出或展示;第二,主要为慈善目的组织的展览或会议;第三,主要为了促进学习、艺术、工艺、体育、科学、教育、文化活动,促进宗教知识或信仰,促进旅游或促进人民之间的友谊而组织的展览或会议;第四,任何国际组织或国际组织集团的代表会议;第五,具有官方或纪念性质的代表会议。②

《京都公约》(修正)的规定与《伊斯坦布尔公约》完全相同,其专项附约 G 第一章建议做法条款 22 复述了《伊斯坦布尔公约》附件规定的货物范围。

2. 概括式立法

(1)《国际展览会公约》

1928 年《国际展览会公约》中规定,展览会即为一种展示,无论名称如何,

---

① 应注意区分:在商店或者其他营业场所以销售国外货物为目的而组织的非公共展览会不属于《海关暂时进出境货物管理办法》所称展览会、交易会、会议以及类似活动。

② 《ATA 公约》附件 B1 第 1 条。

其宗旨皆在于教育公众。它可以展示人类为满足文明需要所运用的手段,或显示人类在某一或多个领域中历经奋斗所取得的成就,或展现未来前景。有不止一个国家参加的展览会即为国际展览会。

(2)《欧盟海关法典授权条例》

欧盟海关法中是由《欧盟海关法典授权条例》对"会展"一词进行概括的。但《欧盟海关法典授权条例》并未完整定义"会展"及其构成,而是更广泛地称为"公共活动",但也未作出明确的定义,仅简单表述其性质为:"不是为单纯商业销售货物而组织的公共活动"。[①]

(3)美国《1959 年贸易展会法案》

该法案规定,其专门适用于经商务部部长所批准的,可以适用《1959 年贸易展会法案》优惠海关措施的展览会展品的通关。

(三)制度修改建议——完善我国"会展"构成范围的规定

1."会展"难以涵盖进博会举行的全部相关活动

由于会展活动本身的经营推广形式的需要,往往数项活动会同时或在同期交错举办且相互关联,如在展览举办的同时,也在同一主题下举办会议、论坛、表演、推广宣传等其他各项活动。当前对"会展"构成范围进一步趋向于更宽泛的理解,会展和相关旅游等构成活动统称为会展(MEEC 或 MICE)。因此,国外理论已经建议将会展业称为"活动产业"(event industry)更为贴切。[②]

进博会便是复合型构成的大型会展的典型代表。首届中国国际进口博览会是由会议、展览和活动三部分组成。每部分的具体内容都十分丰富,包括:第一,会议部分包括了"虹桥国际经济论坛"中的各场官方的会议和论坛,也包括了在各种配套活动中所组织的各类商业性或非商业性的论坛,如政策解读、权威发布等。第二,在展览部分包括了"企业商业展"中大量货物与服务的展示,也包括了配套活动中,参展企业新产品新技术新概念发布会、品牌推介会、时装

---

① 《欧盟海关法典授权条例》第 234 条。

② [美]乔治·费尼奇:《会展业导论》,王春雷译,重庆大学出版社 2018 年版,译者前言,第 2~3 页。

走秀等多种形式的展示。第三,互动部分包括了六大类林林总总的活动,形式种类非常多样,如餐会酒会活动、专业比赛、产品体验、供需对接会、采购签约,还有线上购物活动,由知名电商等渠道配合开展首届进口博览会同款产品线上同步发售活动,等等。

2. 修改我国对"会展"构成的立法表述

我国目前关于"会展"构成范围的立法表述基本上是拷贝了《伊斯坦布尔公约》附件 B.1 中第 1 条中关于"活动"的范围。但是,我国该列举式的规定与解释,重在适用于与"展览会、交易会、会议"类似的活动。因此,未必适用于因会展而举办的相关或周边活动。相关或周边活动的物资是否能够适用暂准进境制度,则取决于是否属于《海关暂时进出境货物管理办法》中规定的其他特殊用途的货物。例如,是否属于《海关暂时进出境货物管理办法》中规定的"文化、体育交流活动中使用的表演、比赛用品"。因此,目前此类活动相关物资是否可以适用暂准进境程序是不确定的。即使此类活动相关物资可以适用暂准进境制度,也不能适用展品的暂准进境程序。

立法应与经济与产业发展向匹配,考虑到以进博会为代表的复合型构成的大型会展,建议我国暂准进出境制度应扩展所适用的"会展"构成范围,在表述中采取以下概括式和列举式相结合的立法方式:

第一,将偏重于"会展"的表述修改为偏重于"活动"的表述。

第二,鉴于当前"活动"构成的复杂性,在我国当前列举式规定之前,加入对"活动"概括性表述。

第三,如果认为"活动"进行概括性表述较为困难,则可对"活动"的性质加以限定,如参照欧盟法,限定为"公共性"活动。

第四,在列举式规定的最后再新增一项"其他公共性活动"。

三、扩大并明确暂准进境制度所适用的货物范围

(一)进博会相关物资的多样化

复合型大型会展是由"会""展"和其他多种活动所构成,必然涉及种类多

样的展品与物资的进境。按照货物在会展活动中的用途进行分类,可以包括:

第一,展览品,具体包括在企业商业展、国家贸易投资综合展、各类活动(非物质文化遗产)中的展示、使用和消耗的货物。

第二,展览用品,包括小包装样品宣传印刷品、赠品、酒类、饮料、食品等都可能在展览会上向社会公众直接散发。在服务贸易展中也包括旅游广告材料。① 此外,还包括对展览品进行维修、保养、检修、调试和保存的基件、配件和设备等(尤其是在展期较长会展或电子、机械、设备类会展中)。

第三,其他会展用物资。例如,演艺用品,如配套活动中各种演艺活动(如时装表演秀、美妆秀、晚会等)中所使用的商品和物资。比赛用品,如在丹麦"创意产业杯"全球总决赛所使用的参赛作品、设备、器械、奖品服装、道具、乐器、乐谱、布景、视听材料等。

第四,其他货物或物品。例如,专业设备是专业人员②使用的专业设备(用于新闻宣传、广播电视等专业工作),以及其他个人携带的行李,这些行李未必都是货物,也可能是展品。

鉴于此,仅规定展品的暂准进境制度,并不足以支撑和保障与会展活动有关的物资的暂准进境需要。因此,需要规定可适用于多种特定用途货物的暂准进境制度。

(二)展品暂准进境制度适用客体范围比较

1. 我国现行规定

(1)暂准进出境货物范围

我国现行《海关暂时进出境货物管理办法》中所称"暂时进出境货物"包括13类,具体是:第一,在展览会、交易会、会议以及类似活动中展示或者使用的货

① 《ATA单证册制度》编委会:《ATA单证册制度》,中国财政经济出版社2008年版,第356页。

② 外国临时来华记者请在"媒体机构类别"中选择"外国媒体机构",在"个人信息"中选择"临时来华境外人员"。完成网上报名后,请凭注册网站生成的确认函赴中国驻外使、领馆或中国外交部授权的签证机构申请J-2签证。驻华外国记者请在"媒体机构类别"中选择"外国媒体机构",在"个人信息"中选择"常驻中国境外人员"。我国港澳台媒体记者请在"媒体机构类别"中选择"港澳台媒体机构",在"个人信息"中选择其具体的所属地区。

物;第二,文化、体育交流活动中使用的表演、比赛用品;第三,进行新闻报道或者摄制电影、电视节目使用的仪器、设备以及用品;第四,开展科研、教学、医疗活动使用的仪器、设备和用品;第五,在前述第1~4项所列活动中使用的交通工具以及特种车辆;第六,货样;第七,慈善活动使用的仪器、设备以及用品;第八,供安装、调试、检测、修理设备时使用的仪器以及工具;第九,盛装货物的包装材料;[①]第十,旅游用自驾交通工具及其用品;第十一,工程施工中使用的设备、仪器以及用品;第十二,测试用产品、设备、车辆;第十三,海关总署规定的其他暂时进出境货物。

(2)其他与会展货物有关的物资或物品的特殊通关规定

第一,对于外国记者和港澳台记者的采访器材的通关,适用三项专门的海关总署公告,即《关于海关办理外国常驻新闻机构、外国记者采访器材进出境手续的公告》(海关总署公告2008年第104号)、《关于香港和澳门新闻机构在内地常驻记者站、香港和澳门记者办理采访器材进出境手续的公告》(海关总署公告2009年第19号)和《关于台湾记者采访器材进出境海关手续海关总署公告》(2009年第31号)。

第二,对于个人行李,如果属于自用物品,则应当按照《海关对进出境旅客行李物品监管办法》和行邮税规定办理。如果属于展品或其他用途的货物,则应当按照货物通关的规定办理。

第三,对于伴侣动物,我国仅允许伴侣犬、伴侣猫两种动物暂准进境,每人限1只。

2.《伊斯坦布尔公约》体系

(1)宽而明确的暂准进境货物范围

对于1990年6月26日《伊斯坦布尔公约》附约B.1-B.9,附约C、附约D、附约E的正文与附录中详细列出的可适用暂准进境制度的货物范围,其条款以列举和概括的方式,将货物种类阐述得十分具体明确,主要包括可批准有条件免除全部税费暂准进境的货物和只能免除部分税费暂准进境的货物两大类。

---

① 包装材料,是指按原状用于包装、保护、装填或者分离货物的材料以及用于运输、装卸或者堆放的装置。

此处限于篇幅,不能完整复述。

其中,可批准有条件免除全部税费暂准进境的货物包括:第一,附约 B.1 所指的“在展览会、交易会、会议以及类似活动中陈列的货物”;第二,附约 B.2 所指的“专业设备”;第三,附约 B.3 所指的“集装箱、托盘、包装物料、样品等与商业活动有关的进口货物”;第四,附约 B.4 所指的“与制造环节相关的进口货物”;第五,附约 B.5 所指的“与制造环节相关的进口货物”;第六,附约 B.6 所指的“进口的旅游者个人物品与体育用品”;第七,附约 B.7 所指的“旅游广告材料”;第八,附约 B.8 所指的“边境贸易进口的货物”;第九,附约 B.9 所指的“为慈善目的进口的货物”;第十,附约 C 所指的“运输工具”;第十一,附约 D 所指的“动物”。

(2)并入《佛罗伦萨协定》后的展品范围

《伊斯坦布尔公约》附约 B.1《关于在展览会、交易会、会议以及类似活动中陈列或使用的货物的附约》第 2 条中规定:“下列货物应被准许暂准进境:第一,拟在活动中展出或用于演示的货物,包括 1950 年 11 月 22 日联合国教科文组织在纽约签署的《关于教育、科学和文化物品进口的协定》(以下简称《佛罗伦萨协定》)[①]附件[②]以及 1976 年 11 月 26 日《内罗毕议定书》附件[③]中列明的货物

① 联合国教育、科学及文化组织(UNESCO)所主持制定的《关于教育、科学和文化物品进口的协定》1950 年 11 月 22 日在纽约联合国总部开始签字。1952 年 5 月 21 日,在 10 个国家批准或加入后开始生效。该协定附加议定书于 1976 年 11 月在内罗毕召开的教科文组织大会第十九届会议的通过。新的《关于教育、科学和文化物品进口的协定议定书》于 1977 年 3 月 1 日在纽约联合国总部开始签字,并自 1982 年 1 月 2 日开始生效。我国签署了《关于教育、科学和文化物品进口的协定》,但并未批准或加入该协定。

② 《关于教育、科学和文化物品进口的协定》的缔约国保证对该协定以下 5 个附件所列的众多物品不征收关税:“图书、出版物和文件”(附件 A);“属于教育、科学和文化性质的艺术品和收藏品”(附件 B);“属于教育、科学和文化性质的视听材料”(附件 C);“科学仪器和设备”(附件 D);“盲人用品”(附件 E)。该协定的具体译文可参见中共中央宣传部政策法规研究室、中国社会科学院法学所编:《国际文化法文件汇编》,学习出版社 2014 年版,第 264 ~ 270 页。

③ 新的《关于教育、科学和文化物品进口的协定议定书》对其 9 个附件所列的多种新物品也实行关税豁免。这些附件的名称除了沿用协定附件的名称外,在内容上还有以下一些增加和修改:“视听材料”(附件 C.1);“教育、科学和文化性质的视听材料”(附件 C.2);“盲人和其他残疾人用品”(附件 E);“体育用品”(附件 F);“乐器和其他音乐设备”(附件 G);“用于生产书籍、出版物和文件的材料和机器”(附件 H)。关于议定书附件,应该指出,各国在加入时可声明不受附件 C.1、附件 F、附件 G 和附件 H 的约束,或不受其中任何一附件的约束。这也是议定书的主要特点之一,由于它比该协定自由得多而且范围也广得多,因此,在提法上应该使各国能够选择它们希望执行的规定。

(包括书籍,教育、科学、文化物品等)。第二,拟在活动中为展出外国设备而使用的货物,包括:①展示将要展出的外国机器或设备所必需的货物;②外国参展商临时展位的施工和装饰材料,包括电气配件;③对展出的外国物品,如录音、图像、电影、灯标幻灯片及其使用的器材等,具有明确的宣传作用的广告、演示材料。第三,国际会议、会议或大会使用的设备,包括口译设备、录音录像设备和具有教育、科学或文化性质的电影。”

《伊斯坦布尔公约》从其文本条款来看,所包括的展品的表述仅包括了三类。但实际上,该公约第 2 条第 1 款第 1 项中将《佛罗伦萨协定》附件以及《内罗毕议定书》附件的货物范围都并入了《伊斯坦布尔公约》。此时,不论是否是该公约及其议定书的缔约方,只要接受《伊斯坦布尔公约》及其附件 B. 1,就应当将《佛罗伦萨协定》及其《内罗毕议定书》所一定的所有适用客体范围纳入《伊斯坦布尔公约》的适用范围。这种在一个国际法律文件中纳入另一国际法律文件/标准/条款的做法称为“并入”或“纳入”(incorporation)。这一做法国际经济立法方式已经屡见不鲜,既可以极大地扩大前一国际法律文件的使用范围,也绕过了后一个国际法律文件是否已经生效、是否还需要前一个国际法律文件的缔约国或成员国批准或加入的手续障碍。通过这一“并入”条款,《伊斯坦布尔公约》中对于“展品”的范围远远超出了我国对于展品的传统理解,还包括了书籍和教育、科学、文化物品等。

3.《京都公约》(修正)专项附约 G

(1)暂准进境货物的范围

《京都公约》(修正)与《伊斯坦布尔公约》体系所适用的货物范围基本一致。《京都公约》(修正)专项附约 G 的建议做法条款 22 将《伊斯坦布尔公约》中除了附件 B. 5 所指的“与制造环节相关的进口货物”和附件 E“部分免除进口税费的进口货物”外所有其他货物范围都复述了一遍。因此,其适用货物范围参见表 18。

表 18　暂准进境制度适用货物范围对比

《伊斯坦布尔公约》体系[《京都公约》(修正)专项附约 G]		《欧盟海关法典授权条例》	我国《海关暂时进出境货物管理办法》
全部免除进口税费的货物、物品			
附约 B. 1《关于在展览会、交易会、会议以及类似活动中陈列的货物的附约》	拟在活动中展出或用于演示的货物,包括《关于教育、科学和文化物品进口的协定》附件以及 1976 年《内罗毕议定书》附件中列明的货物(包括书籍,教育、科学、文化物品等)	第 234 条　特定情况下用于活动或用于销售的货物(包括艺术品、收藏品、古董和其他非新生产货物) 第 232 条　样品	第 3 条　在展览会、交易会、会议以及类似活动中展示或者使用的货物; 文化、体育交流活动中使用的表演、比赛用品
	拟在活动中为展出外国设备而使用的货物,包括:(1)展示将要展出的外国机器或设备所必需的货物;(2)外国参展商临时展位的施工和装饰材料,包括电气配件;(3)对展出的外国物品,如录音、图像、电影、灯标幻灯片及其使用的器材等,具有明确的宣传作用的广告、演示材料	第 225 条　载有声音、图像或数据的媒体介质和宣传材料(包括专门配备的运输工具)	第 35 条　为了示范展览会展出机器或者器具所使用的货物; 设置临时展台的建筑材料以及装饰材料; 宣传展示货物的电影片、幻灯片、录像带、录音带、说明书、广告、光盘、显示器材等; 其他用于展览会展示的货物
	国际会议、会议或大会使用的设备,包括口译设备、录音录像设备和具有教育、科学或文化性质的影片	第 225 条　载有声音、图像或数据的媒体介质和宣传材料(包括专门配备的运输工具)	

续表

<table>
<tr><th colspan="2">《伊斯坦布尔公约》体系[《京都公约》(修正)专项附约 G]</th><th>《欧盟海关法典授权条例》</th><th>我国《海关暂时进出境货物管理办法》</th></tr>
<tr><td rowspan="5">附约 B. 2《关于专业设备的附约》</td><td>赴国外地区报道、传送或录制制定节目的出版、广播或电视机构人员所必需的出版、音像或广播电视设备。该附约附录一列举了详细清单</td><td rowspan="4">第 226 条　专业设备</td><td rowspan="2">第 3 条　进行新闻报道或者摄制电影、电视节目使用的仪器、设备以及用品</td></tr>
<tr><td>赴国外地区摄制一部或若干部影片的人员所必需的摄影设备。该附约附录二列举了详细清单</td></tr>
<tr><td>赴国外地区进行职业、商业或专业活动的人员,未完成特定的工作所必需其他设备。该附约附录三列举了详细清单</td><td></td></tr>
<tr><td>前述三类设备的辅助设备及其附件</td><td></td></tr>
<tr><td>为维修前述设备而进口的零部件</td><td>第 235 条　用于暂准进境货物维修、保养的备件、配件及设备</td><td></td></tr>
<tr><td rowspan="4">附件 B. 3《集装箱、托盘、包装物料、样品等与商业活动有关的进口货物的附约》</td><td rowspan="4">集装箱(及其零配件)、托盘、包装物料、样品、广告影片以及任何其他与商业活动有关的进口货物,但这些货物本身不构成商业活动。
任何其他与商业活动有关的货物,包括:为或者用于测试、检修、试验或展示的货物;相关图像、音像制品;数据存储磁盘;等等</td><td>第 207 ~ 217 条　托盘和集装箱及其备件、配件与设备</td><td></td></tr>
<tr><td>第 228 条　包装</td><td>第 3 条　盛装货物的包装材料</td></tr>
<tr><td>第 232 条　样品</td><td>第 3 条　货样</td></tr>
<tr><td>载有声音、图像或数据的媒体介质和宣传材料</td><td></td></tr>
</table>

续表

《伊斯坦布尔公约》体系[《京都公约》(修正)专项附约 G]		《欧盟海关法典授权条例》	我国《海关暂时进出境货物管理办法》
附约 B.4《与制造业务相关的货物的附约》	为用于制造过程而进口的纸板、印版、钻板、模子、图纸、平面图、模型及其他类似物品	第 229 条　模具、压膜、压块、图纸、草图、测量、检验和测试仪器及其他类似物品	
	为用于制造过程而进口的测试、控制和检验仪器及其他类似物品	第 231 条　用于测试或接受测试的货物	第 3 条　供安装、调试、检测、修理设备时使用的仪器以及工具; 测试用产品、设备、车辆
	为用于制造过程而进口的特殊工具与仪器	第 230 条　特殊工具和仪器	
	生产工具的替代品	第 223 条　生产工具的替代品	
附约 B.5《进口的教育、科学或文化用品的附约》	海员福利用品	第 220 条　海员的福利用品	
	科研与教学用品		第 3 条　开展科研、教学活动使用的仪器、设备和用品
	其他任何与教育、科学或文化活动有关的进口货物	第 227 条　教学材料和科研设备	
附约 B.6《进口的旅行者跟物品和体育用品的附约》	个人物品(无论是否为分运行李)。该附约附录一列举了详细清单	第 219 条　旅客携带进境的个人行李物品及用于运动用途的货物	第 3 条　旅游用品
	境外的自然人或法人进口的体育用品。该附约附录二列举了详细清单		

续表

《伊斯坦布尔公约》体系[《京都公约》(修正)专项附约 G]		《欧盟海关法典授权条例》	我国《海关暂时进出境货物管理办法》
附约 B.7《旅游宣传资料的附约》	为鼓励公众去国外访问,特别是参加在国外举办的文化、宗教、旅游、体育或专业会议及演示而进口的货物	第 225 条　载有声音、图像或数据的媒体介质和宣传材料(包括专门配备的运输工具)	
附约 B.8《边境运输进口的货物的附约》	边境地区居民(医生、工匠等)进行职业或贸易活动所携带的货物	第 224 条　用于边境地区的货物	
	边境地区居民为修理、制造或加工的目的而进口的个人或家庭用物品		
	拟在暂准进口区域的边境地区内使用的设备。 由官方机构所有的、与救济活动(火灾、水灾等)有关的进口设备		
附约 B.9《人道目的的进口的货物的附约》	医疗用内、外科和实验室设备	第 222 条　医疗和实验室设备	第 3 条　开展医疗活动使用的仪器、设备和用品
	救济物资	第 221 条　救灾物资	
附约 C《关于运输工具的附约》	商业或私人用途的运输工具	第 207 ~ 217 条　运输工具、托盘和集装箱及其备件、配件与设备	第 3 条　旅游用自驾交通工具; 在会展活动,文化、体育交流活,进行新闻报道或者摄制电影、电视节目,科研、教学、医疗活动中使用的交通工具以及特种车辆
	为维修已获暂准进境的运输工具而进口的备件及设备		
	暂准进境运输工具的正常油箱中存储的油料及运输工具在正常使用的润滑油		

续表

《伊斯坦布尔公约》体系[《京都公约》(修正)专项附约 G]		《欧盟海关法典授权条例》	我国《海关暂时进出境货物管理办法》
附约 D《关于动物的附约》	娱乐、旅游、功能训练、救援、劳动、运输、医用等任何种类的活动物。该附约附件列举了详细清单	第 223 条　动物	
			第 3 条　慈善活动使用的仪器、设备以及用品
			第 3 条　工程施工中使用的设备、仪器以及用品
		第 236 条　其他	第 3 条　海关总署规定的其他暂时进出境货物
部分免除税费的进口货物			
附约 E《部分免除税费的进口货物的附约		第 206 条　免征部分进口关税的暂准进境	

（2）展品的范围

在该条的指南中，进一步列举了一份说明的清单作为补充。该清单是完全按照《伊斯坦布尔公约》的附约 B1 的货物范围进行列举的（并且指明参见《伊斯坦布尔公约》的附约 B1 第 2 条）。与会展相关的清单如下：

"在展览会、交易会、会议以及类似活动中陈列的货物"，是指一个特别广泛的货物范围，共同特点是在商或文化活动中展示或使用。具体包括：第一，用于陈列或展示的货物；第二，展示外国机械或设备之用途所必需的货物；第三，修建展台的建筑和装饰材料；第四，用于宣传所展示的外国商品的广告、展示资料，如声音与影像记录、影片和幻灯片；第五，设备，包括翻译设备，声音影像记录仪器将在国际会议上使用的教育、科技与文化影片。此外，货物不能是租赁进口的，也不能以任何方式用于出租或补偿或从所在地点搬走。

4.《欧盟海关法典授权条例》

《欧盟海关法典授权条例》第七编第四章第一节第 207 ~ 236 条规定了其暂准进境制度的适用货物范围与条件，具体包括：第一，运输工具、托盘和集装箱及其备件、配件与设备；第二，旅客携带进境的个人行李物品及用于运动用途的货物；第三，海员的福利用品；第四，救灾物资；第五，医疗和实验室设备；第六，动物；第七，用于边境地区的货物；第八，载有声音、图像或数据的媒体介质和宣传材料；第九，专业设备；第十，教学材料和科研设备；第十一，包装；第十二，模具、压膜、压块、图纸、草图、测量、检验和测试仪器及其他类似物品；第十三，特殊工具和仪器；第十四，用于测试或接受测试的货物；第十五，样品；第十六，生产工具的替代品；第十七，特定情况下用于活动或用于销售的货物；第十八，用于暂准进境货物维修、保养的备件、配件及设备；第十九，其他。

其中，与展品直接相关的是第十五种"样品"，具体是指：在欧盟关境内仅用于呈现或展示的样品，且基于该用途数量合理的，应准予免证全部进口关税。[①]第十七种"特定情况下用于活动或用于销售的货物"，具体是指：在并非纯粹为货物的商业销售所组织的公共活动中展示或使用的货物，或在此类活动中置于暂准入境程序下的货物中所获得的货物应当准予全部免除进口关税。此外，还包括为了可能的销售，出于展示的目的而进口的第 2006/112/EC 号指令附件Ⅸ所规定的艺术品，收藏者的物品与古董等。[②]

---

① 《欧盟海关法典授权条例》第 232 条。

② 《欧盟海关法典授权条例》第 234 条。

(三)制度修改建议——扩大并明确暂准进境制度所适用的货物范围

1. 扩大所适用的货物范围

通过表19的对比可知,我国暂准进境制度所适用的货物范围与通行国际法、欧盟海关法存在很大差异,比这些立法的货物范围要窄。适用货物范围的差异较多,不能一一列举,尚未属于我国暂准进境货物范围,但与会展或活动相关的物资举例如下:

第一,我国会展活动的规定范围要小于《伊斯坦布尔公约》附约B.1及《京都公约》(修正)的规定,我国对于"展品"范畴的规定,要明显小于"活动"用品。

第二,对于专业设备,我国缺乏对于"赴国外地区进行职业、商业或专业活动的人员,未完成特定的工作所必需其他设备""专业设备的辅助设备及其附件,为维修专业设备而进口的零部件"等适用暂准进境制度的规定。

第三,对于动物,除了伴侣动物外,我国缺乏对于各种娱乐、表演等用途活动物适用暂准进境制度的规定。

第四,对于会展物资,我国缺乏对于"国际会议、会议或大会使用的设备",包括"口译设备、录音录像设备和具有教育、科学或文化性质的影片"适用暂准进境制度的规定。

第五,对于教育、科学、文化用品,我国暂准进境制度适用于"开展科研、教学活动使用的仪器、设备和用品",该范围要小于《伊斯坦布尔公约》附约B.5及《京都公约》(修正)所规定的"与教育、科学或文化活动有关的进口货物"。

第六,对于商业用途的运输工具与容器方面,我国对于会展业所涉及的运输容器(如托盘、集装箱等)没有规定。

鉴于暂准进境货物的宽窄范围需要符合产业和经济政策发展需要,建议结合复合型大型会展的构成,从便利相关物资通关的角度考虑,我国有必要梳理复合型会展活动所涉及的多种物资,扩大适用范围。

2. 与我国扩大ATA单证册所适用货物范围同步调整国内制度

我国在近期接受《伊斯坦布尔公约》附约B.2,则意味着我国可接受ATA单证册项下的上述专业设备,但是国内的暂准进出境制度却不包括这一范围。因此,建议按照我国近期打算扩大的ATA单证册所适用货物范围同步调整国内暂准进出境制度的适用范围,从而使同类货物无论是按照ATA单证册和国内制度,都可以获得暂准进境。

3. 明确界定各类暂准进境货物的概念与范围

(1)现行规定对各类暂准进境货物的概念与范围界定不清晰

在我国《海关暂时进出境货物管理办法》第3条规定了13种适用暂准进境的货物。但该条文仅是名目的列举,并无具体解释这些货物具体如何理解。该办法第35条仅对"展览品"和"包装材料"进行了解释,实践中,对其他11种货物的理解存在困难。例如,"文化、体育交流活动中使用的表演、比赛用品"与会展活动相关物资具有很大关联,但是如何理解"文化、体育交流活动",什么是"表演、比赛""用品",都没有说明。再如,对于展品的检测、维修、维护设备是否可以适用暂准进境制度不明。前述不清晰之处,如果存在内部文件的说明而未被商界所知悉,则不符合透明度原则。如既无内部文件也无对外普遍适用的文件说明,则暂准进境货物的范围的可预见性不强。

(2)货物的概念与范围界定不清晰会导致展品备案制度名无而实存

现行《海关暂时进出境货物管理办法》取消了会展与展品的事先海关备案,代之以非强制性的预确认制度。我国2017年公布、自2018年2月开始实施的《海关暂时进出境货物管理办法》中取消了会展和展品的海关备案制度,而代之以非强制性的会展与展品的预确认制度。《海关暂时进出境货物管理办法》第7条规定,暂时进出境货物收发货人可以在申报前向主管地海关提交《暂时进出境货物确认申请书》,申请对有关货物是否属于暂时进出境货物进行审核确认,并且办理相关手续,也可以在申报环节直接向主管地海关办理暂时进出境货物的有关手续。从上述条款可知,理论上暂时进出境货物收发货人可以在申报前申请预确认,也可以不在申报前申请,而直接进行申报。

但在现实中存在两个问题,导致展品备案制度名无而实存:

第一,暂准进境货物的范围的可预见性不强,使商界多不敢尝试不经过申报前预确认而直接申报的做法。从而使预确认起到了展品事先备案同样的效果,展品备案制度名无而实存。

第二,由于关检融合,出入境检验检疫职能划归海关管理之后,原检验检疫的法律法规并未及进行系统的协调与修改,因此,(原)检验检疫部分的备案仍然存在。

(3)建议明确界定各类暂准进境货物的概念与范围

明确界定各类暂准进境货物的概念与范围,《伊斯坦布尔公约》、《京都公约》(修正)和《欧盟海关法典授权条例》都是很好的示范。《伊斯坦布尔公约》公约的各附约中一般都是第1条明确规定了相关定义,第2条即明确规定了货物的范围,通常附约中还包括附录,对第2条中所表述的货物范围进行清单式列举。《欧盟海关法典授权条例》以一节(包括三分节)共34条来明确定义了其暂准进境制度的货物范围及货物条件。其中,对"运输工具、托盘和集装箱及其配件和设备"就使用了一分节的条款来明确其范围和条件。

与上述立法相比,我国在《海关暂时进出境货物管理办法》中共一条半关于"货物范围"的规定显得简单粗糙。因此,建议我国借鉴对《伊斯坦布尔公约》,对各类暂准进境货物的概念与范围进行列举式和概括式相结合的明确界定。

四、暂准进境货物通关流程的现代化——简化、便利、灵活

(一)完善展前管理机制

1. 建立重要会展通知制度

(1)建立重要会展通知制度的目的

在暂准进境制度下,我国的公共展览会的展品和用于营业场所进行展示活动的货物属于两种不同的种类,海关实施不同的监管措施。但是,如何区分公共展览会和营业场所的展示,主要是依据展会办展机构和举办地来识别的。

近年来,中国展览业发展迅速,已成为构建开放型经济新体制的重要平台,对国民经济和社会发展的贡献度大为提升。根据商务部统计,中国展览业总规模继续居全球首位,2017年全国举办展览约11,710场,在专业展馆举办的各类展会共5,604场,展会总面积超过1亿平方米。50人以上专业会议约110万场,万人以上节庆活动约12万场。[①] 2018年,我国经济贸易类的展览总数就达10,889个,展览总面积14,456万平方米,分别比2017年增长5.13%和

① 刘馨蔚:《中国会展业高速发展 国际合作成趋势》,载《中国对外贸易》2018年第7期。

1.2%。[①] 也就是说,属于每一年度的(经济类)公共展览会的场次十分可观,再加之配套或伴随的会议与活动数量,且其中涉外会展活动的地区集中效应十分明显,从中可知,其中涉外的会展活动给几个主要地区海关的监管和服务施加了巨大压力。

在资源有限的情况下,很难对上述各种"公共展览会"一体提供同样的海关监管与服务。海关法律制度和海关执法应当重点保障和支撑我国复合型国际会展业的发展。建立重要会展通知制度的目的可以保障海关集中优势资源,为重点展会提供安全便利的监管服务,明确海关制度的重点支持目标,从而保证符合经济和产业政策的会展业的快速发展。

(2)建立重要会展通知制度的具体设想

长期以来,在国内举办的带有"中国"字样的展览项目,需要通过商务部的审批。根据行政审批权限的下放,上海地区也可以审批一定层次的会展。因此,可建立由审批机关或行业主管部门根据国务院《关于进一步促进展览业改革发展的若干意见》和上海地区的产业政策目标,向海关做出重点会展通知的制度。这种做法美国早有实践。例如,《1959 年贸易展会法案》规定,如果商务部长认为在美国举办的某展览会可以满足促进贸易方面的公共利益,则其批准适用《1959 年贸易展会法案》中规定的待遇,并将展览会的名称、地点、起止时间以及办展人的名称通知财政部部长(当时美国海关隶属于财政部)。

因此,建议通告制度具体内容可以包括:第一,设立需要通告的重点会展的标准,如按照参展人数、专业展馆展览面积、办展机构层次与性质等来设定标准;第二,设立需要通告的内容,如符合一定标准的展览、会议、活动,以及某一复合型会展中包含的系列活动等;第三,符合标准并向海关做出了通知的会展展品和相关物资可以享有的海关通关待遇。

2. 按照国际通行规则,恢复展品海关备案环节

展品的海关备案是国际通行做法,在《京都公约》(修正)以及《欧盟海关法典》中都有规定。展品的事前海关备案具有其合理性。以进博会展品与物资为例,其展品物资的性质各异用途各异,有的是用于国家贸易投资综合展上只展示不成交的货物,有的是用于企业商业展中的既实体展示也实体成交的货物,

---

① 张志刚:《会展业要遵循经济规律办展》,载《中国会展》2019 年第 13 期。

还有在各类活动中展示或销售的货物，也有用于跨境电商零售的货物，甚至还有用途未定的商品。同时，这些展览品的进境条件各异，涉及禁限规定、检疫要求、许可证件等。这些物品中既包括一般性的产品，也包括有检疫和禁限规定的动植物及其产品、野生动植物、食品，特殊物品等，也包括了需要特殊许可的药品等，还包括了按照国际惯例具有特殊待遇的艺术品、工艺品、古董、珠宝、图纸、展台的建筑材料以及装饰材料，等等。

在此种展品物资情况复杂的前提下，采取当前非强制性预确认制度的可能性不大。就参展商而言，不经过事前的海关预确认直接进行货物申报，会让其承担不可预见风险。就海关而言，没有事前的任何展品信息，却要求其在申报时保证展品快速便利地通关，此要求是不合理的。因此，建议参考国际通行规则，恢复展品海关备案环节。

3. 展品或物资申报的简化

(1)现行申报要求对申报人存在的困难之处

在进博会的积极准备筹备过程中，展品申报已经可以通过在线(单一窗口)的方式进行。但是无论是有纸申报，还是在线申报，其申报的内容、数据和规则，都是按照现行制度规范来进行的。

当前，经会展和展品预确认(备案)，货物按照申报清单进行申报后，还要转为关联报关单申报。在报关单的申报时，需按照货物申报规则来进行。也就是说，我国在申报规则上，将展品物资与一般贸易货物的申报和报关单填制是同样对待的。但这并不适合会展的特点。两者的差别在于：第一，会展相关展品物资的数量少、种类多，组成复杂，而一般贸易货物往往一批货物中都是同一种或数种货物；第二，会展相关展品物资的申报一般都是代理报关，即由报关代理人(进博会中为“主场运输商”)名义上是代理主办方申报，但实际是接受境外参展商委托进行申报，而一般贸易货物中自理报关和代理报关都很常用，即使是代理报关，也是报关代理人代理境内进口人报关。因此，两者在对货物了解程度、沟通的便利程度等方面都存在明显差异。

(2)简化申报的建议

第一，申报要求以可辨识货物为度。《京都公约》(修正)专项附约 G 的指南中提出，海关批准暂准进境的前提条件是：货物必须可辨认，以便海关可确保向海关提交的复出境货物与暂准进境所提交的货物一致。同时，该公约也提出，不能为了规定手续而规定，海关应当确保事先批准不应成为一种目的不明确的纯行政性手续。因此，考虑到有关于一个产业的便利化问题，建议专门针对展品物资设计申报要求和填写规范，而不是简单套用一般贸易的申报要求。

第二，探索对符合条件货物实施非书面申报的可能性。《京都公约》专项附约 G 提出，批准有条件地减免进口税费的暂准进境的前提条件是具有复出口货物的明确意图，尽管这一意图以后也许会改变。该专项附约指南 5. 2. 2 进一步提出，如果货物肯定复出口，不管货物的价值多大，海关可批准暂准进境而无须提交书面申报。是否可以简化申报方式，取决于其税费与监管方面的风险，如果可以确认其必然复出口，则税费与监管方面的风险极低，对此，我国也可考虑对于需要重点支持的会展（或其中的组成部分，如国家展），如能保证其必将复出口，则可在申报时简化申报方式。

第三，探索展品以电子化方式管理的可能性。《京都公约》专项附约 G 建议做法条款 12 的指南提出，现代的会计方法、会计账册和其他电脑化方式也可以是对无须延迟海关通关操作而加速识别非常有用。这一建议在欧盟海关监管中已是现实，根据《英国海关指南》①说明的要求：在适当情况下，在有关期间内货物可识别；账目和记录足以控制程序。但是，这一点在我国实践中有困难，因为这一实践还有赖于对整体企业关务的电子化水平以及企业与海关电子化系统之间对接的可能性。因此，在这方面可以进行探索，因为这是对展品进行现代化管理的方向。

（二）展中监管与服务的优化

1. 优化暂准进境货物的担保方式

（1）《京都公约》（修正）

暂准进境程序项下的货物有条件的免除税费，是指如果不符合暂准进境的条件（如货物不复出境），则海关要求提供能够涵盖税费的担保。担保的形式可以由国际担保链提供（如 ATA 单证册制度下），也可由经营人或有另一其他人提供。提供的担保方式可以是物的担保，也可是人的担保（保证）。

---

① UK Notice 3001 Customs Special Procedures for the Union Customs Code，https://www.gov.uk/government/publications/notice-3001-special-procedures-for-the-union-customs-code，Aug. 6，2019.

在《京都公约》(修正)中建议,对于非商业性(non-commercial nature)且低值的货物,一般会采取固定税率或简化申报手续等措施。是否使用简化的通关制度与海关手续,一般取决于在于业务活动是否具有商业性以及对于海关税费与监管的潜在风险。《京都公约》(修正)专项附约 G 第 1 章的指南 5.2.4 中指出,"如暂准进境涉及的是非商业性的业务,还涉及由政府或地方机构的公共管理部门所开展的业务等,或海关认为无须提供书面报关单时,担保也可以保证的方式作出"。[①]

(2)优化我国暂准进境货物担保方式的建议

我国首次进博会采用承办单位由国家会展中心(上海)有限责任公司向上海海关提供银行保函办理税款总担保。银行保函属于银行信用担保,属于保证的方式。这一措施十分符合海关事务担保的便利化要求。因此建议:第一,总担保措施普惠化和长效化,不要将该措施局限于适用于某一次特殊的会展中,而是对于所有涉外会展,都可以采取总担保的方式;第二,按照风险程度选择进口税费担保方式,对于低风险货物采取人的担保(信用担保、保证),对于高风险货物采取物的担保(如金钱担保);第三,担保不仅可以适用于展品,还可以适用于会展相关活动中的用品。

2. 其他便利化措施

(1)允许货物由其他程序转入暂准进境程序

《京都公约》(修正)专项附约 G 标准条款 4 规定:暂准进境不应仅适用于直接从外国进口的货物,还应适用于已置于另一种海关制度下的货物。这意味着,标准条款要求海关对已置于另一制度下的货物批准适用暂准进境,这样就不一定要求货物直接来自国外。特别是,在转运制度、海关仓储制度下的货物,以及自由区的货物可以转入暂准进出境程序下。[②] 这一条款有利于处于海关监管下的(保税)货物的灵活使用(如巡展或者展后进入保税区域或场所寻找下一个商业机会等),拓宽企业获得展品物资的来源渠道,减少参展企业的参展成本(见图 8)。

---

① Kyoto Convention (Revised) Guidelines to Specific Annex G, Chapter 1, 5.2.4 Security.

② 海关总署国际合作司:《关于简化和协调海关制度的国际公约(京都公约)总附约和专项附约指南》,中国海关出版社 2003 年版,第 371 页。

因此,建议允许货物由其他程序转入暂准进境程序而参展或作为活动用品。这一设计可以与展后货物多元化处置方式相配合,提供货物在免税的情况下在境内停留并得以灵活使用的制度基础。

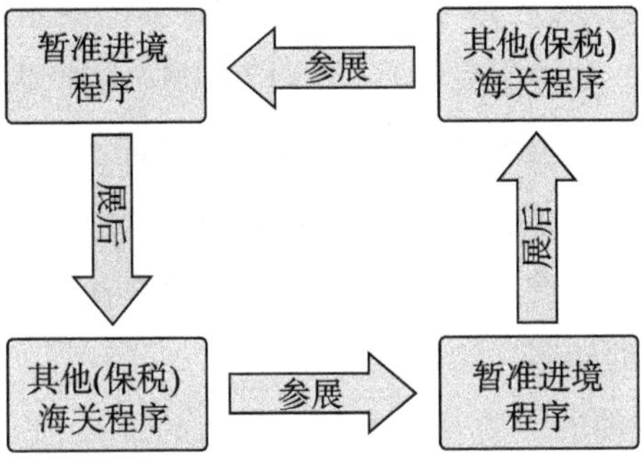

图 8 货物在其他海关程序与暂准进出程序间流转图示

(2)允许灵活使用货物

暂准进境程序与其他某些海关制度不同,如转运、海关仓储等此类制度可通过施加海关封志或将货物置于海关监管之下、置于海关仓库,或置于一经批准的收货人的场所来限制接触或使用货物。《京都公约》(修正)中提出,暂准进口程序可以比其他保税程序更加自由,货物原则上可以流通或者相当自由地使用。例如,暂准进口后用于展示的一台机器通常可以通过示范而操作,只要不用于生产。

因此,建议我国暂准进境制度允许货物在对风险提供保证的条件下,对货物进行非生产性的使用或移动。

(3)明确并简化标签要求

第一,现存问题。对于进博会的展品,海关提供的便利措施包括:简化参展手续,免予验核食品标签,即《2018 年首届中国国际进口博览会检验检疫限制清单》中有检疫准入要求但未获准入的食品、农产品,经风险评估没有疫情疫病传播风险的允许参展。进口博览会期间品尝、散发的预包装食品,在境外参展商作出统一标识的情况下,可免予加贴中文标签。对免予加贴中文标签的预包装食品,应在展览品旁以中文注明品名、保质期、禁忌、食用(使用)方法等事项。该措施在公众健康与便利参展之间实现了兼顾与平衡,但并没有完全解决货物标签问题。因为参展试用、销售的,不仅是食品。对于其他货物的标签,如欲销售,是按照《产品质量法》及特别法等规定实施正常的标签要求还是可以免予标签要求,这一点并未明确。

第二,建议应规定标签要求,但简化标签要求。对此可借鉴美国的做法,其《1959 年贸易展会法案》规定,关于货物包装和标识的要求不适用于展览品或展览用品,但这些货物上在展前应明显地标记"未按法律要求标识或包装——不用于销售"。鉴于此,我国可以对展品实施类似的简化标签要求。但如果货物进入国内消费,则可以按照《消费者权益保护法》的规定,以向消费者提供有关商品或者服务的质量、性能、用途、有效期限等信息说明的方式来保护消费者权益。

(4)延长复出境的期限

复出境是暂准进境的一项基本条件。《京都公约》(修正)专项附约 G 标准条款 13 规定,海关应逐案确定暂准进境的期限。复出境期限可根据使用意图加以确定,若可行也可根据其经济上的影响加以确定。该专项附约的指南中进一步阐明,该期限的设定应当是一段持续的时间,并且对有关当事人来说不是一种约束。它对暂准进境来说应当是足够的,但不会鼓励滥用,并且易于监督。鉴于当前展品物资入境后的多种用途,传统暂准进境程序所规定的时间(如 6 个月)有时不能满足暂准进境程序受益人的需要。因此,有的经济体倾向于延长复出境的期限。美国法规定,自货物入境之日起 1 年内,货物应根据申报用于另一展览会,或申报进口,或申报出口。在展会结束之前的任何时间或者在展览会结束之日后的 3 个月内,货物可以申报进入其他海关程序。因此,货物不涉及延期,本身就可以在境内停留相当长的时间。欧盟法则规定了更长的复出境期限。其规定,货物在同一目的下对同一获得授权人,可置于暂准进境程序下的最长期限为 24 个月。除了发生不能预见的事件的情形外,货物可以保留在暂准进境程序项下的整个期间不应超过 10 年。

考虑货物多元用途的实际需要,参考境外立法,建议我国延长复出境的期限,至少保证货物在不延期的情况下,最长可以在境内停留 1 年或 1 年以上。

(三)展后处置方式的多元化与灵活性

1. 暂准进境制度与多种海关制度的衔接

在当代会展模式下,展品暂准进境的用途和功能是多样化的,并不能预期其必然原状复出境。例如,作为展销会的一部分,展品为 100 件外套,其中 60

件在展中销售,40 件在展销中未售出而复出口;再如,一台国际展览中参展的机器,引起了另一位制造商的注意。后者打算装上更复杂的部件使机器效率更高。① 又如,展品在展中或展后进入保税仓库等待下一次会展;还可能作为货物销售,或直接出售给消费者。这些加工、销售、保税等业务操作,如果在用途仅为"用于展览"的暂准进境按原状复出口的制度下是无法进行的。因此,需要进一步增加展品展后处置方式的多元化与灵活性。

(1)《京都公约》(修正)

《京都公约》(修正)的专项附约 G 建议做法条款 19 规定:"可规定将进口货物置于另一种海关制度下而中止或终止暂准进境,但必须符合规定条件并办理相应手续"。

《京都公约》(修正)专项附约 G 的指南中进一步说明:当将进境货物置于另一种海关制度下终止暂准进境时,海关所采取的措施将视同直接复出口,如核销暂准进境单证和发还保证金。这些后续海关制度一般包括国际转运、国内转关、自由区、保税仓库、正式进口、入境(保税)维修或进口加工等。② 例如,展品在卸货过程中受损,需送到特殊的工厂进行修理。货物的修理不是原状复出口的暂准进境制度的目的之一。在此情况下,海关可以准许中止暂准进境,同时,设备按照入境维修或进口加工制度的规定进行修理。在大多数情况下,如果另一后续的海关制度取代了暂准进境,即终止了暂准进境程序。中止暂准进境程序可成为一种暂时的暂准进口的停止或者一种补充。例如,有的国家规定将货物置于自由区或保税仓库,暂准进境程序应马上终止。但也有一些国家规定货物仅仅暂停了实物出口或将其置于另一种海关制度下(如一般进口申报),则不算暂准进境程序终止。在此情况下,暂准入境程序仅是中断。只有在货物正式通关结束后,暂准进境程序才能终止。

(2)《伊斯坦布尔公约》

《伊斯坦布尔公约》第 12 ~ 14 条规定了除了复出境之外其他可能终止暂准进境程序的情况,具体包括:第一,经主管机关同意,将暂准进境货物(包括运输

---

① 海关总署国际合作司:《关于简化和协调海关制度的国际公约(京都公约)总附约和专项附约指南》,中国海关出版社 2003 年版,第 383 页。

② 但应注意的是,不是所有的海关制度都可以与暂准进境制度相衔接。例如,一般出口及退税制度就不能和暂准进境制度相衔接。

工具)存放于自由港或自由区,以及存放在海关保税仓库或办理海关转运手续以便以后出口或做其他合法处理,暂准进境程序可以终止。第 12 条的注释 3 说明:如果暂准进境按照这种方式终止,海关应该按照货物被直接复出口的方式办理,也就是说,ATA 单证册或 CPD 单证册必须被核销,担保也必须退还等。第二,在情况合理且国内立法准许的情况下,依法办理结关内销手续后,暂准进境程序中止。第 13 条的注释 1 ~3 说明:准许办理结关内销在一些情况下是合理的。例如,机器在展会上被售卖给国内买主,在此情形下,如果要求内销以前复出口,从经济角度看就不合理了。另外,因其性质决定,这项措施必须为国内立法所允许。缔约方不一定非要在其立法中明确规定内销手续终止暂准进境。原则上讲,如果获准办理内销手续,原本因暂准进境制度而暂停适用的经济性进口禁限措施开始适用。国内立法应及时指明评定内销货物(包括运输工具)价格、重量时所需考虑的因素,并决定相应的进口各税税率。采取内销程序终止暂准进口不是一般的方式。海关必须确保此项措施不被单纯用来延迟缴纳进口税费。这项风险可以通过调整结关内销时所需缴纳的税费金额来避免,海关可以规定办理结关内销手续时的应付税款为暂准进境货物当时所免除的进口税费以及截至办理结关内销手续之日的该部分延迟缴纳税款的利息。但是,如果缔约方在加入《伊斯坦布尔公约》前就允许暂准进境可通过结关内销手续而终止,则缔约后仍应允许。第三,暂准进境货物因事故或不可抗力遭受严重损坏,为了终止暂准进境程序,可按照受损货物缴纳进口关税、放弃给政府或销毁的方式进行。

(3)欧美法

第一,美国《联邦法规汇编》第 19 编"关税"第 1 章"美国国土安全部海关与边境保护局;财政部"第 147.42 节的规定很有参考价值。该条款对展品规定了 9 种在展中或展后的处置方式。这也就意味着展品暂准进境程序可以和 9 种其他海关通关程序相衔接,这更意味着参展人可以将展品在这些通关方式与模式中进行较为方便的转换(见图 9)。这为复合型多功能的国际会展提供了极大的便利和灵活性。

美国展品在展前、展中及展后,都有多种灵活的正常处理方式。一是在展前,有 3 种程序下的货物可以与展品程序衔接;二是在展中与展后,展品可转入 9 种正常通关程序。这 9 种程序是:境内消费,进入保税仓库,用于另一展会(巡展）；转入另一海关监管地位（状态），转入自贸区，放弃给政府，海关监督下销毁，出口，适用其他的海关制度等。

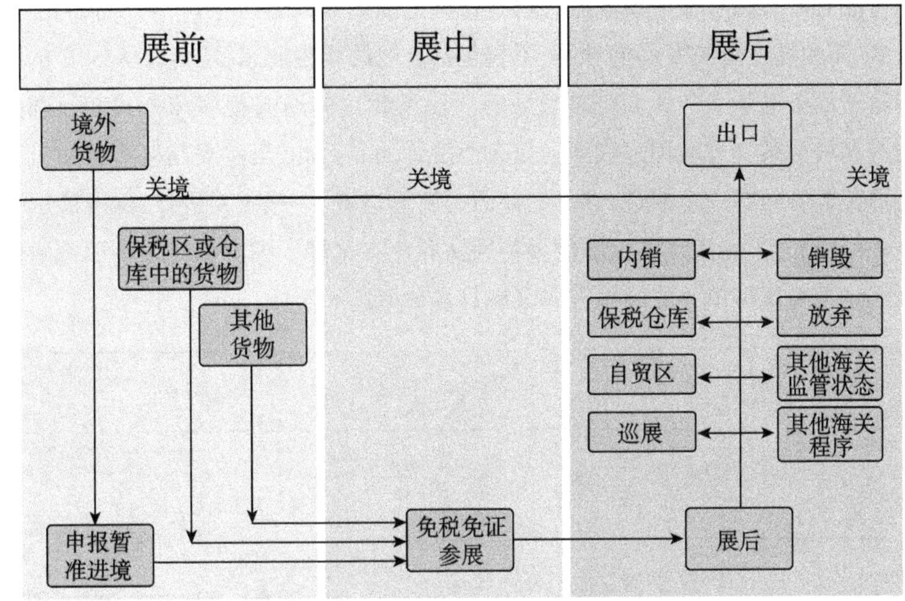

图9　美国展品通关程序可与其他海关制度衔接转换的种类

第二，欧盟允许暂准入境程序下的货物在处于程序过程中或程序之后，暂准入境程序与其他通关程序之间的转换。例如，暂准进境程序下的货物可以转入海关仓储程序。

（4）对暂准进境制度与多种海关制度相衔接的建议

①现存问题

我国对展品进境后的流向的限定较为严格。按照《海关暂时进出境货物管理办法》第6条的规定，展品在展后是"应当"复运出境的。因此，展品内销只是暂准进境程序的例外处理。可见，我国对"暂准"进境的理解是比较传统、单一的（见图10）。

根据我国当前暂时进出境制度，对于进口博览会的"国家贸易投资综合展"只展示不成交的货物，多采取暂时进境程序。对于在进口博览会常年展示馆中展示的货物，则通常不能采取暂准进境的方式，而是应采取保税展示或者一般进口的方式。对于在"企业商业展"中的展品，肯定具有展示用途，但也可能具有交易、消费用途，或者还具有后续常年展示等其他用途。这就是货物的海关法律性质与用途多样化，甚至在进境前报告或申报进境时尚不能确定最终用途。还有的展品在展中或展后拟通过跨境电商的方式进行销售，则展品的经营方式，不仅转变货物贸易的性质，不仅包括一般的零售业态，还转向了B2C的跨境电子商务的新型的无店铺零售业态。当前我国的通关程序和方式一般都是对应某种或某类进境用途或某一业态而设计的。因此，虽然展品可能将通过多种海关监管渠道进境或进入展区，如通过暂时进境，一般贸易进口、保税展示等方式；但仍然不能满足其可能的多种用途和业态选择。因为拟有多种用途的展品很难选择某种单一的通关方式来满足多种用途的需要。

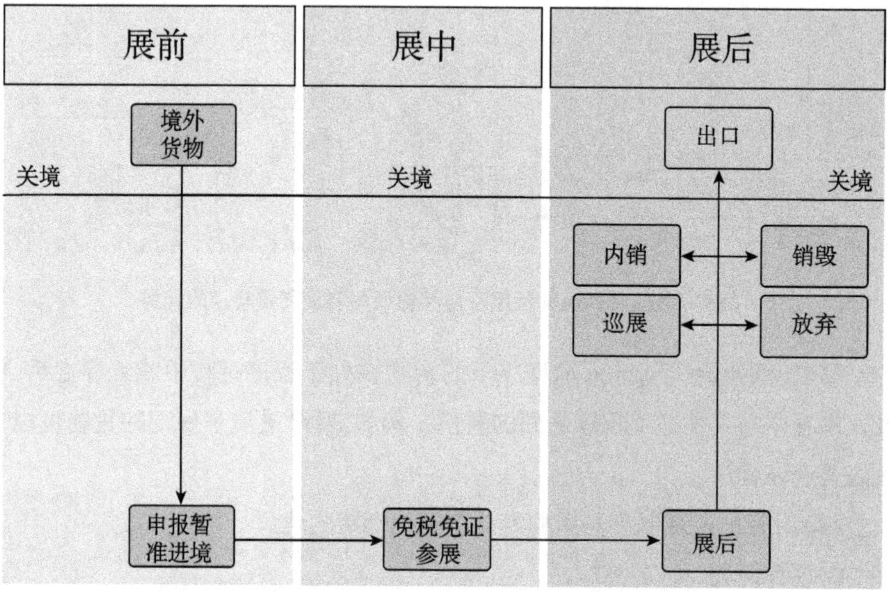

图10 我国暂准进境程序可与其他海关制度衔接转换的种类

②建议

我国很有必要建立展品暂准进境程序与其他海关程序转换和衔接的机制。也就是要做到本章第一部分所述的"便利、灵活原则的具体体现——能进能出、能动能转、能售能销"。暂准进境货物不仅可以销售或消费，而且展品从暂准进境程序转入其他海关程序后，暂准进境程序可以核销（终止）。

海关支持进博会的便利措施中包括"进口博览会暂时进境展览品（ATA单

证册项下暂时进境展览品除外)在进口博览会结束后,结转到海关特殊监管区域和保税监管场所的(参展汽车应当转入可开展保税仓储业务的海关特殊监管区域和保税监管场所),准予核销结案”。该措施是对展品在不同海关程序间转换并进行核销的一次很好的尝试。在此便利措施的基础上,展览会结束后,根据进境展品实际流向,可具有复出境、留购、巡展、转保税区域与场所、展中消耗、放弃、灭失 8 种核销方式。其中属于从暂准进境程序转入其他程序的核销方式仅包括:留购、转保税区域与场所。因此,提出进一步建议:

第一,展品展后可以转入海关特殊监管区域与场所的措施可以普惠化,普遍适用于所有海关监管的会展展品,而不是仅限于进博会。

第二,暂准进境制度应当可以与更多的海关制度相衔接转换,如转入入境维修等海关程序,而不限于从暂准进境程序转入海关特殊监管区域和保税监管场所。货物从暂准进境制度转入多种海关制度的,都可以核销结案。

第三,根据《伊斯坦布尔公约》的精神,ATA 单证册项下暂时进境展览品也可以在一些海关程序下转换。例如,存放在自由港、自由区或保税仓库,办理海关转运手续等。

2. 建立暂准进境项下权利义务转让制度

(1)暂准进境项下权利义务转让制度的设计理由

暂准进境项下权利义务转让制度是与暂准进境制度与多种海关制度相衔接转换制度配合使用的。因为货物从暂准进境制度转换到其他海关制度时,有时货物持有人不发生转变,有时货物持有人发生了改变。例如,展品销售后,货物的持有人从主办方变更为买受人。再如,展品暂时出借给其他人参加其他会展的展示等。

设计暂准进境项下权利义务转让制度的目的在于,可以让权利义务的受让人来办理货物即将转入的海关手续,从而避免大型会展中海量的、各种各样的展品的后续处置海关手续全部都由会展主办方来承担的局面。暂准进境项下权利义务转让制度的作用在于将主办方履行海关手续的义务分解给受让人来承担,避免了所有的海关程序间转出转入海关手续全部由主办方承担的不合理状况,从而保证了转出转入海关手续得以守法合规的履行。

(2)《京都公约》(修正)

《京都公约》(修正)专项附约 G 建议做法条款 16:海关可应申请准许将暂

准进境的利益转让给其他人，但受让人应：符合规定的各项条件；承担暂准进境的第一受益人的各项义务。该条款的指南中提出，贸易商有许多理由会要求海关允许在暂准进境制度下将他的权利转让给另一方。通常情况下，只要符合条件（如有住所或担保）并接受暂准进境第一受益人的义务（例如，符合所申报的临时使用的用途，在规定的时限内出口货物，以及接受海关监管）。临时进境的转让是由当前受益人和可能的未来受益人向海关提出请求。一旦获得批准，第一受益人就解除了其在暂准进境程序下的义务。临时进境的转让不要求任何海关的实体监管。因此，货物不需要向海关提交。

通过接受转让，新受益人接受了第一受益人对海关的义务且不能声称某错误（如不合规的问题）是由第一受益人在以前所做出的（犯下的）。例如，在暂准进境时货物批次（the consignment）是不完整的或者在转让前有部分复出境没有通知海关。

如果在进行转让后才做出正式的请求，而海关认为确有正当理由，也应当批准暂准进境。但该让步不会影响有关当事人因不遵守其对海关的义务，没有通知海关而进行了转让所应当适用的任何处罚。

(3)《伊斯坦布尔公约》

《伊斯坦布尔公约》主约第8条规定：各缔约方可以应请求批准将暂准进境程序项下的便利转让给任何其他人，只要该受让人：满足本公约（《伊斯坦布尔公约》）所规定的条件；接受该暂准进境程序第一受益人所承担的义务。

《伊斯坦布尔公约》第8条的注释进一步说明：为确保暂准进境顺利开展，一些情况下，货物（包括运输工具）必须为暂准进境国以外的地区设立的法人或居住的自然人所有，但不一定非要是外国法人或自然人。例如，本公约附约B.1《在展览会、交易会、会议及类似活动中成列的货物》中所指货物即便是由暂准进境国国内设立或居住的人所进口和使用，仍可享受暂准进境制度的便利。

ATA单证册持证人以及转让便利的申请人必须将书面申请提交暂准进境国/关境的海关。在获得海关批准的情况下，便利转让申请人应向其设立/居住地国/关境单证册签证机构申请补签单证册。这项申请可在暂准进境国/关境的国家担保组织协助下提出。当签证机构接受了转让便利申请人提交的，满足其要求的经济类、契约类担保后，签证机构应对申请人出具ATA补签单证册，该单证册有效期由出证机构决定，但不得超过1年。海关核销掉原单证册，并签注补签的单证册。为了注销原单证册，海关应采取如同货物被正常复出境一样的注销方式。[①]

(4)欧盟海关法

欧盟海关法中的暂准进境项下权利义务转让制度(Transfer Of Rights and Obligations，TORO)非常成熟，也是《京都公约》中相应制度的来源。《欧盟海关法典》第218条规定，被置于除转运程序之外的特殊程序下的有关货物的程序使用人的权利和义务可以全部或部分转让给符合有关程序规定条件的另一人。(具体内容参见第四章第二部分)

(5)建议我国建立暂准进境项下权利义务转让制度

暂准进境项下权利义务转让的概念对我国而言是陌生的，我国现行《海关暂时进出境货物管理办法》中并不存在该项制度，或者说虽然有一些类似的做法，但没有完整明确的制度。《首届进博会通关须知》规定，对于在博览会期间销售的展览品，国家会展中心应当在销售前或博览会结束后，按照海关相关规定统一办理进口手续。涉及许可证件管理的，应当在销售前办理相关许可证件。《第二届进博会通关须知》删除了展中销售事项，但规定对于展后留购的展览品，国家会展中心或其委托的主场运输服务商应当按照海关相关规定统一办理进口手续。涉及许可证件管理的，应当办理相关许可证件。无论何种方式，可以想象如果国家会展中心全部履行所有的进口手续，或者如果货物可以从暂准进境程序转换其他海关程序的情况下，国家会展中心全部履行所有的转换手续，这是一个非常大的负担。即使国家会展中心可以通过报关代理人完成，其负担和责任仍然沉重。因此，我国建立暂准进境项下权利义务转让制度，是使暂准进境程序与其他海关程序转换和衔接的机制有效运作的配套制度，也是在会展主办方和转入海关程序的受益人之间合理分配海关通关责任与成本。因此，建议作出以下规定：

第一，建立暂准进境项下权利义务转让制度，是权利义务的转让提供法律可能性。

第二，暂准进境程序的权利义务的转让，由转让人和受让人向会展主管海

---

① 《ATA单证册制度》编委会：《ATA单证册制度》，中国财政经济出版社2008年版，第292～293页。

关提出转让申报，主管海关应当决定权利义务是否可以转让。

第三，海关有权力和责任确认受让人是否有能力履行和持续履行被转让的权利和义务，也有权力和责任决定受让人为受让的权利义务提供担保的范围与方式。

3. 提升单一窗口中暂准进境程序与其他海关程序的互操作性

目前，我国已经建设了统一的展览品申报系统，涵盖了符合海关监管要求的展览品申报业务功能。在国家统一版和上海版层面都实现国际贸易相关企业通过单一窗口一点接入、一次性提交满足海关监管要求的展览品电子信息，海关将展览品电子数据处理结果通过单一窗口统一反馈给企业。所以，在展览品通关本身的电子化方面，单一窗口的建设已经基本实现。

单一窗口是暂准进境货物在展前、展中和展后实际流程的电子化。因此，其发展应当与下一步的制度改革方向相匹配，结合暂准进境制度的展中监管与服务的优化、展后处置方式的多元化的发展方向，单一窗口下一步发展的重点应是暂准进境程序与其他海关程序之间的衔接与互操作性。国务院口岸工作部际联席会议于2016年10月14日发布的《关于国际贸易"单一窗口"建设的框架意见》(署岸函〔2016〕498号)中也指出，我国的"国际贸易'单一窗口'"的建设目标之一是通过持续优化整合，使"单一窗口"功能范围覆盖到国际贸易链条各主要环节，逐步成为企业面对口岸管理相关部门的主要接入服务平台。通过"单一窗口"提高国际贸易供应链各参与方系统间的互操作性，优化通关业务流程，提高申报效率，缩短通关时间，降低企业成本，促进贸易便利化。

只有提升单一窗口中暂准进境程序与其他海关程序的互操作性，展览品单一窗口才不是一个孤立的电子系统，单一窗口所"覆盖到国际贸易链条各主要环节"之间才是相互连通的，才能以电子化的方式实现货物在暂准进境程序和其他多种海关程序中的转换，以及相应的权利义务的转让。

五、贸易安全与便利平衡视角下的保税展示交易制度创新

为达成进口博览会有利于扩大进口、改善供给结构和推动开放型世界经济发展的办展目标，有必要建立具有保税功能的展示、交易和贸易服务为一体的常态性平台，积极创建国际贸易便利化的条件，为国外优质商品成功进入中国

市场提供快速、高效、低成本的渠道。

（一）修改立法允许展品在展会结束后进行保税展示和交易

我国对展品进境后的用途具有较为单一的限定，展后不复运出境是属于例外情况。如果打算展后内销，我国法律规范中并无明确的条款规定可以在不同通关程序之间转换，还是需要完成暂时进出境程序的核销后才能重新按照一般进口程序进行。即使在具体的操作规程中存在实际的做法，也不符合国际贸易规则关于透明度的要求。相较之下，美国会展海关立法明确规定了展中展后展品处理的9种可选择方式。在展会结束之前的任何时间或者在展览会结束之日后的3个月内，适用展览品和展览用品海关制度的货物可以：第一，申报用于境内消费；第二，进入保税仓库；第三，适用其他的海关法律规定；第四，用于另一展会；第五，转为另一海关监管地位（状态）；第六，进入对外贸易区；第七，放弃给政府；第八，海关监督下销毁；第九，出口。如果货物转入另一展览会，则应当根据展览品和展览用品海关立法对货物进行持续的海关监管。如果是从美国出口的航空器（9801.00.70）或者从美国出口的除航空器外的其他货物（9801.00.80），属于从对外贸易区的“区域限制性货物”的状态申报用于展览会的货物，可以在对外贸易区委员会批准下申报用于消费。如果货物根据其他海关法进行申报，或用于其他展览会，或转入其他海关监管地位，或进入对外贸易区，则货物在这些相应程序下履行任何所要求的行为的时限从申报或转入时起算。

我国海关应当以扩大对外开放为宗旨，以此次展会举办为契机，加快政策制度建设，以监管模式创新带动监管体制创新。建议专门制定有关展览品、样品、演艺物资、赛事物资等暂时进出境货物的规定，以规范我国进出境展览品的海关申报、检验检疫、后续监管等行为。就保税展示交易而言，应允许从口岸进口的展品在展会结束后进入海关特殊监管区域进行保税展示，如可视为实际离境，允许核销。以保障安全与促进便利的平衡作为制度创新总体原则，在允许展品进入区内时，引入风险评估和分类管理理念，明确展览品动态展示的海关申报、检验检疫要求和安全管理责任主体，控制展览品动态展示风险，明确与进出境展览品管理有关的展会主办方、承办方、参展商、展览馆、监管仓库、代理报检公司等各方的法律责任和义务。在此基础上，加快有关展览品管理的制度建设、组织建设、人才建设、信息建设等，构建既符合国际惯例又具有中国特色的进出境展览品保税展示交易监管体系，并通过区内区外联动，发挥自贸试验区集聚效应和溢出效应，让市民畅享自贸红利。

（二）创新展品开展保税展示和交易的海关措施

由于海关特殊监管区域内海关监管政策相对区外较为严格，监管手续相对区外较为复杂，所以，大多企业比较倾向于选择在区外用保税仓库①的功能开展业务。② 进境存入保税仓库的保税货物可暂时免纳进口税费，免交进口许可证，通过缓税减少资金占用。因此，建议在区内开展保税展示交易能够享受保税仓库政策，并开放赋予一些新的便利化政策。

1. 展品入区

进口博览会结束后，各类展品进入保税区的，应适当简化报关报检流程，简化申报要素，可按照集中申报模式批量申请，并参照大型展会批文和海外使领馆证明的方式，免进口准入批文、免检验检疫报告或对于已明确销售对象的展品在入区时即进行“预检验”。

目前，各类商品（包括样品等）在进境备案时就需制作好中文标签，并在原商检系统内录入。为进一步拓宽展品内销渠道，降低外贸企业成本，应通过运用自贸区创新政策“预检验”来前置保税展示交易产品检验环节。在消费品质量监管方面，欧盟和美国对都是以产品风险衡量为基础，以产品风险信息采集作为监管工作的基础。美国消费品安全委员会和欧盟委员会对于质量安全信

---

① 保税仓库系海关保税物流的一种基本形态，根据《中华人民共和国海关对保税仓库及所存货物的管理规定》（海关总署第105号令）中第2条所指“保税仓库”的解释，“保税仓库”是指经海关批准设立的专门存放保税货物及其他未办结海关手续货物的仓库，包括封闭的保税仓库、露天的保税堆场、保税储罐等。

② 一是保税物流企业区内要求核销、区外没有核销。根据保税仓库管理的相关规定，每年对辖区内仓库企业的基本管理情况和总体经营及管理情况进行盘查。实施盘查时，仓库主管海关应盘查企业实际库存，并对海关及企业电子账册进、出、转、存的数据进行比对。对保税仓库的盘查每年不少于一次。而在区内的保税物流企业每半年或一年核销一次。二是保税物流企业实施“分送集报”区内有系统监管，而区外没有系统监管。目前，根据海关特殊监管区域内的相关规定，保税物流企业实施“分送集报”的，每月送货超过30票或最低不低于10票的，才可以申请“分送集报”，并且一定购买海关核定的辅助管理系统；而区外的保税物流企业没有此方面的要求，送货更加快捷。三是区内保税物流企业向区外配送时货物手续繁杂。区内保税企业向区外配送货物时，必须进入海关指定的区域等待海关查验，如不查验或查验完成后才能出卡口，而区外的保税物流企业向区外的相关企业配送时，手续相对简单。

息的采集、共享和公开达到了很高的水平，通过细致、周密的质量安全信息采集工作，建立相对完备的信息采集渠道和机制，成为标准制定、风险评估、确定监管重点和采取召回等措施的基础，也就不必受限于面对消费品“如何抽样、抽多少、怎么抽”的尴尬局面。为此，我国应加强产品风险信息采集和共享，并通过运用“进出口产品质量追溯系统”对保税展示交易产品实施全过程监管。“进出口产品质量追溯系统”通过含有 NFC 的二维码追溯标签和产品的一一绑定，将产品进口信息及产品检验信息录入标签。消费者可以通过手机“扫一扫”功能了解产品进口情况，商家可以通过系统客户端追踪货物流向，保证货物的正规进口渠道，检验检疫部门则可以全过程追溯货物流向信息，为事中事后的监管提供有力的信息数据保障。①

2. 展品保税展示

展品保税展示监管的基本原则与展品入区简化报关报检流程相一致，应在展品出区保税展示等海关监管措施方面给予企业便利，从而有利于吸引外资、扩大进口。

(1)区内展品管理

便于高效管理，建议在原仓储管理系统上增设“展品进出境”模块或直接新设专属展品库号，对进口博览会进出境和进出区展品信息进行实时数据更新和动态监管。在区内特定场所展示以及临时出区后在区外展示的展品，应允许拆除外包装试用，并根据一定标准和数量进行损耗报核，申报征税。此外，还应允许国内采购包装辅材和宣传资料进区，在区内进行简单组装以适应展览需要。

(2)出区展示范围和有效期限

目前，各保税区对出区展示范围规定不同，如上海外高桥保税区展示范围仅限上海和北京，进行定点备案，而有些其他综保区可为全国，并无定点限制。出区展示有效期限各保税区也有所不同，上海外高桥保税区为固定 3 个月，可延期 3 次，最长 1 年；上海机场综保区、北京圣雅诗保税仓均为 6 个月内都可申请，可延期 3 次，最长 2 年。如果要打造永不落幕的进口博览会，扩大内销，建议适当拓展出区展示范围和时间。

① 胡俊彦、彭启星：《保税展示交易检验监管模式探究》，载《中国国门时报》2016 年 12 月 9 日，第 3 版。

(3)临时进出区担保

全国乃至上海各保税区执行的担保形式各有不同,如上海外高桥保税区采取的保函种类为银行保函和现金,上海机场综保区则使用银行保函,并允许部分资信好的企业采用企业保函担保方式。建议统一扩大担保范围,展示完成后,可选择留购、回到区内或退回国外。

(4)展品查验

通过加强海关各部门间资源共享共用和集中统筹,充分发挥监管资源的集聚效应,有助于推进综合执法,形成管理合力,提高管理效能。对于已入区展品而言,进出区货物需要查验的,应按照“信息互换、监管互认、执法互助”的总体要求,与检验检疫协同,实现海关监管和检验检疫场所货物申报信息、放行信息、视频监控信息共享,避免重复检查,以有效降低企业成本。

(5)跨境电商+保税展示

进口博览会结束后,商品展示还能衍生出信息服务、电子商务服务等多方面需求。商品展示创造商机,电商平台促成交易,即消费者通过“线下体验、线上购物”模式提升了对国外产品的进口需求。对此,应打破“跨境电商”与“保税展示交易”的隔阂,打造“跨境电商+保税展示”新模式,将其打造成为海内外优质商品面向中国市场及消费者的重要展示、推广、采购与体验互动平台。一是建议海关及时出台新的规章制度,明确参展企业可同时开展保税展示交易和跨境电商业务,对二者管理规定进行梳理合并,减少企业同时申请两项业务时需提交的重复材料,减轻企业申请负担;二是推动海关监管下跨境电商平台系统与保税展示交易平台管理系统对接,打造进口商品线上线下同步展示、同步销售、上下互动的O2O模式。消费者可线上下单、线下提货,也可线下订货、线上配送,全面优化消费体验,以适应未来消费模式变化的趋势;三是逐步加快构建现代物流供应链,促进商品源、信息源、客户源整合集聚,搭建上海与其他地区间联通便捷的物流网络,构建以永不落幕的进口博览会为主题的电子商务、仓储、物流一体化项目网站和数据库,促进全流程供应链管理的升级,为境内客户提供质优价廉、配送高效的物流服务。

3. 展品保税交易

(1)交易货品申报方式

在交易货品申报方式上,上海外高桥保税区采用两套系统管理:一是按保税展示方式出区,交易前需回区,再申报征税;二是按“前店后库”方式出区,在极少数指定的商业网点可销售。上海机场综保区、北京圣雅诗保税仓均使用一套系统管理,不必回区,集中申报后核销。建议上海各保税区参照上海机场综保区做法统一监管政策。

(2)交易征税

依据上海海关2014年9号公告“关于在中国上海自由贸易试验区开展保税展示交易业务的公告”,建议允许展品按月进行集中申报。展品交易的完税价格,依据《海关特殊监管区域和保税监管场所内销货物适用协定税率或者特惠税率的有关事宜》(海关总署公告2013年第36号)、①《中华人民共和国海关审定内销保税货物完税价格办法》(2014年海关总署令第211号)第11条征收。②

我国筹备和举办进口博览会,对国际展览事业的发展,同时对展会海关监管制度的丰富与完善产生了深远的影响,对发展中国家参与国际展览事业具有重要的推动作用。针对国际展会展览品等暂时进出境物品所制定的“两头在外”的政策法规框架,现实中对进口博览会结束后境外展品进入特殊监管区开展保税展示和交易形成了较为明显的障碍,无法充分实现国家的办展目标。

从打造永不落幕的进口博览会的角度出发,展品后续保税展示交易的海关监管应以贸易安全与便利的平衡为指导原则,在风险分析的基础上,针对展览品这一特殊贸易方式,适当调整管理模式,减少行政审批,降低准入门槛,加强后续监管,才能切实助推国际会展业的发展。

---

① 《海关特殊监管区域和保税监管场所内销货物适用协定税率或者特惠税率的有关事宜》规定:“一、对于出区域(场所)内销时申请适用协定税率或者特惠税率的进口货物,其收货人或者代理人(以下统称‘进口人’)应在货物从境外首次申报入区域(场所)时按照《中华人民共和国海关进出口货物报关单填制规范》的有关要求填制进口报关单或者进境货物备案清单,并以‘有纸报关’方式录入电子数据报关单和备案清单。同时进口人须向区域(场所)所在地海关(以下简称‘所在地海关’)提出内销申请,并提交下列单证:(一)有效的原产地证书(正本或者正本及第二副本)或者原产地声明;(二)商业单证和运输单证;(三)《入区域(场所)优惠贸易协定项下货物内销申请登记表》(格式见附件:以下简称‘《登记表》’);(四)海关认为必要的其他证明文件。”

② 《中华人民共和国海关审定内销保税货物完税价格办法》第11条规定:海关特殊监管区域、保税监管场所内企业内销的保税物流货物,海关以该货物运出海关特殊监管区域、保税监管场所时的内销价格为基础审查确定完税价格;该内销价格包含的能够单独列明的海关特殊监管区域、保税监管场所内发生的保险费、仓储费和运输及其相关费用,不计入完税价格。

未来,我国亦应进一步加强自贸试验区内外互动发展,全力推进招商引资工作,积极培育发展国际展会结束后除保税展示交易之外的其他新兴业态,着力推动产业转型升级,加速迈向"创造一流国际营商好环境,构筑区域转型升级新高地"。

六、明确展品与相关物资的关税政策

(一)"货物""物品""商品""展品"等概念的实现困局

我国的对于"货物"与"物品"的区分由来已久,通过这个概念区分,决定了通关中海关监管方式和进口税费待遇的不同。

1."展品"可能表现为"货物"、"物品"或"商品"

一般认为,"物品"一词,在海关法中是指非商业经营的自用品,采用非贸渠道监管方式。与此对称的为"货物",是指进出境活动中采取商业经营的商品,采用贸易渠道监管方式,两者的通关和税负要求有所不同。① 两者的税负分别按照一般贸易的进口税费或行邮税征收(具体参见第三章第三部分和第四部分)。在跨境电商"四八新政"的税收政策实施后,又产生了跨境电子商务零售进口"商品"的概念。对于跨境电子商务零售进口商品的税负,按照财政部、海关总署、国家税务总局联合发布的关于跨境电子商务零售进口税收政策来征收。

通过"货物"、"物品"或"商品"的概念区分,来区分不同贸易渠道和业态下的客体的海关税费问题的这种设计在进博会中显得困难。第一,入境的展品并非全部都使用了暂准进境程序,部分展品会采取一般贸易进口程序。以暂准进境程序入境的展品也未必原状复出境,可能会留购或转入其他海关程序。第二,在进博会或任何其他会展前后一段时间,参展旅客所携带的"行李"不一定是"物品",是"物品"也不一定就属于"个人",其可能携带的是展品、专业设备、样品、广告品等。第三,进博会中关于在线交易的设想使"展品"可能会成为跨境电子商务零售进口"商品"。第四,如对于某些展品存在特殊规定,还需考虑

① 余建明:《论行邮监管中海关对货物和物品两种不同的法律适用方式——关于海关行邮法规的修改建议》,载《海关法评论》(第5卷),法律出版社2015年版,第242页。

将特定展品的特殊措施。例如,根据市场监管总局2018年8月14日发布的《关于做好首届中国国际进口博览会保障工作的通知》(国市监企注〔2018〕132号)中规定,根据商务部跨境电商管理相关规定,对参展进口特殊食品按照个人物品进行管理。因此,在此情况下,属于"参展进口特殊食品"的展品将被视为"物品"。

2. 将中国逻辑硬套在外国立法与专业术语上,加剧了概念的混乱

在我国的法律借鉴过程中,我们希望在外国立法中找到"货物"与"物品"的固定对称,常倾向于将"goods"翻译为"货物",将"article"或"item"等词翻译为"物品",从而希望将中国通过区分"货物""物品"来区分不同客体的税负的逻辑套用在外国立法与专业词汇上。但是这种做法使对欧美立法的翻译结果的参考性存疑。

实际上,在不同的立法体系,海关术语的使用方式是不同的。

在《京都公约》体系中,存在将"goods"认为是具有商业性的"货物"的理解,但其对个人物品使用的是"personal effects"一词,并将"article"作为一个宽泛的"物"的概念来解释"个人物品"(personal effects)。[①]

在《欧盟海关法典》体系中,并不存在"goods"就是商业性货物的理解,对于我国所说的非商业性的"物品",也称为"goods",对于邮递物品,则称为"item"。例如,《欧盟海关法典授权条例》第1条"定义"中分明地写着:"baggage means all goods carried by whatever means in relation to a journey of a natural person"("行李"是指无论以何种方式运输的,与自然人的旅行相关的所有物品),"goods of a non-commercial nature means goods contained in consignments sent by one private individual to another..."("非商业性物品"是指从一个人向另一个人运送的物品)。如果按照常见逻辑进行翻译,则翻译工作几乎无法进行。

在《美国法典》的美国海关法部分中,并没有用商业性来界分"article"和"goods",其中,既存在将"article"作为"货物"之意使用的情况,如"§ 1304. Marking of imported articles and containers",也存在将"Article"和"Goods"共同使用表达各种"货物或产品"之意,如"all goods, wares, articles, and merchandise mined, produced, or manufactured wholly or in part in any foreign country..."

---

① See *Kyoto Convention* (Revised), Specific Annex J, Chapter 1 Travellers, Definitions.

根据《韦氏第三版新国际英语大辞典》,[①]"goods"作为名词使用时,也含有"具有内在价值的个人的有形动产"之意。"article"作为名词的"物"使用时,更是一个泛称,而并无是否存在商业性的区别。

(二)明确并统一实施关税政策

1. 改革关税征收标准,并用"商业性"和"货值"两项新标准

(1)走出"货物""物品""商品"三分法的伪命题困局

我国以往采用的是否属于从"贸易渠道"入境,来界分"货物"与"物品",这一思维在复合型国际会展活动中显得难以适用,因为展品会从多种渠道入境,且入境后的最终流向和用途也未定。这犹如要将我国传统认为的金、木、水、火、土五种构成物质的基本元素分类方式一定要套用在当代以化学元素来分析物质的领域中。并不能说金、木、水、火、土五行基本元素和当代化学元素两者必有一错,只是两者使用不同的逻辑体系和不同的语言,不能强行用其中之一去解释或运用于另一领域。

(2)并用"商业性"和"货值"两项新标准

既然复合型国际会展活动本身就是产业革新的产物,对其进行规范调整的制度就不可能在旧逻辑体系下找到答案。因此,建议采取以下新标准来解决展品是否需征收进口税的问题:

第一,需对整个关税征收理念和标准进行改革。

如果整个关税征收理念和标准不予改变,货物税、行邮税、跨境电商商品税的三分法不予改变,是无法单独解决展品的进口税。因此需要设定新的标准。

第二,根据税法的"效率原则"和"实质课税原则",重新选择进口税征收标准。

选择进口税征收标准,首先考虑符合税收效率原则。该原则要求的是以最小的费用获取最大的税收收入,并利用税收的经济调控作用最大限度地促进经济的发展,或者最大限度地减轻税收对经济发展的妨碍。因此,应当选择较为

---

① 韦氏词典是最权威的美国英语辞书,有近200年的历史。《韦氏第三版新国际英语大辞典》(Merriam-Webster Third New International Dictionary)出版于1961年,是美国结构主义语言学的硕果。它共收录1755年后仍在使用的英语单词45万条以上,并配有1,000幅左右的彩图,是最大型的单卷本英语词典。

清晰、可预见的标准，从而提升海关执法的确定性，降低参展企业或个人守法合规的成本，从而有利于会产业的稳定发展。选择进口税征收标准，还应当考虑实质课税原则。该原则是指应根据客观事实确定是否符合课税要件，并根据纳税人的真实负担能力决定纳税人的税负，而不能仅考虑相关外观和形式。WTO的DSB在"中国影响汽车零部件进口措施案"[①]的专家组意见中曾对实质课税原则落实在关税法领域给予了很好的阐述。该案专家组报告中通过对一系列相关先例的援引和WTO成员方关税措施的一般实践，确认了一般关税措施的本质特征是其实施取决于国外货物进口到本国关境当时的状态。从中可知，关税征收的根本依据在于货品进境当时的状态，这才是货品的客观事实。从哪个渠道入境，并不是货品的实质和客观状态。

第三，合并运用"商业性"和"货值"两项标准来区分是否需要征收进口税。

如果关税征收的根本依据在于货品进境当时的状态和货品的客观事实，则货品的性质和价值则是其最为主要的客观事实。因此，建议合并运用"商业性"和"货值"两项标准来区分是否需要征收进口税。对于货品的"商业性"标准的运用，在《京都公约》(修正)和《欧盟海关法典》都得到了确认。例如，欧盟海关法体系中就使用了商业性和非商业性(non-commercial)来界分货品。对于货品的"价值"标准运用，往往表现为起征点和免税额等，不同的法律体系针对不同的事项设定了不同的标准。例如，《京都公约》对旅客的非商业性货品设定了75特别提款权的免税标准。再如，德国对邮递物品设立了三档不同的征免税标准。[②]

第四，两项新标准的适用方式。

当"商业性"可以确认时，结合使用"商业性"和"货值"两项标准。如果对货品是否具有"商业性"难以确认，则单纯使用"货值"标准。对于货品"商业性"的举证责任应在于申报人。此外，在例外的情况下，可以辅以货品重量等标准。

---

① WTO, DS342: China—Measures Affecting Imports of Automobile Parts.

② 例如，德国对于邮递方式入境的货品：(1)免税：价值低于22欧元的货品以及低于45欧元的非商业性货品免缴进口增值税和关税；(2)缴纳进口增值税：价值低于150欧元，高于22欧元的货品以及高于45欧元的非商业性货品需缴纳19%或7%(如书籍)的进口增值税；(3)缴纳关税以及进口增值税：价值高于150欧元的货品需根据不同的税率缴纳相应的海关关税，并另外缴纳19%或7%(如书籍)的进口增值税。

(3)对展品一体适用关税征收新标准,无须对展品专设关税优惠政策

对于我国会展业的促进,最为有力的措施在于便利、灵活、可预见的通关环境和稳定、合理、透明的关税征收制度,而不是十分优惠的关税政策或税收洼地。税收优惠或洼地直接导致的税款流失,不利于国家税制的统一与公平。在经济高速增长阶段,“税收洼地”的上述负外部效应相对尚可承受,但在目前阶段,由于经济新常态已经确立,财政政策亟须在两个方向上同时施力并务求实效。[①] 从这两个方向简单来说,就是一要做好加法,即在通关程序、设施和服务方面加大投入;二要做好减法,就是关税和其他进口环节税的整体降低,而不是对于某个地区,某些商品或某些企业的优惠。

因此,我国需要保证会展企业可以在通关与关税征收方面的法治化的营商环境,改革我国目前“货物”“物品”“商品”三分法的征税标准,对展品一体适用我国合理的关税征收新标准,商界自会衡量和找到最为有利的参展货物与方式。

2. 区分国家展和企业商业展的展品物资的关税政策

目前,进博会的国家展和企业商业展属于两种不同性质的展览会。考虑到国家展只展示不成交的非商业性,也考虑为了维持进博会三大构成部分的可持续发展,尤其是国家展对于各国政府部门的吸引力,可以参考借鉴世博会的做法。

一是通过国内法规定参展国在展区中官方最高代表的免税优惠待遇。例如,世博会的主办国往往还会给予参展者符合特定条件的进境货物免税进口的待遇。例如,许多主办国均允许官方参展者总代表用于官方用途(如官方接待、贵宾赠送)的货物免税进口。免税货物在进境时免缴关税和进口环节税,但涉及需要提交许可证件的,参展者仍需要实现申领。与暂时进境货物不同,免税货物并无复运出境的要求。会展消耗品,有的国家将其纳入免税进口货物范围(如日本)。[②]

二是通过国内法规定参展国官方宣传资料在价值和数量方面的优惠待遇。

---

① 葛丰:《整肃“税收洼地”》,载《中国经济周刊》2018 年第 41 期。

② 邱一川:《世界博览会主办国的法制创造——遵循国际规则的机制与时间》,上海人民出版社 2012 年版,第 97 页。

例如,世博会的海关规章规定,区别对待官方宣传资料和展品宣传资料在免税政策上有明确区别。首先,官方宣传资料享有免税进境方面没有总价值和数量合理的要求,而展品宣传资料则有此要求。其次,官方宣传资料享受免税待遇没有用于特定情形的派发或消耗的用途要求,而一般展品宣传资料的消耗则应符合特定的用途要求。①

(三)建立专门的展品原产地规则

1. 建立专门的展品原产地程序性规则的必要性

(1)在优惠性原产地规则方面

随着我国加快实施自由贸易区战略②和自贸区谈判的推进,自 2002 年以来,我国已经与 24 个国家和地区签订了 16 个自由贸易协定。③ 目前正在与 27 个国家进行 12 个自贸协定谈判或者升级谈判,包括《区域全面经济伙伴关系协定》、中日韩、中国—挪威、中国—斯里兰卡、中国—以色列、中国—韩国自贸协定第二阶段、中国—巴基斯坦自贸协定第二阶段谈判以及中国—新加坡、中国—新西兰自贸协定升级谈判等。④ 今后,会展展品内销是可以享受的优惠贸易安排的种类越来越多,优惠安排所涉及的地域范围越来越广。在此情形下,每一项自贸协定都有其各自的优惠性原产地规则(包括程序性要求)。如何能够享有优惠贸易安排,则需要证明是否符合了各自不同的原产地标准。因此,实有必要设定原产地程序性规则。

(2)在非优惠原产地规则方面

非优惠性原产地规则可广泛适用于:单边所采取的贸易措施,尤其是在认为来自第三国的,对我国存在经济威胁的货物时,运用非优惠性原产地规则来确定货物是否应当适用贸易救济措施或贸易禁限措施,如反倾销税、反补贴税、贸易禁运、保障与报复措施、数量限制,以及关税配额等,此外,还可以运用于贸

---

① 邱一川:《世界博览会主办国的法制创造——遵循国际规则的机制与时间》,上海人民出版社 2012 年版,第 105 页。

② 国务院《关于加快实施自由贸易区战略的若干意见》(国发〔2015〕69 号)。

③ 《商务部召开例行新闻发布会》(2018 年 7 月 26 日),载商务部网:http://www.mofcom.gov.cn/xwfbh/20180726.shtml,最后访问日期:2019 年 8 月 7 日。

④ 商务部:《正进行 12 个自贸协定谈判或者升级谈判》,载中国财经网:http://finance.china.com.cn/news/20180913/4759568.shtml,最后访问日期:2019 年 8 月 7 日。

易统计、公共招投标以及原产地标志等。

因此,展品是否使用非优惠的贸易措施,如何记入贸易统计,都有赖于展品能够提供原产地证书或声明。

2. 设定专门的展品原产地规则的建议

(1)展品原产地规则的一般理论

一般而言,如果根据原产地制度中直运规则的严格解释,为了从自由贸易协定中获益,这些展品参展后必须退还给最初生产的缔约方,再出口至购买者所在的缔约方,才能享有自贸协定安排中的优惠。但是,为了在实践中避免这种再出口,有关 FTA 规定了有关于“展览”的具体规定,对直接运输要求做出了例外规定,即展览规则允许展品在展览会上出售时,将被视为来源于第三国展览地点的展品而直接运往购买者所在的缔约方,不会失去进口时享受的优惠待遇。这种做法虽然是对直运规则的减损,但是极大地促进展品在会展期间和展后成交的可能性。

当前,各个主要经济体和 FTA 都制定了其展览规则,如欧盟模式、北美自由贸易协定模式、东盟模式等。①

(2)对我国的建议

建议借鉴 WCO 和欧盟等制度框架下的原产地规则。例如,欧盟的展品原产地规则并不涉及原产地认定的实体规则,而是地域性要求。其规定了展品的运输、直运证书等方面的地域性要求。

我国的展品内销并不具有专门的原产地程序性或地域性规则,且在展品内销的实务中很少考虑和使用原产地证书的问题。随着我国现代会展业和自由贸易协定(FTA)的发展,这方面的空白确需填补。应当注意的是,优惠性原产地规则下的展览品规则需要在自贸协定中予以约定,约束力的根本来源不是国内法,因此需要在自贸区谈判时就予以考虑,然后落实于国内规则中。此外,当展品内销时,是否可以享受诸多优惠性贸易安排,需要明确的原产地证书。

---

① WCO, Exhibitions, http://www.wcoomd.org/Topics/Origin/Instrument%20and%20Tools/Comparative%20Study%20on%20Preferential%20Rules%20of%20Origin/Specific%20Topics/Study%20Topics/EXH, Aug. 7,2019.

因此,展品的原产地程序性规则与展品进境后的多种用途和去向是相匹配。规则具体内容应该包括:第一,FTA 中关于展览规则的约定条款;第二,在货物申报时,原产地的申报规则与申报文件要求;第三,如果货值低于一定的标准,则可以免予提供证书而提供原产地声明或商业发票等予以替代;第四,还应规定进行后续核查等问题。

(四)利用好《美国协调税则》第 98 章,设定展品的专门税目

我国可参考美国在其税则中的做法。美国很好地利用了 WCO《协调制度》允许本国自主设定第 98 章和第 99 章这一自主性规则,在其《美国协调税则》中制定了极为发达的第 98 章。2018 年版《美国协调税则》第 98 章共有 117 页内容。其中第 12 分章是专门针对展品的税目。该分章包括了本国注释(U. S. Notes)和两个专门性 8 位本国子目。但是,美国并没有规定所有类型的会展都可以适用第 98 章第 12 分章,其仅规定了两个特定的 8 位子目适用凭担保的零税率。因此,即使在一般会展中仅可享有部分免税的商品,如果归入这两个 8 位子目,也可享有凭担保的零税率,而且来源于特定贸易伙伴①的展品,可以免予担保而零税率进口。这种税目设置方式起到很好的导向作用,明确了国家所鼓励的展会并明确了其关税政策。

我国《海关进出口税则》第 98 章非常简单,仅半页内容且无章注。其中 7 个 8 位子目都与展品无关。即使是该章有税号为 98010010 子目是"人民币 2,000 元及以下的非税、非证进口商品",也不能适用于展品。因为:第一,如果 2,000 元以下展品可归入该税目,则造成了同样海关法律地位的展品,因为 2,000 元的价值划分产生了不同的税则归类和关税待遇。第二,展品并不属于"非税、非证进口商品",而是凭担保暂时免税免证的商品。

因此,我国可借鉴美国积极利用第 98 章,对需要重点支持的会展类型设定专门税目。这样既可以对我国会展业的发展起到明确的导向作用,也可以使专门税目下的特定会展类型的展品的关税待遇十分优惠且明确。

---

① 例如,澳大利亚、巴林、加拿大、智利、以色列、约旦、韩国、摩洛哥、墨西哥、阿曼、巴拿马、秘鲁、新加坡等。

七、推进上海反走私综合治理的地方性立法

促进贸易便利、保障贸易安全是对外贸易顺利发展的两个翅膀，须得到同等重视。进口博览会在给上海带来巨大的机遇的同时，也可能存在一定的违反海关法律的风险，包括走私犯罪。以时间先后为轴，这种风险可能在展会准备阶段、可能在展会举办阶段，也可能在展会结束之后，须高度防范。2010 年下半年，犯罪嫌疑人巴某（几内亚籍）非法将禁止进境的象牙制品部分随身携带、部分藏入运输世博非洲工艺品的集装箱内走私入境。世博会结束后，犯罪嫌疑人巴某将未售完的象牙制品连同其他非洲工艺品寄售于江苏某文化公司，并与该公司签订了书面协议，约定销售所得的利润三七分成。在巴某所走私的动物制品中，有象牙制品 1,226 件将近 60 千克，价值人民币 250 余万元，另有大量河马牙制品、蟒蛇皮制品、鳄鱼皮制品等珍贵动物制品，涉案金额巨大。虽然犯罪嫌疑人巴某无法提供前述象牙制品的合法证明，但受利益驱使，江苏某文化公司还是收取了前述物品，并于事后将销售所得的利润按约转给了巴某。2013 年 4 月 24 日，被告人巴某因走私珍贵动物制品罪且情节特别严重被判处有期徒刑 10 年 6 个月，并处没收个人财产 30 万元，驱逐出境。被查扣的珍贵动物制品亦依法予以没收。

2012 年 6 月，深圳海关在一票申报复运进境的展览品中查获到大量走私珍珠，犯罪嫌疑单位申报货物品名为珍珠项链耳环、半成品合金珠共 180 公斤，而实际货物为珍珠串 188. 53 公斤、散珍珠 69. 62 公斤，共计 258. 15 公斤展览品，涉嫌偷逃税款共计人民币 732 万余元。经查，2012 年五六月，犯罪嫌疑单位深圳市某展览有限公司（以下简称隆辰公司）利用香港珠宝展之机，向深圳贸促会申领 ATA 单证册。随后，隆辰公司与雷州市流沙港鸿福珠宝有限公司（以下简称鸿福公司）合谋，将出口展览品海水珍珠伪报成“合金珠”到香港参展。同时，鸿福公司负责招揽国内客户到香港珠宝展购买珍珠。双方约定，鸿福公司负责将货主从香港购买的应税货物珍珠通过非法渠道走私进口的事宜，而货主要向鸿福公司支付货值一定比例的“通关费”。在香港珠宝展览期间，多名个体珍珠商贩自行在香港珠宝展各参展商处购买大量珍珠，并交给鸿福公司在珠宝展展位中的鸿福公司法人尹某接收。鸿福公司将所有的珍珠统一转交给隆辰公司，

由隆辰公司利用 ATA 单证册,将涉案货物混藏在展览品中等方式,以伪报品名、数量等方式向海关申报复运进口。

可见,上海地区优化进出境管理,促进贸易安全方面仍面临着挑战,反走私综合治理亟须加强。

(一)国内其他地方反走私综合治理地方性立法的现状及借鉴

1. 广东省反走私综合治理立法现状的考察

广东省最早进行反走私综合治理地方性立法的探索,2006 年 1 月 20 日,深圳市四届人大常委会通过《深圳经济特区反走私综合治理条例》,2012 年 4 月 27 日,深圳市五届人大常委会对条例进行了修正。2008 年 11 月 18 日,珠海市第 7 届 84 次市府常务会议通过《珠海市反走私综合治理规定》,自 2009 年 1 月 20 日起施行。2010 年 1 月 22 日,广东省人民政府第十一届 48 次常务会议通过《广东省反走私综合治理工作规定》,自 2010 年 5 月 1 日起施行。2013 年 11 月 21 日,广东省十二届人大常委会通过《广东省反走私综合治理条例》,自 2014 年 3 月 1 日起施行,该条例是全国第一部反走私综合治理的省级地方性法规。

2. 其他省市区反走私综合治理立法现状的考察

2012 年 12 月 21 日,广西壮族自治区第十一届人民政府第 114 次常务会议通过《广西壮族自治区反走私综合治理办法》,自 2013 年 3 月 1 日起施行。2014 年 2 月 21 日,海南省人民政府发布《海南省反走私综合治理工作规定》,自 2014 年 2 月 21 日施行。2015 年 2 月 15 日,福建省人民政府第 37 次常务会议通过《福建省反走私综合治理工作规定》,自 2015 年 4 月 1 日起施行。此外,部分地方还根据本地实际,制定了地方规范性文件,在此不再赘述。

上述关于反走私综合治理的地方性立法,基本包括总则、预防、查缉、处理、法律监督(法律责任)、负责几个模块,涵盖了反走私综合治理的主要方面。从各个立法模块的内容来看,均具有高度的针对性和可操作性。

(二)国内其他地方反走私综合治理地方性立法存在的问题

1. 关于无主私货的认定与处理存在的法律风险

(1)关于无主私货的范围存在的法律风险

《广东省反走私综合治理条例》将无主私货的范围界定为涉嫌走私但当事

人逃逸或者所有人不明、违法事实无法查清的货物、物品和运输工具。《深圳经济特区反走私综合治理条例》《深圳市查获涉嫌走私无主物资处理规定》将无主私货规定为有关部门执法过程中查获的所有人和走私违法事实均无法查清的涉嫌走私的无主货物和物品。《珠海市反走私综合治理规定》将无主私货的范围界定为有关部门查获的无人认领及涉嫌走私但所有权人和走私违法事实无法查清的涉案货物、物品。《广西壮族自治区反走私综合治理办法》将无主私货的范围界定为有关部门查获的应税应征无主进口货物、物品和运输工具。

通过对广东、广西两省区立法的考查,可以看出,其共同点在于无主私货范围均包含货物、物品和运输工具,但货物、物品和运输工具在何种情形下可认定为无主私货则标准不一。《广东省反走私综合治理条例》认定的标准是涉嫌走私但当事人逃逸或者所有人不明、违法事实无法查清,《深圳经济特区反走私综合治理条例》的认定标准是将所有人和走私违法事实均无法查清,《福建省反走私综合治理工作规定》《广西壮族自治区反走私综合治理办法》并没有明确认定标准。可见,认定标准较大程度上取决于反走私综合治理部门,具有相当程度的不稳定性。

特别需要注意的是,上述地方性立法关于无主私货的认定与《海关行政处罚实施条例》不相吻合。《海关行政处罚实施条例》第 62 条认定无主私货的标准是走私违法事实基本清楚,但当事人无法查清。按此标准,上述地方性立法中走私违法事实和所有人均无法查清的货物、物品、运输工具似乎更加符合《物权法》所指遗失物或民法上所指无主物的特征。

(2)无主私货处理的公告期限

目前,各地方性立法中关于无主私货均采取公告后依法处理的程序,但公告期限的设置则长短不一。

《广东省反走私综合治理条例》第 35 条第 1 款、《深圳经济特区反走私综合治理条例》第 25 条第 1 款、《珠海市反走私综合治理规定》第 28 条第 1 款均规定公告期为 2 个月。《广西壮族自治区反走私综合治理办法》第 24 条规定公告期为 6 个月。而《海关行政处罚实施条例》第 62 条规定公告期限为 3 个月。

考察我国其他涉及维权转移的法律,《物权法》对遗失物公告期限为 6 个月,《民事诉讼法》规定财产无主公告的期限为 1 年。

综上所述,对走私违法事实基本清楚,但当事人无法查清的无主私货,其公告期限以3个月为宜;对走私违法事实和当事人均无法查清的无主私货,参照《物权法》,其公告期限以6个月为宜。

2. 经营无合法来源的进口货物、物品认定存在的法律风险

对于无合法来源的进口货物的范围,《广东省反走私综合治理条例》第46条规定经营者经营的无合法来源证明进口商品自被查处之日起7日内,未能提供合法有效的证明文件的,应予没收。《深圳经济特区反走私综合治理条例》第31条则规定经营者经营的无合法来源证明进口商品自被查处之日起10日内,未能提供合法有效的证明文件的,应予没收。《福建省反走私综合治理工作规定》所称无合法来源证明进口商品是指被查处之日起3个工作日内未能提供合法有效的进口手续、发票、拍卖证明、行政处罚决定书或者其他证明文件的情形。三者规定基本一致,但在认定期限上差别较大。

此外,经营者经营的无合法来源的进口货物、物品获得途径主要有三种。一是直接向走私人非法收购国家禁止进口物品的,或者直接向走私人非法收购走私进口的其他货物、物品;二是间接向走私人非法收购国家禁止进口物品的,或者间接向走私人非法收购走私进口的其他货物、物品;三是直接向走私人收购国家禁止进口物品的,或者直接向走私人收购走私进口的其他货物、物品,但并不知道所购买货物物品涉嫌走私的。如属于第一种情况,经营者涉嫌走私,应由海关予以行政处罚;情节严重的,构成走私犯罪,移送司法机关。如属于第二种情况,情节严重的,可能涉嫌刑法相关罪名,情节较轻的以及第三种情况,可按照反走私综合治理地方性立法予以处理。

(三)根据上海现状和特点,推进上海反走私综合治理的地方性立法

反走私综合治理是一项系统工程,建立反走私法律体系需要发挥各方面的力量,把握反走私立法进程要实现推行力度和可能承受程度的有机统一。在反走私综合治理地方性立法已经积累了较为丰富经验的情况下,上海应根据自身的现状和特点,推动反走私综合治理地方性立法,优化反走私综合治理法律环境,从而更好地促进包括会展博览业在内的外向型经济的发展。

在通关制度深化改革的过程中,制度存在的不足或缺陷所带来的风险与制度创新带来的红利一样,如影随形。风险来源有二:其一来源于海关或其他政府管理部门;其二来源于海关管理相对人。来源于海关或其他政府管理部门的

风险之一表现为法律依据的缺失或不足。为处理好制度创新与风险防范之间的关系,尤其防范走私风险,海关在促进贸易便利的同时,也要正视潜在的走私风险。为达到上述目的,反走私综合治理立法是最佳的切入点之一。

综上所述,有关进博会海关法律制度完善是一个系统性工程,仅对现行《海关暂时进出境货物管理办法》一项规章的修改是没有可操作性的。因为要实现展品暂准进境制度的现代化和流程的优化,必然涉及与其他海关制度与程序的衔接和转换,不仅涉及展品暂准进境和其他货物暂准进境制度的修改,还涉及多种相关海关程序制度的配套修改,海关事务担保制度的修改等,而且涉及通关一体化、电子口岸、单一窗口等工程的制度配套、操作协调与技术支持。此外,还需考虑到与其他国内制度的协调。

尤其是在当前在通关一体化改革和出入境检验检疫划入海关,建设中国特色社会主义新海关的背景下,我国《海关法》正值酝酿修改之际。为了给中国国际进口博览会进一步打造一流的通关便利,长远地支撑我国整个会展业的国际化高端发展,实有必要借《海关法》正值酝酿修改之机,将展品暂准进境程序和其他海关通关程序的衔接问题列入通盘统筹考虑范畴。

参考文献

一、书籍

1. 马勇、肖轶楠:《会展概论》,中国商务出版社 2004 年版。

2. 马勇、肖轶楠:《中国会展概论》,中国商务出版社 2010 年版。

3. 赵春霞:《会展概论》,对外经济贸易大学出版社 2007 年版。

4. 刘大可、王起静:《会展活动概论》,清华大学出版社 2004 年版。

5. 刘大可、王起静等:《会展经济学》,中国商务出版社 2004 年版。

6. 刘大可等:《中国会展业理论、现状与政策》,中国商务出版社 2004 年版。

7. 张义、杨顺勇:《会展导论》,复旦大学出版社 2009 年版。

8. 龚平、赵蔚平:《会展概论》,复旦大学出版社 2009 年版。

9. 周彬:《会展概论》,立信会计出版社 2004 年版。

10. 史国祥:《会展导论》,南开大学出版社 2009 年版。

11. 樊英、刘冰:《会展法规与实务》,南开大学出版社 2010 年版。

12. 过聚荣:《会展概论》,高等教育出版社 2010 年版。

13. 金辉:《会展概论》,上海人民出版社 2011 年版。

14. 张文建、金辉:《中外会展述论》,上海人民出版社 2006 年版。

15. 中国及海外会展概览编委会编:《中国及海外会展概览 2012—2013》,经济日报出版社 2012 年版。

16. 张健康:《会展学概论》,浙江大学出版社 2013 年版。

17. 冯学钢等:《会展业导论》,清华大学出版社 2014 年版。

18. 商务部服务贸易和商贸服务业司:《全国会展产业政策法规白皮书》,新华出版社 2014 年版。

19. 张万春:《我国会展争议解决研究》,经济日报出版社 2015 年版。

20. 靳柯、刘从水、邹礼祺:《大湄公河次区域国际会展合作机制研究》,云南大学出版社 2015 年版。

21. 龙裕伟等:《中国—东盟博览会的机遇和策略——广西会展业发展研究》,电子科技大学出版社 2004 年版。

22. 王春雷:《第四次浪潮　中国会展业的选择与明天》,中国旅游出版社 2008 年版。

23. 周常春:《政府介入城市会展业的过程与特征研究》,中国书籍出版社 2015 年版。

24. 鲁晓丽、杨跃辉:《会展物流》,北京理工大学出版社 2013 年版。

25. 应丽君:《21 世纪中国会展经济与会展产业》,重庆大学出版社 2003 年版。

26.《ATA 单证册制度》编委会:《ATA 单证册制度》,中国财政经济出版社 2008 年版。

27. 海关总署政策法规司:《中国海关通关标准化手册》,中国海关出版社 2015 年版。

28. 编委会:《中国海关保税实务大全》,中国海关出版社 2017 年版。

29. 海关总署监管司:《中国海关通关实务》,中国海关出版社 2017 年版。

30. 海关总署监管司:《2017 年跨境电商发展年鉴》,中国海关出版社 2017 年版。

31. 黄胜强:《美国海关及对外贸易法典》(上、下),中国海关出版社 2016 年版。

32. 黄胜强主编:《美国海关法典》(上),中国海关出版社 2015 年版。

33. 孟杨:《海关法律概论》,中国海关出版社 2008 年版。

34. 邵铁民等:《海关法学》,中国海关出版社 2010 年版。

35. 刘达芳:《海关法教程》(第 3 版),中国海关出版社 2016 年版。

36. 张红:《海关法》(第 2 版),对外经济贸易大学出版社 2016 年版。

37. 邱一川:《世界博览会法律制度研究》,法律出版社 2006 年版。

38. 邱一川:《世界博览会主办国的法制创造——遵循国际规则的机制与实践》,上海人民出版社 2012 年版。

39. 朱秋沅:《国际海关法研究》,法律出版社 2011 年版。

40. 朱秋沅:《欧盟关税法及其壁垒性研究》,法律出版社 2017 年版。

41. George G. Fenich, *Meetings, Exposition, Events, and Conventions: An Introduction to the Industry*, Pearson Education, Inc., 2012 (3rd edn), 2016 (4th edn).

42. [英]Tony Rogers:《会议业:一个全球化产业》,王小石译,中国旅游出版社 2015 年版。

43. [美]Barry Sisking:《参展实务》,刘林艳等译,重庆大学出版社 2016 年版。

44. [美]George G. Fenich:《会展业导论》,王春雷译,重庆大学出版社 2018 年版。

45. [日]大木雅夫:《比较法》,范愉译,法律出版社 2006 年版,第 67 页。

46. [美]Milton T. Astroff, James R. Abbey:《会展管理与服务》(第 5 版),宿荣江译,中国旅游出版社 2002 年版。

47. 海关总署国际司、上海海关高等专科学校、世界海关组织研究中心:《关于简化和协调海关制度的国际公约》,法律出版社 2001 年版。

48. 海关总署国际司:《关于简化和协调海关制度的国际公约(京都公约)总附约和专项附约指南》,中国海关出版社 2003 年版。

49. 海关总署国际司:《欧盟海关法典》,中国海关出版社 2016 年版。

50. 海关总署国际司:《欧盟海关法典授权条例》,中国海关出版社 2016 年版。

51. 海关总署国际司:《欧盟海关法典实施条例》,中国海关出版社 2016

年版。

52. 夏学英:《会展政策与法规》,中国商务出版社 2004 年版。

53. 周利方、沈全:《会展政策与法规》,立信会计出版社 2006 年版。

54. 杨朝晖:《会展政策与法规》,重庆大学出版社 2007 年版。

55. 韩福文、夏学英:《会展政策与法规》,中国商务出版社 2008 版。

56. 陈燕:《会展法律法规》,中国财政经济出版社 2008 年版。

57. 王小强:《会展法律法规》,电子工业出版社 2008 年版。

58. 樊英、刘冰:《会展法规与实务》,南开大学出版社 2010 年版。

59. 上海世博会事务协调局:《中国 2010 年上海世界博览会规范性文件汇编》(内部文件),2010 年 12 月。

60. 曹勇:《会展政策与法律》,重庆大学出版社 2014 年版。

61. 李剑泉等:《会展政策与法规》,东北财经大学出版社 2016 年版。

62. 吴红霞:《会展政策与法律法规》,清华大学出版社 2016 年版。

二、论文

1. 周汉民:《上海世博会与城市法治化》,载《法学杂志》2010 年第 4 期。

2. 陈晖:《海关法比较研究的若干问题——比较法原理、方法的应用与思考》,载《上海海关高等专科学校学报》2003 年第 3 期。

3. 朱秋沅:《论世博期间的临时性扩张性知识产权海关保护——世博期间知识产权海关保护九问》,载王立民、黄武双主编:《知识产权法研究》2009 年第 7 卷,北京大学出版社 2009 年版。

4. 詹庆华:《晚清海关洋员与世界博览会——以海关洋员眼里的世博会为例》,载《上海海关学院学报》2010 年第 3 期。

5. 刘涛、聂瑞凝:《2010 上海世博会与海关信息化管理对策研究》,载《上海海关学院学报》2008 年第 4 期。

6. 郝崇福、李灵:《通关"世博会"》,载《中国海关》2010 年第 5 期。

7. 周兆和:《世博会极速 6 小时》,载《中国海关》2010 年第 10 期。

8. 君枫:《ATA 单证册申办指南》,载《中国海关》2001 年第 9 期。

9. 宋雪:《暂时进出境货物申报七注意》,载《中国海关》2007 年第 9 期。

10. 宋雪:《暂时进出境货物申报指南》,载《中国海关》2014 年第 11 期。

11. 邓建志、单晓光:《2010 年上海世博会知识产权的行政保护》,载《法学》2006 年第 4 期。

12. 赵莉:《2010 年上海世博会如何应对知识产权保护——历届世博会知识产权保护制度的启示》,载《电子知识产权》2004 年第 6 期。

13. 吴民平:《世博会标志行政执法保护的思考》,载王立民、黄武双主编:《知识产权法研究》2004 年第 1 卷,北京大学出版社 2004 年版。

14. 盛雷鸣:《关于〈世界博览会标志保护条例〉中备案及“一次备案,全面保护”模式的探析》,载王立民、黄武双主编:《知识产权法研究》,北京大学出版社 2006 年版。

15. 安芝:《国际会展业海关风险管理研究》,载《经济研究导刊》2010 年第 23 期。

16. 倪长锋:《上海海关:开辟会展“绿色通道”》,载《中国会展》2004 年第 8 期。

17. 谢飞帆:《世界博览会的效益评估》,载《社会科学》1999 年第 12 期。

18. 经克:《国际会展与中国检验检疫》,载《中国检验检疫》2005 年第 11 期。

19. 马广一:《ATA 单证册亟待在中国“显山露水”》,载《中国检验检疫》2007 年第 1 期。

20. 邹超:《我国实施 ATA 单证册制度的现状、问题与对策》,载《对外经贸实务》2013 年第 10 期。

21. 穗关:《广州海关:“八项措施”助推国际会展业》,载《大经贸》2006 年第 1 期。

22. 周柳:《广州海关:为展览业优化通关环境》,载《大经贸》2007 年第 11 期。

23. 樱:《国外及香港地区在沪展览会展品去向》,载《机械制造》1984 年第 12 期。

24. 陆瑞英:《展览会展品去向》,载《机械制造》1986 年第 3 期。

25. 陆瑞英:《国际模具技术和设备展览会(86 年 6 月)部分展品去向》,载《机械制造》1987 年第 1 期。

26. 许兴臣:《亚洲会展市场动向》,载《旅游研究与实践》1996 年第 2 期。

27. 冷晓:《杭州会展业的发展研究》,载《商业经济与管理》1999 年第 4 期。

28. 戈辛:《国际一流的香港会展业》,载《广东大经贸》1999 年第 7 期。

29. 博文:《百年话世博——国际展览局与世界博览会》,载《人与自然》1998 年第 3 期。

30. 蒲涛:《世界博览会的由来》,载《人与自然》1998 年第 1 期。

31. 刘住、金辉、梁保尔:《对上海 2010 年世博会申办工作的几点思考》,载《旅游科学》2000 年第 4 期。

32. 许懋彦:《世界博览会 150 年历程回顾》,载《世界建筑》2000 年第 11 期。

33. 李清海:《上海世博会经济风险分析——兼论德国 2000 年汉诺威世博会》,载《同济大学学报》(社会科学版)2004 年第 1 期。

34. 宋茂萃:《近代中国海关与维也纳世界博览会》,载《桂海论丛》2004 年第 S2 期。

35. 邬适融:《上海世博会拉动中国会展业发展的战略态势》,载《上海企业》2006 年第 8 期。

36. 樊英:《会展法调整对象探讨》,载《消费导刊》2010 年第 4 期。

37. 赵恬:《会展经济发展需与法同步》,载《今日国土》2010 年第 3 期。

38. 杨国英、丁文蕾:《华商与世博会的历史渊源》,载《海内与海外》2010 年第 9 期。

39. 绿意:《赫德的世博会》,载《世界博览》2010 年第 10 期。

40. 肖枢等:《'99 昆明世博会参展植物寄生线虫检疫研究初报》,载《云南农业大学学报》1999 年第 S1 期。

41. 陈海如等:《'99 昆明世博会植物检疫病毒快速检测体系已建立》,载《植物检疫》1999 年第 4 期。

42. 吴加林:《云南检验检疫局获'99 世博会组织奖》,载《中国检验检疫》1999 年第 12 期。

43. 蒋小龙等:《'99 昆明世博会植检截获有害生物浅析》,载《植物检疫》2000 年第 2 期。

44. 蒋小龙等:《中国'99 昆明世博会期间的检疫监管工作》,载《口岸卫生控制》2000 年第 4 期。

45. 孔宝华等:《'99 世博会植物病毒种类的调查与鉴定初报》,载《植物检疫》2000 年第 3 期。

46. 孔宝华等:《中国'99 昆明世博会植物病毒检疫之对策》,载《口岸卫生控制》2000 年第 4 期。

47. 曾玉成:《谈会展经济中检验检疫管理模式的创新》,载《中国检验检疫》2013 年第 6 期。

48. 曾玉成、韩建勇:《推动会展经济发展的检验检疫对策研究》,载《现代商业》2014 年第 17 期。

49. 杨爱宏、陈洪、杨振宇:《北京会展业地位分析和检验检疫对策》,载《中国检验检疫》2013 年第 11 期。

50. 张万春:《中世纪商人法中的会展法律制度及其借鉴》,载《法商研究》2012 年第 1 期。

51. 姚明:《中国同意接受 ATA》,载《机电国际市场》1998 年第 Z4 期。

52. 邹超:《我国实施 ATA 单证册制度的现状、问题与对策》,载《对外经贸实务》2013 年第 10 期。

53. 王国平:《业态与现代经济发展》,载《科学发展》2012 年第 5 期。

54. 邹子阳:《海关洋员绵嘉义参加 1888 年巴塞罗那世界博览会》,载《集邮博览》2018 年第 8 期。

55. 佘建明:《论行邮监管中海关对货物和物品两种不同的法律适用方式——关于海关行邮法规的修改建议》,载《海关法评论》(第 5 卷),法律出版社 2015 年版。

56. 顾长浩:《世博会、城市管理与法治》,载《2004 年政府法制研究》(论文集),上海市行政法制研究所 2004 年版。

57. 王天品:《上海世博会法律问题跟踪研究》,载《2011 年政府法制研究》(论文集),上海市行政法制研究所 2011 年版。

三、法律文本

1.《关于教育、科学和文化物品进口的协定》(《佛罗伦萨公约》)。

2.《伊斯坦布尔公约》及其附件 B.1《关于在展览会、交易会、会议以及类似活动中陈列或使用的货物的附约》等。

3.《京都公约》(修正)总附约、专项附约 G 及其指南。

4. 19 CFR § 147.

5. *Harmonized Tariff Schedule of the United States* (2018, Revision 5).

6. *Regulation* (*EU*) *No.* 952/2013 *of the European Parliament and of the Council of* 9 *October* 2013 *laying down the Union Customs Code.*

7. *Commission Delegated Regulation* (*EU*) 2015/2446 *of* 28 *July* 2015 *supplementing Regulation* (*EU*) *No.* 952/2013 *of the European Parliament and of the Council as regards detailed rules concerning certain provisions of the Union Customs Code.*

8. *Commission Implementing Regulation* (*EU*) 2015/2447 *of* 24 *November* 2015 *laying down detailed rules for implementing certain provisions of Regulation* (*EU*) *No.* 952/2013 *of the European Parliament and of the Council laying down the Union Customs Code.*

后 记

本书是上海市法学会委托上海海关学院与上海市法学会海关法研究会课题《中国国际进口博览会海关法制问题研究》的最终成果之一,课题主持人为上海海关学院副校长、上海市法学会海关法研究会会长、上海海关学院海关法研究中心主任陈晖教授。

当代会展构成趋向复合型和国际化,展品功能与流向也日趋多元化。中国国际进口博览会是大型复合型国际化会展的最典型代表。与会展业相关的海关法律制度的便利化、现代化和法治化,既可保障进博会成功举办与可持续发展,也将促进我国整个复合型国际会展业的繁荣。

本书重点分析了海关法视阈中进博会的不一般之处、不一般的进博会与现行相关海关制度之间的关系、国际暂准进境制度比较,并为促进我国国际会展业相关的海关法律制度完善和现代化提供了宏观考量和具体路径。通过与会展相关海关法律制度的改革与创新,将加快营造更符合国际先进做法的进口促进新平台,加快构建法治化、国际化、便利化的一流营商环境,为全方位的开放格局提供助力。

为高质量地完成课题研究,在课题主持人陈晖教授的主持下,自 2018 年 4 月起,课题组先后赴上海海关负责展品监管和检验检疫的部门、进出口企业、高校等相关单位进行了 6 次调研,举办或参加了3次专题研讨，课题部分研究成果已分别由海关总署《领导参阅》《上海法学研究》《海关法评论》(第8卷)采用或公开发表。

2018年4月26日，上海市法学会海关法研究会与上海海关学院海关法研究中心在上海海关学院法律系会议室举行中国国际进口博览会海关法制问题研究课题的开题研讨会。上海海关学院副校长、上海市法学会海关法研究会会长陈晖教授，华东政法大学图书馆馆长、自贸区法律研究院常务副院长、海关法研究会副会长贺小勇教授，上海市法学会研究部程维老师，以及全体课题组成员参加了研讨会。

2018年5月24日下午，课题组邀请了主管中国国际进口博览会海关监管与服务的上海海关业务二处展览品科的蒋雪敏科长针对中国国际进口博览会海关监管制度、政策与便利化服务措施及其进展做了专题讲座与交流。蒋科长的阐述与建议对课题组的研究工作提供了重要的实务基础。

2018年5月26日，课题组成员应邀参加了上海对外经贸大学举办的中国国际进口博览会与上海"一带一路"桥头堡建设高级研讨会，在会上做了题为"中国国际进口博览会海关法律问题"的报告。报告从立法、执法两个方面，对会展期间和会展后续的海关法律问题进行了阐述，然后从目的和用途、主体和客体以及营商环境与海关改革三个角度对进博会相关海关法律制度进行了剖析。

2018年6月5日下午，课题组赴外高桥保税区海关，与海关以及外高桥国际贸易营运中心举行了"对接'6+365'展示交易平台，打造永不落幕进口博览会"的课题研讨会，并赴上海外高桥国际酒类展示交易中心与澳大利亚国家馆进行实地调研。

2018年6月7日下午，课题组再赴中外运华东有限公司会展物流分公司针对国际会展的通关代理法律问题进行了专题研讨与调研。中外运华东有限公司会展物流分公司是首届进博会的主场运输商之一，并具有多年的国内外展品通关的实务经验。他们从当前展品通关的市场需求和实务现状的角度，对课题组的研究提出了很有价值的建议。

2018年6月10日下午，课题组邀请了上海对外经贸大学贸易谈判学院应品广副院长针对国际会展相关知识做了专题讲座与交流。应院长对相关会展的工作推进、国家政策进行了清晰的梳理，从而使课题组对我国相关会展的宏观背景和发展有了更加全面的把握。

2018 年 6 月 15 日下午,课题组赴上海海关出入境检验检疫局法规处就中国国际进口博览会展品的检验检疫法律问题进行调研交流。上海海关出入境检验检疫局对当前展品出入境检验检疫制度现状和政策的拟定进行了全面的介绍,对课题组的调研问题进行了详细深入的探讨,使课题组对展品检验检疫工作的重要性和复杂性有了更加明确具体的理解。

2018 年 7 月 4 日,课题组赴上海申迪(集团)有限公司就上海世博会海关法律制度及其实施进行了调研交流。上海申迪(集团)有限公司的邱一川总监原为上海世博局法务部副部长。他全程参与了上海世博会相关的法律文件的准备与落实、法律事务的谈判与实施,并出版了两部世博会法律问题的专著。他所提出的实务与理论兼具的建议对本课题研究深具参考意义。

2018 年 9 月 28 ~ 29 日,部分课题组成员全程参加了口岸监管司在上海海关学院举办的“进博会业务培训班”。

在此基础上,上海市法学会海关法研究会,上海海关学院海关学会与上海海关学院海关法研究中心于 2018 年 11 月 1 日在上海海关学院志远楼联合举办了“中国国际进口博览会相关海关法制完善”学术研讨会。学术研讨会分为两个单元,分别为“中国国际进口博览会海关法制研究课题成果交流”与“中国国际进口博览会海关法制完善的理论与实务”。前述单位的部分专家也出席了研讨会并进行主题发言。

在上海市法学会的大力支持下,在课题组主持人的组织、设计和带领下,通过前述一系列踏实的调研、研讨、学习和持续的研究写作,方成此书。期待本书能够为政府机构决策提供有益参考,为海关法律制度的发展提供智力支持。

作 者

2019 年 10 月 26 日

图书在版编目(CIP)数据

中国国际进口博览会海关法律制度研究 / 朱秋沅,
王珉, 祝少春著. -- 北京 : 法律出版社, 2020
ISBN 978 - 7 - 5197 - 0941 - 9

Ⅰ. ①中… Ⅱ. ①朱… ②王… ③祝… Ⅲ. ①海关法
-研究报告-中国 Ⅳ. ①D922.221.4

中国版本图书馆 CIP 数据核字(2020)第 012739 号

中国国际进口博览会海关法律制度研究
ZHONGGUO GUOJI JINKOU BOLANHUI
HAIGUAN FALÜ ZHIDU YANJIU

朱秋沅
王 珉 著
祝少春

策划编辑 刘秀丽
责任编辑 刘秀丽
装帧设计 乔智炜

出版 法律出版社
总发行 中国法律图书有限公司
经销 新华书店
印刷 北京虎彩文化传播有限公司
责任校对 杨锦华
责任印制 张建伟
编辑统筹 独立项目策划部
开本 710 毫米×1000 毫米 1/16
印张 16.25
字数 227 千
版本 2020 年 4 月第 1 版
印次 2020 年 4 月第 1 次印刷

法律出版社/北京市丰台区莲花池西里 7 号(100073)
网址/www. lawpress. com. cn
投稿邮箱/info@ lawpress. com. cn
举报维权邮箱/jbwq@ lawpress. com. cn
销售热线/400 - 660 - 8393
咨询电话/010 - 63939796

中国法律图书有限公司/北京市丰台区莲花池西里 7 号(100073)
全国各地中法图分、子公司销售电话:
统一销售客服/400 - 660 - 8393/6393
第一法律书店/010 - 83938432/8433
西安分公司/029 - 85330678
重庆分公司/023 - 67453036
上海分公司/021 - 62071639/1636
深圳分公司/0755 - 83072995

书号:ISBN 978 - 7 - 5197 - 0941 - 9
定价:58.00 元